Direito Processual Penal Militar

O GEN | Grupo Editorial Nacional – maior plataforma editorial brasileira no segmento científico, técnico e profissional – publica conteúdos nas áreas de concursos, ciências jurídicas, humanas, exatas, da saúde e sociais aplicadas, além de prover serviços direcionados à educação continuada.

As editoras que integram o GEN, das mais respeitadas no mercado editorial, construíram catálogos inigualáveis, com obras decisivas para a formação acadêmica e o aperfeiçoamento de várias gerações de profissionais e estudantes, tendo se tornado sinônimo de qualidade e seriedade.

A missão do GEN e dos núcleos de conteúdo que o compõem é prover a melhor informação científica e distribuí-la de maneira flexível e conveniente, a preços justos, gerando benefícios e servindo a autores, docentes, livreiros, funcionários, colaboradores e acionistas.

Nosso comportamento ético incondicional e nossa responsabilidade social e ambiental sao reforçados pela natureza educacional de nossa atividade e dão sustentabilidade ao crescimento contínuo e à rentabilidade do grupo.

Alexandre Reis de **Carvalho**
Amauri da Fonseca **Costa**

COORDENAÇÃO
Renee do Ó **Souza**

Direito Processual Penal Militar

2ª EDIÇÃO REVISTA, ATUALIZADA E REFORMULADA

■ Os autores deste livro e a editora empenharam seus melhores esforços para assegurar que as informações os procedimentos apresentados no texto estejam em acordo com os padrões aceitos à época da publicação, todos os dados foram atualizados pelos autores até a data de fechamento do livro. Entretanto, tendo em cont a evolução das ciências, as atualizações legislativas, as mudanças regulamentares governamentais e o constant fluxo de novas informações sobre os temas que constam do livro, recomendamos enfaticamente que os leitore consultem sempre outras fontes fidedignas, de modo a se certificarem de que as informações contidas no text estão corretas e de que não houve alterações nas recomendações ou na legislação regulamentadora.

■ Fechamento desta edição: 23.08.2022

■ Os autores e a editora se empenharam para citar adequadamente e dar o devido crédito a todos os detentore de direitos autorais de qualquer material utilizado neste livro, dispondo-se a possíveis acertos posteriores cas inadvertida e involuntariamente, a identificação de algum deles tenha sido omitida.

■ Atendimento ao cliente: (11) 5080-0751 | faleconosco@grupogen.com.br

■ Direitos exclusivos para a língua portuguesa
Copyright © 2022 by
Editora Forense Ltda.
Uma editora integrante do GEN | Grupo Editorial Nacional
Travessa do Ouvidor, 11 – Térreo e 6º andar
Rio de Janeiro – RJ – 20040-040
www.grupogen.com.br

■ Reservados todos os direitos. É proibida a duplicação ou reprodução deste volume, no todo ou em parte, e quaisquer formas ou por quaisquer meios (eletrônico, mecânico, gravação, fotocópia, distribuição pela Interr ou outros), sem permissão, por escrito, da Editora Forense Ltda.

■ Esta obra passou a ser publicada pela Editora Método | Grupo GEN a partir da 2ª edição.

■ Capa: Bruno Sales Zorzetto

■ **CIP – BRASIL. CATALOGAÇÃO NA PUBLICAÇÃO.**
SINDICATO NACIONAL DOS EDITORES DE LIVROS, RJ.

C321d
2. ed.

Carvalho, Alexandre Reis de
Direito processual penal militar / Alexandre Reis de Carvalho, Amauri da Fonseca Costa; coordenac Renee do Ó Souza. – 2. ed. rev., atual. e reform. – Rio de Janeiro: Método, 2022.
392 p.; 21 cm. (Método essencial)

Inclui bibliografia
ISBN 978-65-5964-606-7

1. Direito militar – Brasil. 2. Justiça militar – Brasil. 3. Serviço público – Brasil – Concursos. I. Co Amauri da Fonseca. II. Souza, Renee do Ó. III. Título. IV. Série.

22-78661 CDU: 344.1(

Gabriela Faray Ferreira Lopes – Bibliotecária – CRB-7/6643

Apresentação

Nas diversas atividades humanas coletivas – informal, formal, laboral, privada ou pública – há a necessidade da distribuição de tarefas e da sua consequente coordenação, com a finalidade primária de obter a **máxima eficácia** desse esforço. O sincronismo preciso (entrosamento ou sinergia), o funcionamento eficaz (esquema tático ou ação disciplinada) e o finalístico alcance dos resultados planejados (vitória ou lucro) não são resultados da simples soma de talentos, inspiração e força de vontade; nem no esporte profissional coletivo essa premissa é verdadeira, basta lembrar algumas surpreendentes derrotas da nossa seleção canarinho de futebol, tanto no favoritismo da copa do mundo de 1986, na Itália, quanto na tão impulsionada copa do mundo do Brasil (2014).

Ocorre que, em toda realização humana coletiva, é imprescindível que uma ou algumas pessoas planejem, outras coordenem, enquanto alguns outros controlem as atividades de execução dos muitos envolvidos na mesma atividade, ainda que composta ou complexa. É nessa **natureza instrumental** e **de mediação** – instrumento ou meio para alcançar algo – que reside a essência da compreensão e correta interpretação da intensidade e espécie de **relação hierárquico-disciplinar** que deve ser utilizada nas relações funcionais de determinada atividade ou modelo de instituição.

Por isso, a **hierarquia** e a **disciplina** – relação de mando e subordinação funcional destinadas a um fim específico – encontram-se presente no cotidiano de todos nós, em maior ou menor grau (ainda que pouco perceptível), destinando-se a promover **ordem, teleologia e eficácia**.

1. Direito Militar: teleologia, instrumentalidade e normatividade

Desde a origem das estruturas de organização, preparo e emprego dos primeiros corpos militares, a **disciplina militar**, que era associada à "marcialidade" e "obediência cega" ao poder de (co)mando, tem sido reconhecida como ferramenta universal para a **existência sustentável dos exércitos**, imprescindível para a **eficácia do emprego militar** e **norma-princípio** para a inequívoca e completa **subordinação** das instituições e atividades militares aos Poderes Constituídos – pela vontade do povo – nos Estados de Direito Democráticos.

No Brasil, a **hierarquia** e a **disciplina militar** – igualmente reconhecidas e valorizadas pela atual ordem política democrática, ao ponto de estarem positivadas em todas as constituições federais republicanas e reafirmadas na Constituição Federal (arts. 42 e 142) e como **bens jurídicos tutelados** – deixaram de ser conceitos privativos dos exércitos (reais ou nacionais), destinados apenas a manutenção da coesão e disciplina de um corpo armado e, por isso, superprotegidos como fins em si mesmos, para evoluírem e, hodiernamente, alcançaram o reconhecimento de **bem jurídico instrumental**, cuja finalidade é **promover a eficiência** na atuação das instituições militares nas múltiplas tarefas contemporâneas exigidas pelo mandato constitucional pátrio (soberania, democracia, garantia dos poderes constituídos e da lei e da ordem, segurança pública, mandatos da ONU para a imposição ou manutenção da paz, ações humanitárias etc.), como também no relacionamento com o mundo civil na busca do desenvolvimento nacional e paz social.

Nesse contexto – em que a missão das instituições militares pátrias (Forças Armadas, Polícias e Corpos de Bombeiros Militares) e a sua organização com base na hierarquia e disciplina militar estão positivadas como bens jurídicos eleitos e protegidos pela nossa Constituição Federal – podemos afirmar que todos os operadores do Direito e os comandantes e chefes militares devem ter a consciência e compreensão de que **hierarquia e disciplina militar são** bens jurídicos de interesse social; portanto, **pertence à coletividade**, uma vez que está diretamente relacionada com **valores supraestatais** como o regular funcionamento da **democracia** e dos poderes constituídos, a paz interna, a segurança pública, a defesa nacional e a **sobrevivência do Estado** e regular **funcionamento de suas instituições**, enquanto esta sobrevivência couber, como *ultima ratio*, à **eficácia** do emprego do aparato humano e bélico **das instituições militares**, no exercício legítimo da violência por parte do Estado, cujo monopólio se ostenta com exclusividade por mandato constitucional às Forças Armadas e, mais restritivamente, às Polícias Militares.

É na conjunção dos cenários teleológico, político e normativo que se faz possível compreender a utilidade e extrema atualidade desse livro: promover análise, resumida e prática, dos institutos jurídicos mais destacados ou particulares do Direito Processual Penal Militar, por meio do indissociável diálogo do campo jurídico operacional com o contexto sociopolítico, que resultaram em recentes e profundas alterações normativas (Lei nº 13.491/2017 e Lei nº 13.774/2018).

Essas inovações legislativas impactaram tanto o campo penal quanto o processual penal militar e, ainda, relevante reorganização da justiça militar da União: produzindo novos limites jurídicos e axiológicos ao Direito Militar e maior conformidade na tutela jurídica da regular e eficaz organização, preparo e emprego das instituições militares, em especial, na pós-intensificação e diversificação das missões atribuídas às Forças Armadas.

Apesar de ainda recentes, as mencionadas inovações normativas já ensejaram a deflagração de inédito Incidente de Resolução de Demandas Repetitivas (IRDR nº 7000425- 51.2019.7.00.0000), no âmbito do Superior Tribunal Militar, assim como Ações Diretas de Inconstitucionalidade (ADI nº 5.804 e ADI nº 5.901), perante o Supremo Tribunal Federal, que serão abordadas nesta obra.

2. A Lei Penal e Processual Penal Militar: histórico e atualidades

No curso da História, a Suméria – localizada na parte sul da Mesopotâmia, onde se encontra a atual Turquia – é considerada a civilização mais antiga da humanidade. Diante da sua posição geográfica desfavorável, houve a necessidade da criação de um dos primeiros exércitos da humanidade. Isso porque os obstáculos naturais que existiam a Oeste (deserto) e ao Sul (golfo pérsico) tornavam aquela civilização suscetível de ataques, tanto pelo Norte quanto pelo Leste (BATISTA, 2017, p. 20).

Entretanto, foi durante a consolidação e expansão militar e territorial do Império Romano que o chamado Direito castrense – o vocábulo castra, do latim *castrorum*, significa acampamento e o local onde o direito (*jus*) militar (*castrensis*) – era exercido, em tempos de guerra, nascendo, então, do rico e pulsante Direito Romano e, também, da necessidade de levar a justiça aos mais longínquos acampamentos militares, os primeiros contornos do Direito Militar contemporâneo (ROSA FILHO, 2017, p. 11).

A consolidação universal do Direito Militar decorre da necessidade de fomentar a maior eficiência na organização, preparo e empregos desses corpos bélicos, conferindo proteção normativa e intervenção estatal para que a obediência e poder de (co)mando fossem efetivos em grau máximo e, consequentemente, fosse alcançada maior eficácia funcional e operacional em busca do êxito na missão (e vitória no combate).

A evolução da legislação castrense (penal e processual penal) abarca o Código Penal Militar de 1944; o Código de Processo Penal Militar de 1994; Código de Justiça Militar de 1920, de onde surgiu o Ministério Público Militar, como instituição autônoma, e a atual organização e distribuição das atuais Auditorias e Circunscrições da Justiça Militar; o Código Penal da Armada (1891), que foi estendido ao Exército em 1899 e à Aeronáutica em 1941; e os "Artigos de Guerra" do Conde **von LIPPE** de 1763, que foram incorporados às Ordenações Filipinas e aplicados no Brasil Colônia e Império.

O **Código Penal Militar** (CPM) vigente foi instituído pelo **Decreto-lei n° 1.001**, de 21 de outubro de 1969, tendo sido recepcionado com força de lei (ordinária) pela atual Constituição Federal, ressalvadas as naturais incompatibilidades com a Carta Magna (p. ex.: imputabilidade penal do menor de 18 anos e **maior de 16 anos**, nas hipóteses previstas nos arts. 50 e 51); e os termos "pederastia ou outro" e "homossexual ou não", respectivamente, da rubrica e do *caput* do art. 235, consoante aresto do STF na ADPF n° 291; entre outras inconstitucionalidades já declaradas, no controle difuso e concentrado de constitucionalidade.

Por sua vez, o atual **Código de Processo Penal Militar** (CPPM) foi instituído pelo Decreto-lei n° 1.002, também, em 21 de outubro de 1969, e, igualmente, recepcionado na sua maior parte pela Constituição Federal. Apresentam-se como **peculiaridades** do sistema processual penal castrense: os ritos próprios dos processos ordinários (ausência de previsão de defesa prévia, absolvição sumária, ratificação do recebimento da denúncia nem de audiência una, institutos previstos exclusivamente na legislação processual penal comum; julgamento em plenário com sustentação oral) e dos processos especiais (para os delitos de deserção e insubmissão), além de causas particulares para a decretação de medidas preventivas e assecuratórias, em especial para a decretação da prisão preventiva com fundamento na preservação da hierarquia e disciplina militar, ausência de previsão da prisão provisória, inversão do momento do interrogatório do acusado, que passou a ser realizado ao término da oitiva das testemunhas, por força de decisão do órgão Pleno do STF (HC n° 127.900); e, também, os aspectos garantistas da *emendatio* e *mutatio libelli* expressas no CPPM.

Tem-se, ainda, que o espectro de abrangência de aplicação das normas contidas na atual legislação penal e processual penal militar é **integral** (completo) para os crimes militares federais, de competência da Justiça Militar da União, e **parcial** (em grande parte), no âmbito dos delitos militares e dos procedimentos judicializados nas esferas de competência das Justiças Militares estaduais, consoante interpretação sistemática do próprio Código Penal Militar, *v.g.*, nas partes que se referem exclusivamente às Forças Armadas ou seus integrantes; e, também, da expressa previsão legal contida no art. 6º do Código de Processo Penal Militar, norma que autoriza a aplicação do CPM e CPPM às Justiças Militares estaduais, naquilo que for pertinente.

Importante destacar, desde já, a previsão constitucional para a existência e organização mínima das Justiças Militares no âmbito da União e em cada Unidade da Federação. Contudo, há vedação constitucional para as Justiças Militares dos estados processar e julgar civis (art. 125, § 4º, da CF/1988); limitação de competência que não ocorre na Justiça Militar da União, que investiga, conhece e julga os crimes militares praticados tanto por militares quanto civis (art. 124 da CF/1988).

No que tange ao atual CPM, além das consolidadas alterações introduzidas pelas Leis nº 9.299/1996 e nº 9.839/1999, a recente Lei nº 13.491, de 13 de outubro de 2017, promoveu profundas modificações no Código Penal Militar, ampliando e tornando mais claro e taxativo o conceito e as hipóteses de configuração do crime de natureza militar (federal e estadual), resultando na direta conformação sistêmica e ampliação da competência criminal das Justiças Castrenses, verificada de forma mais abrangente na Justiça Militar da União.

De igual sorte, a novel Lei nº 13.774, de 19 de dezembro de 2018, introduziu profundas alterações na Lei Orgânica da Justiça Militar da União (Lei nº 8.457/1992): a) alterando a nomenclatura do cargo do magistrado de carreira da Justiça Militar da União, que denominava-se Juiz-Auditor (substituto) e, agora, passa a ser Juiz Federal (substituto) da Justiça Militar; b) promovendo renovadora mudança na estrutura e atuação da Corregedoria-Geral da Justiça Militar, harmonizando-se com o modelo do sistema acusatório processual pátrio; c) introduzindo a previsão para o Juiz Federal (substituto) da Justiça Militar presidir os Conselhos de Justiça, e processar e julgar, monocraticamente, os delitos militares envolvendo civis, ainda que em concurso de agentes com militares; e d) além de outras alterações referentes aos remédios constitucionais (*habeas corpus, habeas data*, mandado de segurança e de injunção).

No âmbito das Justiças Militares estaduais, a Emenda Constitucional n° 45/2004, que promoveu importante reforma no Poder Judiciário brasileiro (porém, não abarcou a Justiça Militar da União), também trouxe importantes alterações na estrutura, organização, funcionamento e competência, a fim de alinhar-se com as tendências contemporâneas de administração da Justiça pelos Tribunais militares e recentes decisões das cortes dos sistemas regionais de proteção dos direitos humanos.

Para tanto, o Juiz de Direito da Vara do Juízo Militar (estadual) passou a processar e julgar, monocraticamente, diversos delitos militares, inseriu-se no texto constitucional a reafirmação do Tribunal do Júri para os crimes dolosos contra a vida praticado contra civis, e o processamento e julgamento de matéria cível referente às questões disciplinares dos policiais e bombeiros militares e seus desdobramentos foi transferido da Justiça comum para a jurisdição castrense estadual.

No campo jurisprudencial, a obra apresenta diversas decisões do STF e STJ, interpretando as hipóteses de configuração do delito de natureza militar de modo restritivo, tais como: Súmula Vinculante n° 6; as hipóteses contidas no art. 9°, inc. II, alínea *a*, do CPM ("militar em situação de atividade contra militar na mesma situação": critério *inter milites*); as situações fático-jurídicas envolvendo o civil como sujeito ativo do delito; e o emprego das Forças Armadas nas missões de garantia da lei e da ordem, *v.g.*, Forças de Pacificação em comunidades da cidade do Rio de Janeiro e nas eventuais greves de Polícias Militares.

---

3. O Direito Penal e Processual Penal Militar: características, natureza jurídica e aspectos do Direito Comparado

O **Direito Penal** e **Processual Penal Militar** pátrio possuem diversos princípios e regras semelhantes ao direito material e processual penal ordinário, valendo-se o operador do Direito castrense da doutrina e jurisprudência dos institutos que lhes são comuns. Contudo, há inúmeras normas gerais, penalizadoras e processuais que são diversas ou previstas exclusivamente no Direito Militar, tais como a vigente (e constitucional) previsão da pena de morte, por fuzilamento, para crimes militares graves, cometidos em tempo de guerra.

Nesse sentido, parcela da doutrina defende que o Direito Penal Militar é um ramo especial e autônomo do Direito, pois apresenta "um núcleo exclusivo de interesses e bens jurídicos que, por seu relevo para a vida social, carece de tutela singular e atrai para sua órbita toda uma trama de relações afins, tendentes à realização daqueles bens e interesses" (COSTA, 2005, p. 34-37). Ou seja, possui objeto específico, porque se constrói sobre uma categoria de interesses e bens jurídicos que lhe é privativa por natureza, a saber: hierarquia e disciplina militar – pilares sobre os quais se organizam as instituições militares em busca da obtenção da máxima eficiência no preparo e emprego dos seus efetivos e meios operativos em prol da missão constitucional que lhes forem atribuídas.

De outra sorte, há autores que classificam o Direito Penal Militar como mera "especialização, um complemento do direito penal comum, apresentando um corpo autônomo de princípios, com espírito e diretrizes próprias" (ROMEIRO, 1994, p. 4-5).

De igual modo, o Direito Processual Penal Militar também é ramo especial e autônomo do Direito, possuindo regras e princípios próprios e peculiares, prevendo a atuação de Polícia Judiciária Militar distinta dos órgãos investigativos ordinários, além de promover ritos próprios – sob o manto do devido processo legal – para a marcha do processo penal castrense e, ainda, órgãos judicantes especiais para prestação jurisdicional do Estado. Todavia, observa o sistema processual acusatório (não puro), assim como no direito adjetivo penal comum, e a integralidade da principiologia processual do Estado de Direito Democrático da nossa República.

Entretanto, há países em que as normas de Direito Militar encontram-se previstas em código de justiça militar (normas penais, processuais penais e de organização de justiça reunidas numa só codificação); ou, ainda, em título específico contido na codificação penal e processual geral e comum, diferindo, nesses casos, apenas quanto ao sistema de Administração da Justiça vigente: justiça especializada (tribunais militares) ou justiça ordinária.

Há, contudo, situações em que as normas penais militares – independentemente do modelo normativo – são aplicadas por cortes marciais (comum nos países de tradição anglo-saxônica) ou por jurisdições administrativas (não integrantes do Poder Judiciário) ou até por jurisdições comuns (a Argentina extinguiu a Justiça Militar, subsistindo apenas as normas penais castrenses no ordenamento penal comum), o que agrega outros elementos diferenciadores para a caracterização e definição da natureza da Lei Penal Militar e da Administração da Justiça castrense por tribunais militares ou comuns.

Portanto, não há modelo único de classificação da legislação penal e processual militar nem tampouco de sistemas de administração da justiça para o julgamento dos crimes militares. Acerca dessa diversidade, o Alto Comissariado das Nações Unidas para os Direitos Humanos promoveu o estudo e a recomendação que seja observado pelos Estados-Membros de 20 princípios da Administração da Justiça pelos tribunais militares, aos quais o Brasil atende quase que a sua totalidade, especialmente pelo modelo de Justiça Militar inserido no Poder Judiciário e integrado por magistrados, membros do Ministério Público e da Advocacia (pública) de carreira, bacharéis em Direito, concursados, dotados de independência funcional e legislações funcionais próprias e autônomas entre si.

Concluídas essas **notas introdutórias** – acerca da teleologia, instrumentalidade e normatividade do Direito Militar e do histórico, características, natureza e aspectos do direito comparado do Direito Penal e Processual Penal castrense –, **deseja-se a todos proveitosa e edificante leitura** acerca de temática jurídica tão desconhecida, porém muitíssimo relevante para a organização, preparo e emprego das instituições que, assim como o Direito Penal, garantem em *ultima ratio* a sobrevivência do Estado e da própria sociedade; e impactam fortemente o regime democrático e o desenvolvimento socioeconômico do nosso País.

Sumário

Capítulo 1

Lei Processual Penal Militar: princípios estruturantes e sua aplicação 1

1.1 Força normativa dos princípios 1
1.2 Do devido processo legal 3
1.3 Do juiz natural 4
1.4 Da investidura 5
1.5 Da indeclinabilidade ou inafastabilidade da prestação jurisdicional 6
1.6 Da indelegabilidade da jurisdição 7
1.7 Da improrrogabilidade ou aderência 7
1.8 Da presunção da inocência 7
1.9 Do contraditório e da ampla defesa 11
1.10 Da oralidade 12
1.11 Da verdade real ou material 13
1.12 Da publicidade 15
1.13 Da obrigatoriedade 18
1.14 Da oficialidade 18
1.15 Da indisponibilidade 19
1.16 Da iniciativa das partes e do impulso oficial 20
1.17 Da inadmissibilidade de provas ilícitas 20
1.18 Da razoável duração do processo 22
1.19 Princípios específicos do Processo Penal Militar 23
   1.19.1 Da prevalência da índole do Processo Penal Militar.. 24
   1.19.2 Das prerrogativas do posto ou graduação do réu 26
   1.19.3 Do juízo hierárquico 27
1.20 Da aplicação da Lei Processual Penal Militar 29

Capítulo 2

Da Polícia Judiciária Militar e inquérito policial militar ... 35

2.1 Da Polícia Judiciária Militar 35

2.1.1 Possibilidade de delegação e avocação investigatória..	38
2.2 Inquérito policial militar (IPM)	40
2.2.1 Hipóteses de instauração de IPM	41
2.2.2 Características e prazos do IPM	46
2.2.2.1 Formal e escrito	46
2.2.2.2 Sigiloso	47
2.2.2.3 Indisponibilidade e obrigatoriedade	48
2.2.2.4 Inquisitório	48
2.2.3 Indiciamento	53
2.2.4 Incomunicabilidade do indiciado	54
2.2.5 Prazos do IPM	55
2.2.6 Remessa dos autos de IPM à Justiça Militar e ao Ministério Público Militar	58
2.2.7 Acordo de não persecução penal, nos feitos de origem judicial e extrajudicial	61

Capítulo 3

Da ação penal militar e do seu exercício 71

3.1 Considerações gerais	71
3.2 Denúncia	73
3.2.1 Requisitos da denúncia	74
3.2.2 Designação do órgão judicial competente	74
3.2.3 Qualificação do acusado	78
3.2.4 Tempo e lugar do crime	78
3.2.5 Qualificação do ofendido e a designação da pessoa jurídica ou instituição prejudicada ou atingida, sempre que possível	79
3.2.6 Exposição do fato criminoso, com todas as suas circunstâncias	79
3.2.7 Razões de convicção ou presunção da "delinquência"...	82
3.2.8 Classificação do crime	83
3.2.9 Rol de testemunhas	84
3.2.10 Pedido de condenação	85
3.2.11 Prazo para oferecimento da denúncia	85
3.2.12 Requisição de informações do MPM no curso do processo	86
3.2.13 Rejeição da denúncia	87
3.2.13.1 Ausência dos requisitos expressos do art. 77 do CPPM	88
3.2.13.2 O fato não constitui crime	88

3.2.13.3 Extinção da punibilidade 89

3.2.13.4 Incompetência do juiz e ilegitimidade do acusa-
dor 90

3.3 Ação civil *ex delicto* 92

Capítulo 4

Do Processo Penal Militar 95

4.1 Do processo 95

4.2 Casos de suspensão do Processo Penal Militar 96

4.2.1 Conflito positivo de competência.............................. 96

4.2.2 Questões prejudiciais (arts. 122 a 127)...................... 97

4.2.3 Suspeição ou impedimento (arts. 129 a 142) 97

4.2.4 Litispendência (arts. 148 a 152)................................. 98

4.2.5 Incidente de insanidade mental (arts. 156 e 162)...... 98

4.2.6 Incidente de falsidade de documento (arts. 163 a
169) 99

4.3 Caso de extinção do Processo Penal Militar..................... 100

4.3.1 Reconhecimento das causas de extinção da punibili-
dade.. 100

4.3.2 Reconhecimento da coisa julgada (art. 153)............... 100

4.4 Jurisdição e competência da Justiça Militar...................... 100

4.4.1 Competência em razão da matéria.............................. 101

4.4.2 Competência em razão da pessoa................................ 102

4.4.3 Competência em razão do lugar 103

4.5 Justiça Militar.. 103

4.5.1 Justiça Militar Estadual 105

4.5.2 Justiça Militar da União... 108

4.5.2.1 Órgãos da Justiça Militar da União, após a Lei
nº 13.774/2018 111

4.5.2.1.1 Superior Tribunal Militar 111

4.5.2.1.2 Corregedoria da JMU 112

4.5.2.1.3 Auditorias Militares 113

4.5.2.1.4 Conselhos de Justiça 114

4.5.2.1.5 Conselho Especial de Justiça (CEJ)................... 116

4.5.2.1.6 Conselho Permanente de Justiça (CPJ) 117

4.5.2.1.7 Juiz Federal (substituto) da Justiça Militar:
competência monocrática.................................. 118

4.6 Da competência do foro militar 121

4.6.1 Do lugar da infração (arts. 88 a 92)............................. 122

xviii Direito Processual Penal Militar

4.6.1.1	A bordo de navio ou embarcação militarmente ocupada (art. 89)	124
4.6.1.2	A bordo de aeronave (art. 90)	127
4.6.1.3	Crimes fora do território nacional (art. 91)	128
4.6.1.4	Crimes praticados em parte no território nacional (art. 92)	128
4.6.2	Residência ou domicílio do réu (art. 93)	131
4.6.3	Prevenção (arts. 94 e 95)	131
4.6.4	Sede do lugar de serviço (art. 96)	132
4.6.5	Distribuição (art. 98)	133
4.6.6	Regras de modificação da competência em geral (arts. 87 e 99 a 110)	134
4.6.7	Conexão	135
4.6.7.1	Conexão intersubjetiva	136
4.6.7.2	Conexão objetiva	137
4.6.7.3	Conexão instrumental ou probatória	138
4.6.8	Continência	138
4.6.8.1	Continência subjetiva (art. 100, alínea *a*, do CPPM)	139
4.6.8.2	Continência objetiva (art. 100, alínea *b*, do CPPM)	139
4.6.9	Regras para determinação de competência em caso de conexão e continência	139
4.6.9.1	Concurso entre a jurisdição especializada e a cumulativa (arts. 97 e 101, inc. I)	140
4.6.9.2	Concurso de jurisdições cumulativas ou mistas (art. 101, inc. II)	140
4.6.10	Separação de processos e julgamento (arts. 105 e 106)	141
4.6.11	Avocação de processo (art. 107)	143
4.6.12	Competência em razão do posto e da função (art. 108)	144
4.6.13	Desaforamento (art. 109)	148

Capítulo 5

Conflito de competência, questões prejudiciais e incidentes 151

5.1	Dos conflitos de competências (arts. 111 a 121)	151
5.2	Questões prejudiciais	155
5.3	Dos incidentes (arts. 128 a 169)	157

Sumário **xix**

5.3.1 Exceções em geral (art. 128)............................... 157

5.3.2 Exceção de impedimento ou suspeição (arts. 129 a 142)... 158

5.3.3 Exceção de incompetência (arts. 143 a 147)............ 159

5.3.4 Exceção de litispendência (arts. 148 a 152).............. 161

5.3.5 Exceção de coisa julgada..................................... 161

5.3.6 Incidente de insanidade mental............................ 163

5.3.7 Incidente de falsidade de documento (arts. 163 a 169 do CPPM)... 164

Capítulo 6

Prisão, liberdade provisória e menagem........................... 165

6.1 Considerações gerais sobre a prisão............................ 165

6.2 Prisão disciplinar (somente nas Forças Armadas)............ 170

6.3 Prisão em flagrante delito.. 174

6.3.1 Espécies de flagrante delito................................. 178

6.3.2 Providências decorrentes.................................... 181

6.4 Prisão por crime propriamente militar.......................... 183

6.4.1 Requisitos necessários à decretação da prisão por crime propriamente militar.................................. 184

6.4.2 Providências decorrentes.................................... 189

6.5 Prisão preventiva (arts. 254 a 261)............................. 190

6.6 Menagem (arts. 263 a 269)...................................... 202

6.7 Liberdade provisória... 208

Capítulo 7

Atos de comunicação processual................................... 215

7.1 Intimação e notificação (art. 288)............................... 215

7.2 Citação... 216

7.2.1 Formas de citação.. 217

7.2.1.1 Citação mediante mandado......................... 218

7.2.1.2 Citação mediante requisição........................ 219

7.2.1.3 Citação mediante carta precatória................. 219

7.2.1.4 Citação mediante carta citatória................... 220

7.2.1.5 Citação mediante edital............................. 220

7.3 A não aplicabilidade da regra do art. 366 do CPP............ 223

xx   Direito Processual Penal Militar

Capítulo 8

Atos probatórios 225

8.1 Conceito 225
8.2 Considerações gerais (arts. 294 e 295) 226
8.3 Distinção entre elementos informativos e provas 227
8.4 Inadmissibilidade de provas ilícitas 229
8.5 Interrogatório (arts. 302 a 306) 229
8.6 Confissão 234
8.7 Perguntas ao ofendido 234
8.8 Perícias e exames (arts. 314 a 346) 237
8.9 Testemunhas (arts. 347 a 364) 240
8.10 Acareação 243
8.11 Reconhecimento de pessoa e de coisa 244
8.12 Documentos 244

Capítulo 9

Procedimento ordinário 247

9.1 Procedimento ordinário no Processo Penal Militar 247
9.2 Disposições gerais 249
9.3 Início do procedimento ordinário 254
9.4 Instalação do Conselho de Justiça 255
9.5 Testemunhas arroladas pelo Ministério Público 255
9.6 Testemunhas de defesa 257
9.7 Interrogatório 258
9.8 Diligências 259
9.9 Alegações escritas (finais) 260
9.10 Saneamento do processo 261
9.11 Da sessão do julgamento e da sentença 261
    9.11.1 Da sustentação oral 262
    9.11.2 Do julgamento 265
    9.11.3 Da decisão absolutória 266
    9.11.4 Da decisão condenatória 268
    9.11.5 Da *emendatio libelli* e *mutatio libelli* no Processo Penal Militar 270
9.12 Da sentença 273
    9.12.1 Requisitos da sentença 275

Sumário **xxi**

Capítulo 10

Procedimento especial do crime de deserção 279

10.1 Considerações gerais – crimes de deserção 279
10.2 Processo de deserção de oficial (arts. 454 e 455) 283
10.3 Processo de deserção de praça (com ou sem estabilidade) 286
    10.3.1 Agregação, licenciamento, reversão e reinclusão 287

Capítulo 11

Procedimento especial do crime de insubmissão 291

11.1 Processo de crime de insubmissão 291

Capítulo 12

Processo de competência originária do STM 297

12.1 Fase processual 297
12.2 Fase pré-processual 298

Capítulo 13

Nulidades 301

13.1 Conceito 301
13.2 Natureza e espécies 302

Capítulo 14

Recursos 309

14.1 Conceito 309
14.2 Características dos recursos 309
14.3 Princípios 310
14.4 Requisitos 312
    14.4.1 Requisitos objetivos 312
    14.4.2 Requisitos subjetivos 313
14.5 Efeitos dos recursos 316
14.6 Recursos em espécie 316
    14.6.1 Recurso em sentido estrito (art. 516) 317
    14.6.2 Recurso de apelação 320

14.6.3 Embargos (art. 538).. 322

14.6.4 Agravo interno (ou regimental)................................. 325

14.6.5 Recurso inominado 326

14.6.6 Recurso de ofício.. 327

14.6.7 Correição parcial.. 328

14.7 *Habeas corpus* (arts. 466 a 480) 331

14.8 Revisão criminal (arts. 550 a 562)................................. 334

14.9 Incidente de Resolução de Demandas Repetitivas (IRDR).. 336

14.10 Reclamação.. 340

14.11 Recursos para o STF.. 340

Capítulo 15

Justiça Militar em tempo de guerra..................... 345

15.1 Justiça Militar em tempo de guerra 345

15.2 Órgãos da Justiça Militar em tempo de guerra 347

15.2.1 STM 347

15.2.2 Conselho Superior de Justiça Militar – CSJM........... 348

15.2.3 Conselhos de Justiça Militar 348

15.2.4 Juiz Federal da Justiça Militar...................... 350

15.3 Procedimento (arts. 675 a 693) 350

15.3.1 IPM e APF 351

15.3.2 Oferecimento, recebimento e rejeição da denúncia ... 351

15.3.3 Instrução processual............................... 352

15.4 Processo e julgamento de desertores 356

15.5 Recursos.. 357

15.6 Execução da pena de morte 358

Referências 361

1

Lei Processual Penal Militar: princípios estruturantes e sua aplicação

1.1 Força normativa dos princípios

Atualmente, não se mostra estranho afirmar a força normativa dos princípios jurídicos, mormente em relação àqueles incorporados pelas Constituições democráticas.

Ocorre que nem sempre foi assim e, a bem da verdade, mesmo hodiernamente, levantam-se, de quando em quando, vozes inspiradas na concepção normativo-positivista contrárias à proeminência e ao prestígio alcançados pelos princípios junto aos ordenamentos jurídicos civilizados.

Geraldo Prado (2005, p. 51-52) ensina que o sistema constitucional não se esgotaria apenas em regras, mas também auferiria consistência nos princípios que teriam força, eficácia e efetividade jurídica, e reclamariam a atenção dos profissionais do Direito, pelo que a constitucionalidade ou inconstitucionalidade de determinado ato dependeria de sua adequação à totalidade do sistema constitucional.

A afirmação da (in)constitucionalidade de determinados atos normativos, portanto, **reclama verificação** da compatibilidade do ato não apenas com uma isolada regra ou princípio constitucional (que poderá, é claro, ser suficiente para excluir a esfera de aplicação desse ato, negando-lhe validade), mas **com a totalidade do sistema constitucional, que compreende uma rede intrincada de regras e princípios.** Aprofundar a apreciação dos atos normativos e decisões penais, nessa direção, parece tarefa não só inconclusa, como, lamentavelmente, mal começada, sem embargo dos dezesseis [atualmente, mais de trinta] anos da Constituição de 1988. (Grifos nossos.)

Ruy Samuel Espíndola (2002, p. 33-34), por sua vez, informa que foi a partir da década de 1950 que se passou a investigar o conceito de Princípio Jurídico, no âmbito da teoria do Direito, ocasião em que as teses até então consagradas, defensoras da posição e exercendo função subsidiária e auxiliar dos Princípios Jurídicos no tocante à integração e à aplicação do Direito, passaram a ser superadas. Segundo o referido autor, a expressão concreta dessa superada postura positivista constitui a consagração, em várias legislações, do enunciado normativo: "Quando a lei for omissa, o juiz decidirá o caso de acordo com a analogia, os costumes e os princípios gerais de direito".[1]

Assim, a tendência em se considerar os Princípios Jurídicos como espécie do gênero normas de Direito, dotados de efetiva juridicidade, deve-se muito às reflexões engendradas no âmbito do Direito Constitucional, no qual merecem destaque os nomes de Vezio Crisafulli, Robert Alexy, Eduardo Garcia de Enterría e José Joaquim Gomes Canotilho (ESPÍNDOLA, 2002, p. 34-35).

A Constituição da República Federativa do Brasil de 1988 (CF/1988) consagrou, de forma expressa e sistemática, uma gama

---

[1] "Quando a lei for omissa, o juiz decidirá o caso de acordo com a analogia, os costumes e os princípios gerais de direito." Redação constante do art. 4° da Lei de Introdução às Normas do Direito Brasileiro (Decreto-lei n° 4.657, de 4 de setembro de 1942).

considerável de princípios, muitos dos quais traduziriam direitos e garantias fundamentais forjados ao longo da história política, jurídica e social não somente do Brasil, mas da civilização, democrática, de modo geral.

Nucci (2014, p. 65) sustenta que o "conjunto dos princípios constitucionais forma um sistema próprio, com lógica e autorregulação", destacando que haveria uma "integração entre os princípios constitucionais penais e processuais penais" e que os princípios da dignidade da pessoa humana e do devido processo legal coordenariam a importância desse sistema.

No Processo Penal, em especial, no Processo Penal Militar, a importância dos princípios, em sua maioria ungidos pela CF/1988, é essencial para a efetivação e a garantia de um processo justo e democrático, como veremos.

Ressalta-se que muitos autores fazem menção aos princípios processuais da oficialidade, da obrigatoriedade e da indisponibilidade, como sendo princípios da ação penal pública.

1.2 Do devido processo legal

A CF/1988 albergou de forma expressa esse princípio, nos termos do seu art. 5°, inciso LIV – "ninguém será privado da liberdade ou de seus bens sem o devido processo legal". O devido processo legal, segundo consta, teria origem no art. 39 da Magna Carta, imposta pelos senhores feudais ao rei João Sem-Terra, que, segundo Luis Gustavo Grandinetti Castanho de Carvalho (2004, p. 125), englobaria vários outros princípios processuais.

O referido autor aduz que a locução *due process of law* somente se consolidou em 1791, ao ser incorporada, pela 5ª Emenda, à Constituição dos Estados Unidos da América. O princípio do devido processo legal consiste no estrito respeito às normas, ritos, prazos e procedimentos legais estabelecidos no âmbito da persecução penal; da instrução processual penal; e nos julgamentos, em todas as instâncias ordinárias e recursais, bem como na fase de execução penal.

O respeito às "regras do jogo", do Processo Penal, não é mera formalidade, mas a forma pela qual se traduz a igualdade de oportunidades "das partes no plano processual, a ampla defesa com todos os recursos inerentes, o contraditório, as demais garantias de juiz natural, publicidade e motivação dos atos judiciais" (CARVALHO, 2004, p. 127).

1.3 Do juiz natural

Em um Processo Penal democrático e efetivo, o acusado tem a garantia de ser julgado por um juiz autônomo e imparcial, cuja competência preexista ao fato sob exame, importando tal princípio na limitação do poder do Estado, na medida em que se é vedada a criação de "tribunais" de exceção.

Os referidos princípios restam constitucionalizados nos termos do art. 5º, inciso LIII, da CF/1988, segundo o qual "ninguém será processado nem sentenciado senão pela autoridade competente" e, inciso XXXVII, do mesmo artigo, ao determinar que "não haverá juízo ou tribunal de exceção".

A existência de justiças especializadas, como é o caso da Justiça Militar, corrobora o princípio do juiz natural, uma vez que é direito constitucional do acusado de crime militar ser processado e julgado pelo órgão judicial competente, conforme prescreve os arts. 124, *caput*, e 125, § 4º, da CF/1988:

> **Art. 124.** À Justiça Militar compete processar e julgar os crimes militares definidos em lei.
>
> **Art. 125.** Os Estados organizarão sua Justiça, observados os princípios estabelecidos nesta Constituição.
>
> (...)
>
> § 4º Compete à Justiça Militar estadual processar e julgar os militares dos Estados, nos crimes militares definidos em lei e

as ações judiciais contra atos disciplinares militares, ressalvada a competência do júri quando a vítima for civil, cabendo ao tribunal competente decidir sobre a perda do posto e da patente dos oficiais e da graduação das praças.

Nesse sentido, a competência da Justiça Militar, por sua especialidade, nos limites da Constituição, do Código de Processo Penal Militar e das respectivas Leis de Organizações Judiciárias, é definida quando da ocorrência do crime militar, tanto em razão da matéria, quanto em relação ao autor do fato criminoso, por critérios absolutos, em resguardo ao princípio do juiz natural.

1.4 Da investidura

O exercício da função jurisdicional somente pode ser realizado por aqueles, legalmente, investidos dessa função. Na Justiça Militar da União (JMU) e nas Justiças Militares Estaduais, além dos denominados juízes togados (juízes federais da justiça militar e juízes de Direito do juízo militar) aprovados em concurso público de provas e provas e títulos, também, a função jurisdicional é exercida por juízes militares, oficiais de carreira das Forças Armadas e oficiais de carreira das Polícias e dos Corpos de Bombeiros Militar.

O processo de investidura dos juízes militares ocorre por ocasião das instalações dos Conselhos de Justiça, quando os oficiais sorteados para comporem esses órgãos judiciais, são compromissados, na forma da lei, passando a estarem investidos da função jurisdicional militar, matéria que será mais adiante considerada.

Ressalta-se que Oficiais temporários não podem funcionar como membros dos Conselhos Especiais e Permanentes de Justiça, por não gozarem de vitaliciedade, razão pela qual somente Oficiais de carreira podem concorrer ao sorteio para composição dos referidos órgãos judiciais.

EMENTA: EMBARGOS DE DECLARAÇÃO. PREQUESTIONAMENTO. DEFESA CONSTITUÍDA. PRELIMINAR

DE NÃO CONHECIMENTO SUSCITADA PELA PROCU-
RADORIA-GERAL DA JUSTIÇA MILITAR. REJEIÇÃO.
UNANIMIDADE. MÉRITO. NULIDADE DA COMPOSI-
ÇÃO DO CONSELHO DE JUSTIÇA NÃO ENFRENTADA.
JUÍZES MILITARES. OFICIAL DE CARREIRA. OMISSÃO,
CONTRADIÇÃO, AMBIGUIDADE, OBSCURIDADE.
INEXISTÊNCIA. EMBARGOS REJEITADOS. UNANI-
MIDADE. O Recurso de Embargos de Declaração objetiva
sanear eventuais obscuridades, ambiguidades, contradições
ou omissões existentes na decisão recorrida, de sorte que, tal
como no caso em exame, e atendendo ao comando normativo descrito no art. 542 do CPPM, cabe à Parte insurgente,
tão somente, indicar o trecho ou os pontos que assim são
entendidos sob o seu ponto de vista, sendo certo que o mérito recursal é quem irá acolher ou rejeitar tais indicações.
Preliminar de não conhecimento rejeitada. Decisão por unanimidade. Os Juízes Militares componentes dos Conselhos
Especial e Permanente de Justiça serão nomeados entre Oficiais de Carreira das Forças Armadas e estes, por sua vez, são
aqueles que detêm a vitaliciedade assegurada ou presumida,
excluindo-se, pois, e por motivos óbvios os chamados Oficiais temporários. Portanto, o Oficial de Carreira é definido
pela vitaliciedade e não pelo grau ou escola de sua formação.
Sendo o tema debatido nos autos, resta prontamente atendida a pretensão de prequestionamento da matéria, para
fins de acesso à Suprema Corte. Embargos de Declaração
rejeitados. Decisão por Unanimidade (STM nº 7000643-
45.2020.7.00.0000. Rel. Min. Carlos Vuyk de Aquino. Data
de Julgamento: 15.10.2020, Data de Publicação: 29.10.2020).

1.5 Da indeclinabilidade ou inafastabilidade da prestação jurisdicional

Uma das características marcantes dos Estados Democráticos
de Direito é a existência de um Poder Judiciário autônomo, inde-

pendente, e responsável, em *ultima ratio*, pela resolução dos conflitos surgidos na dinâmica da vida social.

O princípio da indeclinabilidade ou da inafastabilidade da prestação jurisdicional está constitucionalizado, por força do inciso XXXV do art. 5° da CF/1988, segundo o qual nem mesmo o legislador poderá legislar para impedir o acesso do jurisdicionado ao Poder Judiciário. Uma vez provocado o juiz, obrigatoriamente, manifestar-se-á sobre o pedido formulado.

1.6 Da indelegabilidade da jurisdição

O exercício da típica função jurisdicional é exclusividade dos órgãos do Poder Judiciário, enquanto um dos três Poderes estruturantes do Estado, que não pode ser delegada a nenhum outro órgão estatal, sem prejuízo da existência de formas, extrajudiciais, de resolução de conflitos, como, por exemplo, os denominados juízos e Tribunais arbitrais.

1.7 Da improrrogabilidade ou aderência

Sendo a competência a delimitação do poder-dever jurisdicional, devem os órgãos do Poder Judiciário exercer suas funções dentro dos limites estabelecidos pela Constituição e da legislação em vigor, aos quais se encontram, obrigatoriamente, vinculados.

1.8 Da presunção da inocência

Esse princípio sempre enfrentou muita resistência, não tendo sido facilmente aceito ou compreendido como necessário à dinâmica do Processo Penal, tendo em vista que, ao longo dos tempos, vários foram os seus modelos e nem todos se perfilaram à lógica de respeito aos direitos fundamentais.

O princípio da presunção da inocência, muitas vezes, foi apontado como óbice à apuração de responsabilidade e a consequente punição de criminosos, acusado de favorecer a impunidade, que resultaria no descrédito do poder punitivo do Estado.

Percebe-se que o maior ou menor prestígio a tal princípio está ligado ao contexto ideológico político dominante na sociedade, igualmente corroborado pelo modelo de Estado, em cujo âmbito se desenvolvem as políticas criminais e os sistemas de controle social punitivo.

Tal assertiva pode ser confirmada ao se verificar que, durante os regimes políticos antidemocráticos, como foi o fascista na Itália, a prisão, antes da formação definitiva da culpa do imputado era a regra. Essa perspectiva antidemocrática, muito bem traduzida pelo Código Roco de 1930, que influenciou outros países que também experimentaram períodos antidemocráticos, como foi o caso do Brasil da era Vargas.[2]

Segundo Ferrajoli (2006, p. 510), "com o advento do fascismo, a presunção da inocência entrou francamente em crise" na Itália. A partir de então, não houve obstáculos ao uso abusivo da prisão preventiva, cuja fundamentação se encontrava na ideia de defesa social.

O caráter facultativo da prisão preventiva, vigente no Código de Processo Penal da Itália de 1865, e a fixação de limites máximos ao tempo de custódia preventiva dos imputados, prevista no Código de 1913, foram suplantados pela rigidez e severidade do Código Rocco:

> Que alargou fortemente as hipóteses de prisão obrigatória e automática, suprimiu prazos máximos e, com isso, o desen-

---

[2.] Antonio Scarance Fernandez informa: "No Código de Processo Penal de 1941 (Decreto-lei n° 3.689, de 03.10.1941), a regra era prender o indivíduo durante o processo e mantê-lo preso durante o recurso. A liberdade era a exceção. Privilegiava-se muito mais a prisão do que a liberdade. Essa disciplina refletiu a influência do Código de Processo Penal da Itália, editado na época de Mussolini, em 19.10.1930. Reformas posteriores atenuaram o rigor do Código, mas foi com a Constituição Federal de 1988 que se acentuou a função cautelar da prisão processual" (FERNANDES, Antonio Scarance. Funções e limites da prisão processual. Instituto Brasileiro de Ciências Criminais. *Revista Brasileira de Ciências Criminais*, n. 64, p. 240, jan.-fev. 2007).

carceramento por decurso de prazo, e condicionou tanto a emissão como a suspensão do mandado facultativo de prisão à avaliação das qualidades morais e sociais da pessoa.

A questão relacionada à segregação da liberdade de um cidadão antes da comprovação de sua culpa mereceu a preocupação da comunidade internacional. Tanto é assim que a Declaração dos Direitos do Homem e do Cidadão de 1789,[3] a Declaração dos Direitos Humanos de 1948[4] e a Convenção Americana sobre Direitos Humanos de 1969[5] fazem-lhe referência.

Ademais, a Constituição da Virgínia de 1776[6] e as Constituições democráticas modernas, como é o caso da Constituição Federal de 1988, albergaram o princípio da presunção da inocência, por traduzir compromisso com a liberdade, a democracia e os direitos humanos.

Antes de representar um estranho absurdo excogitado pelo empirismo francês (FERRAJOLI, 2006, p. 507), a presunção da inocência representa, na essência, um princípio reitor do Processo Penal que deveria ser maximizado em todas as suas **nuances**. Ou seja, com repercussão geral sobre o Processo Penal, no que se refere à persecução penal, à produção de provas, ao tratamento dispensado ao imputado, de modo a mitigar a estigmatização inerente

---

3. Declaração dos Direitos do Homem e do Cidadão: promulgada em 26.08.1789. Biblioteca Virtual de Direitos Humanos da Universidade de São Paulo. Disponível em: www.direitoshumanos. usp.br/frameset.html. Acesso em: 11 dez. 2008.

4. Declaração Universal dos Direitos Humanos. Adotada e proclamada pela Resolução nº 217A (III) da Assembleia Geral das Nações Unidas em 10.12.1948. Assinada pelo Brasil na mesma data.

5. Convenção Americana sobre Direitos Humanos. Adotada pela Conferência Especializada Interamericana sobre Direitos Humanos, em San José de Costa Rica, em 22.11.1969. Ratificada pelo Brasil em 25.09.1992.

6. Declaração de Direitos do Bom Povo de Virgínia. "O texto original foi de autoria de George Naron. Os dois primeiros parágrafos da Declaração da Virgínia expressam com clareza os fundamentos do regime democrático: o reconhecimento de 'direitos inatos' de toda pessoa humana e o princípio de que todo poder emana do povo. Firma também os princípios da igualdade de todos perante a lei (rejeitando os privilégios e a hereditariedade dos cargos públicos) e da liberdade".

ao processo e ao uso da prisão cautelar, naquelas hipóteses estritamente necessárias (LOPES JR., 2004, p. 179).

Portanto, a presunção da inocência representa um marco do Processo Penal democrático de índole acusatório, que não se conforma com a finalidade que outrora lhe era legada de *"la persecución eficaz de los delitos, de modo que ningúm crimem quedase sin castigo, para lo que era necesario descubrir a su autora toda costa, sin reparar en los médios necesarios para conseguirlo"* (VÁZQUEZ SOTELO, 2007, p. 631). É preferível deixar de punir um culpado a se punir um inocente.

O alcance do referido princípio, consagrado no inciso LVII, art. 5º, da CF/1988, segundo o qual "ninguém será considerado culpado até o trânsito em julgado de sentença penal condenatória", é tema ainda controverso pelas mudanças casuísticas de posição do Supremo Tribunal Federal, com maioria estabelecida por um voto de diferença.

Ao longo dos últimos 10 anos, o tema foi enfrentado pelo Supremo Tribunal Federal (STF) em três oportunidades, sendo que em nenhuma dessas ocasiões houve decisão por ampla maioria de seus Ministros:

Habeas Corpus nº 84.078/2009 – o Plenário do STF decidiu, por maioria (7 × 4), que a execução da pena estaria condicionada ao trânsito em julgado da sentença penal condenatória;

Habeas Corpus nº 126.292/2016 – o Plenário do STF decidiu, por maioria (7 × 4), pela possibilidade da execução provisória de acórdão penal condenatório, de Tribunal de segunda instância, mesmo que ausentes os requisitos para a decretação de prisão cautelar, antes do trânsito em julgado do acórdão condenatório; e

ADC nº 43, nº 44 e nº 54/2019 – o Plenário do STF decidiu, por maioria (6 × 5), pela impossibilidade da execução provisória de acórdão penal condenatório, antes do trânsito em julgado.

1.9 Do contraditório e da ampla defesa

Segundo o art. 5º, inciso LV, da CF/1988, "aos litigantes, em processo judicial ou administrativo, e aos acusados em geral são assegurados o contraditório e ampla defesa, com os meios e recursos a ela inerentes". A lógica constitucional é de prestígio ao acusado, de modo a mitigar a inerente desigualdade existente entre o Estado e o sujeito ao qual se imputa prática de crime militar.

Tal situação se justifica porque, seja na fase investigatória, durante o inquérito policial militar (IPM), ou na fase processual, o Estado atuará como órgão de investigação, como órgão de acusação, como órgão de julgamento e, após a condenação, como órgão de execução penal.

A matéria tratada em sede de Processo Penal envolve interesse público e social de grande importância para o Estado e para a sociedade, tendo em vista que a consequência de uma condenação penal, muitas vezes, resultará no cerceamento da liberdade ambulatorial do imputado, razão pela qual o processo deve se desenvolver de forma dialética.

Deve-se garantir o acesso à informação e o exercício pleno de participação das partes no processo, de modo que possam efetivamente oferecer "reação, manifestação ou contrariedade à pretensão da parte contrária". Pressupõe o contraditório, a "paridade de armas", o equilíbrio de forças entre acusação e defesa (LIMA, 2019, p. 54).

Entende-se por ampla defesa o direito ao pleno exercício da **autodefesa**, aquela exercida direta e pessoalmente pelo imputado, como ocorre na audiência de custódia e nos interrogatórios, nos quais o interrogando poderá, se assim o desejar, expor sua "verdade" ao Estado-Juiz, e da defesa técnica, exercida por advogado, inscrito nos quadros da Ordem dos Advogados do Brasil (OAB) ou por Defensor Público.

Renato Brasileiro de Lima (2019, p. 57) entende que a ampla defesa poderia ser, ainda, subdividida:

(...) sob dois aspectos: a) positivo: realiza-se na efetiva utilização dos instrumentos, dos meios e modos de produção, certificação, esclarecimento ou confrontação de elementos de prova que digam com a materialidade da infração criminal e com a autoria; b) negativo: consiste na não produção de elementos probatórios de elevado risco ou potencialidade danosa à defesa do réu.

Exemplo claro de prestígio ao contraditório e a ampla defesa, em sede processual penal militar, repousa no fato de que o art. 94, § 1º, da Lei nº 8.457/1992 – Lei de Organização Judiciária da Justiça Militar da União (LOJMU), prevê a presença de um Defensor Público, em cada uma das Auditorias Militares instaladas no Teatro de Operações, em tempo de guerra.

1.10 Da oralidade

Tal princípio objetiva uma maior interação entre o juiz e as partes, favorecendo a concentração dos atos processuais em menos audiências, de forma a otimizar o tempo e tornar mais rápida e efetiva a prestação jurisdicional, em detrimento do tradicional formalismo processual vigente.

As Leis nºs 9.099/1995 e 10.259/2001, que tratam dos Juizados Especiais Criminais, respectivamente, na esfera estadual e federal, introduziram a oralidade como princípio prevalente e desejável para a celeridade da prestação jurisdicional, o que vem ganhando ampliação; contudo, conforme expressa vedação contida no art. 90-A da Lei nº 9.099/1995, com a redação dada pela Lei nº 9.839/1999, não se aplicam à justiça militar:

> **Art. 90-A**. As disposições desta Lei não se aplicam no âmbito da Justiça Militar.

O princípio da oralidade também foi incorporado no processo ordinário, por meio da alteração do **art. 400 do CPP comum**, introduzida pela Lei nº 11.719/2008, que estabeleceu a realização da "**audiência una**", por meio da concentração dos atos processuais: **instrução,** com interrogatório do réu após a oitiva do ofendido e testemunhas, e **julgamento,** com sustentação oral pelas partes, e prolação da sentença, ao final.

Embora haja críticas acerca dessa alteração, haja vista o alegado enfraquecimento no protagonismo do contraditório e da ampla defesa (processo dialético), fato é que, por força de decisão do STF[7] (HC n° 127.900/AM), no âmbito das justiças castrenses, o interrogatório passou a ser realizado como último ato da instrução criminal, por analogia ao referido art. 400 do CPP comum, em homenagem ao princípio do *favor rei,* o que será aprofundado mais adiante.

Contudo, apesar da inversão da ordem do ato interrogatório ter sido estendida ao Processo Penal Militar, a realização da "audiência una" (concentração dos atos de instrução e julgamento na mesma sessão) não foi estendida, permanecendo as audiências fragmentadas, nos termos do CPPM.

1.11 Da verdade real ou material

Entende-se esse princípio como a busca da verdade real, da "investigação dos fatos como se passaram na realidade, não se conformando com a verdade formal, que consta nos autos trazidas pelas partes" (ASSIS, 2012, p. 22). Sob tal perspectiva se autorizaria ao Juiz determinar a realização de atos e diligências de ofício, com o propósito de formar o seu livre convencimento.

Ocorre que sob a perspectiva do sistema acusatório esposado pela CF/1988, que estabelece a distinção de funções entre os órgãos de acusação, defesa e julgamento, não se mostra adequado que o juiz atue de ofício, sem provocação, sob pena de "contaminação" de sua imparcialidade.

[7.] STF: HC n° 162.650/SP, julgado em 21.11.2019; e HC n° 127.900/AM, julgado em 03.03.2016.

No âmbito do Processo Penal Militar, excetuando-se a hipótese do art. 136 do CPM e, em tempo de guerra, a denúncia contra o Comandante do Teatro de Operações, as ações serão públicas e incondicionadas. O Ministério Público Militar (MPM) oficiará em sede processual e poderá, também, fazê-lo em sede extraprocessual, com autonomia e prerrogativas constitucionais e legais de órgão de Estado, na qualidade de titular da ação penal e fiscal das atividades de Polícia Judiciária Militar, não havendo, no nosso entender, a menor razão para a interferência, de ofício, dos órgãos jurisdicionais da Justiça Militar.

Sob o pretexto da busca da verdade material e inexorável, muita arbitrariedade foi e, infelizmente, continua a ser praticada. Renato Brasileiro de Lima (2019, p. 70) aduz que hodiernamente "a dicotomia entre verdade formal e material deixou de existir", porque não haveria "mais espaço para a dicotomia entre a verdade formal, típica do processo civil, e verdade material, própria do processo penal".

Sustenta o referido autor que segundo a doutrina mais contemporânea tem prevalecido o princípio da busca da verdade, em substituição ao da "verdade material ou real", que autorizaria o magistrado a produzir provas de ofício, no processo e não na fase extraprocessual (LIMA, 2019, p. 70).

Enxergamos, além da dicotomia entre a verdade formal e material, uma forte tensão entre dois modelos de sistemas processuais, de um lado o sistema acusatório e do outro o inquisitivo, cujos traços se fazem presentes na legislação, prova disso é a grande controvérsia estabelecida em torno da criação do "juiz de garantias" pela Lei nº 13.964/2019, que já foi objeto de quatro **Ações Diretas de Inconstitucionalidade** (ADI) nºs 6.298, 6.299, 6.300 e 6.305, encontrando-se com a eficácia suspensa, por decisão do Ministro Luiz Fux, relator das referidas ações.

Em que pese tais considerações, a intervenção judicial de ofício é prática corrente em sede processual penal comum e militar, bem como a ideação da denominada "verdade" material ou real.

1.12 Da publicidade

A publicidade é a garantia que o imputado tem de conhecer a respeito das imputações que lhe são dirigidas, permitindo-lhe defender-se delas, refutá-las e contradizê-las, valendo-se dos recursos e meios legais cabíveis.

A publicidade também é garantia da sociedade, pois no processo penal se discute matéria de interesse público de vital interesse à sociedade, uma vez que, em regra, está em jogo a proteção de bens e interesse individuais, institucionais e coletivos, especialmente a hierarquia e disciplina militares e a liberdade.

Em sede processual penal, a publicidade não deve ser usada como justificativa para a exposição vexatória de indiciados, acusados, vítimas e testemunhas de inquéritos policiais e processos penais, conforme corroborou o STF, ao editar a **Súmula Vinculante n° 11**, *verbis:*

> Só é lícito o uso de algemas em caso de resistência e de fundado receio de fuga ou de perigo à integridade física própria ou alheia, por parte do preso ou de terceiros, justificada a excepcionalidade por escrito, sob pena de responsabilidade disciplinar civil e penal do agente ou da autoridade e de nulidade da prisão ou do ato processual a que se refere, sem prejuízo da responsabilidade civil do Estado.

A referida Súmula deu efetividade à garantia dos direitos fundamentais da pessoa humana, em resposta aos abusos perpetrados por ocasião de prisões, com exposições midiáticas e vexatórias de imputados, muitas vezes em desfavor de pessoas que nem tinham acusação formalizada contra si.

O **uso da força** e o emprego de **algemas** estão disciplinados pelo CPPM, desde a sua vigência, em 1°.01.1970:

> **Art. 234.** O emprego de força só é permitido quando indispensável, no caso de desobediência, resistência ou tentativa de fuga. Se houver resistência da parte de terceiros, poderão

ser usados os meios necessários para vencê-la ou para defesa do executor e auxiliares seus, inclusive a prisão do ofensor. De tudo se lavrará auto subscrito pelo executor e por duas testemunhas.

§ 1º O emprego de algemas deve ser evitado, desde que não haja perigo de fuga ou de agressão da parte do preso, e de modo algum será permitido, nos presos a que se refere o art. 242.

A CF/1988, nos termos dos arts. 5º, inciso LX, e 93, inciso X, estabelece a publicidade como regra no processo, autorizando a sua mitigação em situações justificadas, para a garantia da intimidade ou do interesse social.

Art. 5º Todos são iguais perante a lei, sem distinção de qualquer natureza, garantindo-se aos brasileiros e aos estrangeiros residentes no País a inviolabilidade do direito à vida, à liberdade, à igualdade, à segurança e à propriedade, nos termos seguintes:

(...)

LX – a lei só poderá restringir a publicidade dos atos processuais quando a defesa da intimidade ou o interesse social o exigirem;

(...)

Art. 93. Lei complementar, de iniciativa do Supremo Tribunal Federal, disporá sobre o Estatuto da Magistratura, observados os seguintes princípios:

(...)

X – as decisões administrativas dos tribunais serão motivadas e em sessão pública, sendo as disciplinares tomadas pelo voto da maioria absoluta de seus membros;

A regra da publicidade, "ampla, plena, popular, absoluta ou geral", prevista na CF/1988, não afasta a possibilidade de que as investigações e os processos, em casos específicos e nos termos da lei, tenham a publicidade mitigada, atendendo ao interesse público, sempre sob a chancela do Poder Judiciário, conforme informa Renato Brasileiro de Lima (2019, p. 67).

> Apesar de a regra ser a publicidade ampla, deve-se compreender que, como toda e qualquer garantia, esta não tem caráter absoluto, podendo ser objeto de restrição em situações em que o interesse público à informação deva ceder em virtude de outro interesse de caráter preponderante em caso concreto.

Em tal contexto, a publicidade restrita ou interna seria "impropriamente chamada de segredo de justiça", todavia, não se deve confundir limitação com ausência de publicidade, sob pena de inconstitucionalidade.

Nesse sentido, a instrução criminal e a sessão secreta de julgamento, previstas nos arts. 387 e 434 do CPPM, mostram-se irreconciliáveis com o princípio constitucional da publicidade, o que já está ajustado e pacificado na jurisprudência castrense.

> **Art. 387.** A instrução criminal será sempre pública, podendo, excepcionalmente, a juízo do Conselho de Justiça, ser secreta a sessão, desde que o exija o interesse da ordem e disciplina militares, ou a segurança nacional.
>
> (...)
>
> **Art. 434.** Concluídos os debates e decidida qualquer questão de ordem levantada pelas partes, o Conselho de Justiça passará a deliberar em sessão secreta, podendo qualquer dos juízes militares pedir ao auditor esclarecimentos sobre questões de direito que se relacionem com o fato sujeito a julgamento.

A despeito da importância da hierarquia e da disciplina militar para as Forças Armadas e Auxiliares, não há como impor sigilo de tal natureza às partes e seus advogados, sob pena de incompatibilidade formal e material com a CF/1988.

Nesse sentido, decidiu o STF no julgamento do RHC nº 67.494/RJ, de 16.06.1989:

(...) a regra em relação aos julgamentos ocorridos na Justiça Militar é a publicidade ampla em situações excepcionais, e somente quando a defesa da intimidade ou o interesse social o exigem, poderá ser restringida a publicidade da deliberação dos conselhos de Justiça, assegurada, todavia, a presença das próprias partes e de seus advogados, ou somente destes.

1.13 Da obrigatoriedade

O princípio da obrigatoriedade se aplica às autoridades de Polícia Judiciária Militar (PJM) e aos membros do MPM, no que se refere à instauração de IPM, à lavratura de APF e a propositura de ação penal pública e incondicionada, presentes as condições e requisitos legais para a realização dos referidos atos e procedimentos, nos termos dos arts. 8°, 10 e 30 do CPPM.

Hodiernamente, vem sendo introduzido no ordenamento jurídico brasileiro hipóteses mitigadoras do princípio da obrigatoriedade, como a suspensão condicional do processo, a transação penal, o flagrante diferido, bem como o **Acordo de Não Persecução Penal, previsto no 28-A do CPP**, introduzido pela Lei n° 13.964/2019.

1.14 Da oficialidade

Dada a natureza e as consequências envolvidas na dinâmica da investigação e do Processo Penal Militar, os órgãos com atuação repressiva, persecutória, acusatória e julgadora são pertencentes às estruturas oficiais e institucionais do Estado, não havendo espaço à atuação do particular, ressalvada a participação do assistente de acusação, na fase processual, nos limites estabelecidos pelo CPPM.

No Processo Penal Militar, a ação penal será sempre pública (art. 29 do CPPM).

> **Art. 29.** A ação penal é pública e somente pode ser promovida por denúncia do Ministério Público Militar.

Em que pese não haver previsão no CPPM, por força do art. 5°, inciso LIX, da CF/1988, admite-se a ação penal privada subsidiária da pública.

> **Art. 5°** Todos são iguais perante a lei, sem distinção de qualquer natureza, garantindo-se aos brasileiros e aos estrangeiros residentes no País a inviolabilidade do direito à vida, à liberdade, à igualdade, à segurança e à propriedade, nos termos seguintes:
>
> (...)
>
> LIX – será admitida ação privada nos crimes de ação pública, se esta não for intentada no prazo legal;

1.15 Da indisponibilidade

Apresentada a denúncia, o MPM não poderá desistir da ação penal, ainda que venha, posteriormente, se convencer que o denunciado não tenha cometido o crime militar, art. 32 do CPPM.

> **Art. 32.** Apresentada a denúncia, o Ministério Público não poderá desistir da ação penal.

O Ministério Público, também, não poderá desistir dos recursos que tiver interpostos, nos termos do art. 512 do CPPM.

> **Art. 512.** O Ministério Público não poderá desistir do recurso que haja interposto.

Assim, caso o MPM, posteriormente ao oferecimento da ação penal ou dos recursos, se convença pela inocência do acusado ou pela desnecessidade do recurso que haja interposto, poderá postular pela absolvição ou pelo desprovimento do pedido recursal.

A mitigação da indisponibilidade da ação penal, em curso, em decorrência do **Acordo de Não Persecução Penal, previsto no art. 28-A do CPP**, introduzido pela Lei n° 13.964/2019, ainda não

20 Direito Processual Penal Militar

goza de precedentes favoráveis no âmbito da Justiça Militar da União, como já se disse e será abordado em tópico específico.

1.16 Da iniciativa das partes e do impulso oficial

Tal princípio é, tradicionalmente, utilizado para justificar a proibição de os órgãos judiciais darem início ao Processo Penal, *ne procedat judex ex officio* tendo em vista que, no Processo Penal Militar, ressalvada a hipótese da ação penal privada subsidiária da pública, o MP tem a titularidade exclusiva da promoção da ação penal, conforme reza o inciso I do art. 129 da CF/1988.

O princípio da iniciativa das partes, no nosso entender, deveria ter alcance mais abrangente para obstar que o Juiz determinasse, sem a provocação do Ministério Público, quaisquer medidas em sede processual, ressalvada o relaxamento da prisão em flagrante e da concessão *ex officio* da ordem de *Habeas Corpus*.

1.17 Da inadmissibilidade de provas ilícitas

As provas obtidas por meios ilícitos são inadmitidas no processo, conforme disposto no inciso LVI do art. 5° da CF/1988.

> **Art. 5°** Todos são iguais perante a lei, sem distinção de qualquer natureza, garantindo-se aos brasileiros e aos estrangeiros residentes no País a inviolabilidade do direito à vida, à liberdade, à igualdade, à segurança e à propriedade, nos termos seguintes:
>
> (...)
>
> LVI – são inadmissíveis, no processo, as provas obtidas por meios ilícitos;

Até o advento da atual Constituição não havia dispositivo de tal abrangência no nosso ordenamento jurídico, sendo tema recorrente, na prática cotidiana, o enfrentamento das nulidades e das provas ilícitas, no Processo Penal.

A doutrina, geralmente, considera como prova ilícita as provas ilegítimas e as provas ilícitas em sentido estrito; estas são obtidas violando-se as normas do Direito material, enquanto aquelas, produzidas em desconformidade com as normas de Direito processual.

Luis Gustavo Grandinetti Castanho de Carvalho (2004, p. 97) ressalta que a Constituição proibiu de forma absoluta, "a produção de forma ilícita", constituindo:

> (...) uma regra posta ao serviço do princípio que declara as diversas espécies de inviolabilidades previstas no artigo 5º da Constituição: intimidade, vida privada, honra, imagem, domicílio, correspondência postal, e comunicações em geral. Não se trata de um princípio carente de densidade, mas da própria regra, que existe para atribuir densidade ao princípio que consagra as inviolabilidades referidas.

Tema sensível e merecedor de nossa atenção diz respeito às provas ilícitas por derivação, que são aquelas produzidas em conformidade com o ordenamento jurídico, mas têm sua origem em provas ilicitamente colhidas, como por exemplo o depoimento de uma testemunha sobre fato juridicamente relevante, cujo nome foi obtido a partir de uma interceptação telefônica sem autorização legal.

Nesse sentido, merece transcrever o art. 375 do CPPM, que determina que sejam desentranhados dos autos correspondência particular obtida ilicitamente.

> **Art. 375.** A correspondência particular, interceptada ou obtida por meios criminosos, não será admitida em juízo, devendo ser desentranhada dos autos se a estes tiver sido junta, para a restituição a seus donos.

O STF e o Superior Tribunal Militar (STM) têm se posicionado contrariamente a admissão das provas ilícitas por derivação, com base na doutrina da *Fruits of the Poisonous Tree* construída pela

Suprema Corte dos Estados Unidos da América, segundo a qual haveria a contaminação de prova lícita, em caso de originar-se de uma prova ilícita, conforme decisão em *Wong Sun vs. United States* (371 US 471, 487-196200) (CARVALHO, 2004, p. 101).

1.18 Da razoável duração do processo

De todos os bens e interesses, no plano da realidade da vida, não há nada mais efêmero e importante do que o tempo. A prestação jurisdicional para ser efetiva, deve, por imperativo lógico, ser implementada dentro de uma moldura temporal razoável sob pena de restar ineficaz.

Tratando-se de Processo Penal, no qual estão em jogo interesses de extrema relevância, como a ordem pública, ordem econômica e a liberdade individual, a resposta do Estado-Juiz dentro de parâmetro temporal razoável se mostra mais relevante.

A Emenda Constitucional nº 45, de 08.12.2004, acrescentou, no rol dos Direitos e Garantias Fundamentais, o inciso LXXVIII, constitucionalizando esse princípio, segundo o qual "a todos, no âmbito judicial e administrativo, são assegurados a razoável duração do processo e os meios que garantam a celeridade de sua tramitação".

Há precedentes no STM pela rejeição de aditamento à denúncia, para a inclusão de novos réus, sob o argumento de que o referido aditamento importaria prejuízo ao princípio da razoável duração do processo:

> EMENTA: RECURSO EM SENTIDO ESTRITO. MPM. REJEIÇÃO DE ADITAMENTO À DENÚNCIA. AMPLIAÇÃO DO POLO PASSIVO. FEITO DE ELEVADA COMPLEXIDADE. PLURALIDADE DE RÉUS. DURAÇÃO RAZOÁVEL DO PROCESSO. FASE PROCESSUAL AVANÇADA. JULGAMENTO IMINENTE. PREJUÍZO À CELERIDADE PROCESSUAL. TUMULTO PROCESSUAL CONFIGURADO. ANÁLISE DOS REQUISITOS ELENCADOS NO

ART. 77 DO CPPM. DESNECESSIDADE. OFERECIMEN-TO DE DENÚNCIA AUTÔNOMA. POSSIBILIDADE. RECURSO DESPROVIDO. DECISÃO UNÂNIME. Tratan-do-se de Feito complexo, extenso e em avançada fase proces-sual, o Magistrado, em respeito à razoável duração, pode não realizar o juízo de admissibilidade do aditamento à denúncia e deixar de recebê-lo, em razão exclusiva do concreto risco de retardamento do processo, facultando, porém, ao Ministério Público Militar a possibilidade de oferecimento de denúncia independente, a reclamar a análise da presença dos requisi-tos elencados no art. 77 do Código de Processo Penal Militar. Recurso conhecido e desprovido. Decisão unânime (STM. Recurso em Sentido Estrito nº 7000325-96.2019.7.00.0000. Rel. Min. Carlos Augusto de Sousa. Julgado em 28.05.2019).

Para efeitos didáticos, ressaltamos que o cômputo de pra-zos, para o fim de realização de atos processuais, toma por base o primeiro dia útil, seguinte, ao ato de comunicação processual (cita-ção, intimação, notificação), exceto para aqueles, que importem na constrição da liberdade do indiciado/acusado, como, por exemplo, a conclusão de IPM com indiciado preso, que seguirão a regra do art. 16 do CPM.

1.19 Princípios específicos do Processo Penal Militar

O Processo Penal Militar, seja em tempo de paz ou de guer-ra, é regido pelo CPPM, sem prejuízo da existência de legislação especial que lhe seja, estritamente aplicável.

No âmbito da União, atenção deve ser dispensada à Lei de Organização da Justiça Militar da União – Lei nº 8.457, de 04 de setembro de 1992 (LOJMU), especialmente com a redação dada pela **Lei nº 13.774, de 19 de dezembro de 2018.**

Dadas as especificidades da Justiça Militar, valendo-nos do magistério de César de Assis (2012, p. 23-24), destacamos três princípios específicos do Processo Penal Militar.

1.19.1 Da prevalência da índole do Processo Penal Militar

Tal princípio teria suporte normativo no art. 3º, alínea *a*, do CPPM, consistindo na possibilidade de ser utilizado, no Processo Penal Militar, a legislação processual comum, desde que não cause prejuízo à sua índole.

> **Art. 3º** Os casos omissos neste Código serão supridos:
>
> a) pela legislação de processo penal comum, quando aplicável ao caso concreto e sem prejuízo da índole do processo penal militar;

Com base em tal princípio há precedentes no STM pela inaplicabilidade da regra do art. 366 do CPP, no âmbito da Justiça Militar da União.

> EMENTA: EMBARGOS. ACUSADO REVEL. CITAÇÃO POR EDITAL. VALIDADE. APLICAÇÃO DO ART. 366 DO CPP COMUM. INVIABILIDADE. PRINCÍPIO DA ESPE-CIALIDADE. REJEITADOS OS EMBARGOS. DECISÃO POR MAIORIA. Embargos opostos pela Defesa buscando a prevalência do voto vencido que anulava o processo desde a citação por edital, com a aplicação subsidiária da regra prevista no art. 366 do Código de Processo Penal comum. A não aplicação do disposto no art. 366 do CPP comum ao processo penal militar não fere a Constituição, nem tratados internacionais dos quais o Brasil é signatário. O princípio da especialidade inerente à Justiça Castrense repele a aplicação subsidiária de regras do ordenamento jurídico ordinário que possam confrontar, de qualquer modo, com a índole do processo penal militar. Esgotadas as tentativas de realizar a citação pessoal, o Código de Processo Penal Militar considera válida a citação por edital, prevista no inciso V do art. 277 do CPPM, sendo declarada a revelia se o Réu não comparecerá audiência designada. É lícita a citação por edital quando o acusado é procurado e não é encontrado no único endere-ço por ele próprio fornecido. Precedentes do STM e do STF.

Embargos rejeitados. Maioria (STM. Embargos Infringentes e de Nulidade nº 32-16.2011.7.07.0007. Rel. Min. Marcus Vinícius Oliveira dos Santos. Julgado em 04.02.2014).

Observação

A chamada **índole** do Processo Penal Militar, segundo Jorge César de Assis,[8] está diretamente ligado àqueles valores, prerrogativas, deveres e obrigações, que sendo inerente aos membros das Forças Armadas ou Polícias e Corpos de Bombeiros Militares, devem ser observados no decorrer do processo, enquanto o acusado mantiver o posto ou graduação correspondente. Fazem parte da índole do processo penal militar as prerrogativas dos militares, constituídas pelas honras, dignidades e distinções devidas aos graus militares e cargos (*v.g.*, Estatuto dos Militares, art. 73), e que se retratam já na definição do juízo natural do acusado militar (Conselho Especial ou Permanente; ou Juízo monocrático); a obrigação de o acusado militar prestar os sinais de respeito aos membros do Conselho de Justiça; a conservação, pelo militar da reserva ou reformado, das prerrogativas do posto ou graduação, quando é autor ou contra ele é praticado crime militar (CPM, art. 13); a prestação do compromisso legal pelos juízes militares (CPPM, art. 400), além de outros procedimentos regimentais aptos à observância e proteção dos basilares bens jurídicos constitucionais tutelados pela Justiça Militar: a hierarquia e disciplina militar.

A **não** aplicação da Lei nº 9.099/1995 nas Justiças castrenses resultam, também, da índole do Processo Penal Militar, que não comporta, por exemplo, a representação do subordinado, a transação penal entre superior e subordinado etc., embora, como será abordado, a principiologia e os institutos da justiça penal negocial (*v.g.*, acordos de

---

[8.] Análise das recentes alterações do Código de Processo Penal comum e a possibilidade de aplicação na Justiça Militar. Disponível em: https://jusmilitaris.com.br/sistema/arquivos/doutrinas/alteracoescppxcppm.pdf. Acesso em: 08 jun. 2022.

colaboração premiada e de não persecução penal) têm sido introduzidos no âmbito da Justiça Militar, em sede de primeiro grau.

Outra questão controversa, nesse âmbito, refere-se à (i)legalidade e (in)compatibilidade de os ocupantes de cargo policial de qualquer natureza[9] ou militares que se encontrem na ativa, poderem exercer a advocacia, em causa própria ou estritamente para fins de defesa e tutela de direitos pessoais, no âmbito da Justiça Militar, consoante **alterações introduzidas** pela da **Lei nº 14.365**, de 02 de junho de 2022, no âmbito do § 3º do art. 28 do **Estatuto da Ordem dos Advogados do Brasil**. Acerca dessa controvérsia, os autores comungam dos entendimentos do advogado Jorge César de Assis.[10]

1.19.2 Das prerrogativas do posto ou graduação do réu

Esse princípio tem por base o art. 73 do CPPM, segundo o qual o oficial ou a praça da ativa deverão ser acompanhados, respectivamente, por oficial ou praça de posto ou graduação superior ou de maior antiguidade, quando se apresentar ao juízo da Justiça Militar, seja na condição de testemunha, réu ou preso. Ademais, a praça deverá ser escoltada por outra de graduação superior ou de maior antiguidade.

[9.] Os integrantes da Polícia Federal, Polícia Rodoviária Federal, Polícia Civil, Polícia Militar e Corpo de Bombeiros Militar, Sistema Prisional e Força Nacional de Segurança Pública.

[10.] "A conclusão a que se chega – independentemente de entendimentos opostos e de todo respeitados, é a de que os militares de qualquer natureza que se encontrarem na ativa não podem exercer a advocacia, ainda que em causa própria. Seja porque existe uma inconstitucionalidade formal dos novos §§ 3º e 4º, do Estatuto da Advocacia, pelo fato de que somente a lei específica federal ou estadual é que pode estabelecer direitos e prerrogativas aos militares; seja porque existiria igualmente uma inconstitucionalidade material, calcada na impossibilidade de conciliação do trinômio constitucional caracterizador da atividade militar: hierarquia – disciplina – subordinação, com o binômio constitucional caracterizador do exercício da advocacia: indispensabilidade à administração da justiça – inviolabilidade por seus atos e manifestações" (ASSIS, Jorge César. *A Lei 14.365/2022 e a (in)constitucionalidade do exercício da Advocacia pelos militares que se encontram na ativa*. Disponível em: https://jusmilitaris.com.br/sistema/arquivos/doutrinas/Advocacia_x_Militar_da_ativa.pdf. Acesso em: 8 jun. 2022.

Tais prerrogativas devem ser respeitas, inclusive, na fase de execução da pena, sendo garantido aos militares da ativa e da reserva o cumprimento de penas privativas de liberdade, mesmo quando decretadas por órgão judiciário não pertencente à Justiça Militar, em estabelecimento militar, respeitadas as normas de precedência hierárquica.

> EMENTA: RECURSO EM SENTIDO ESTRITO. DEFESA. EXECUÇÃO PENAL. INCOMPETÊNCIA DA JMU. MILITAR INATIVO. CONDENAÇÃO TRANSITADA EM JULGADO. PENA PRIVATIVA DE LIBERDADE. *QUANTUM* SUPERIOR A DOIS ANOS. REGIME ABERTO. COMPETÊNCIA DO JUÍZO COMUM. MANUTENÇÃO DO *DECISUM* RECORRIDO. DECISÃO POR UNANIMIDADE. 1. O art. 73, parágrafo único, alínea *c*, do Estatuto dos Militares assegura ao condenado o direito ao cumprimento da pena de prisão ou de detenção em unidade militar da Força à qual pertença, resguardando, inclusive, a precedência hierárquica do diretor do estabelecimento prisional sobre o apenado e, na impossibilidade, em unidade de outra Força, resguardada, do mesmo modo, a devida precedência. 2. Contudo, em não havendo estabelecimento militar próprio para que o apenado cumpra a reprimenda sofrida, no regime semiaberto, faz-se necessária a remessa do feito ao Juízo de Execução Penal, do local da residência do sentenciado, para dar prosseguimento à execução da pena, conforme o parágrafo único do art. 2º da LEP, c/c o Enunciado da Súmula nº 192 do STJ. 3. Recurso conhecido e desprovido. Mantido o *decisum a quo*. 4. Decisão por unanimidade (STM nº 7000524-50.2021.7.00.0000. Rel. Min. Celso Luiz Nazareth. Data de Julgamento: 02.12.2021, Data de Publicação: 15.12.2021).

1.19.3 Do juízo hierárquico

O princípio encontra base no art. 23 da Lei nº 8.457, de 04 de setembro de 1992, que estabelece que os juízes militares que integrarem os Conselhos Especiais de Justiça serão de posto superior ao do acusado, ou do mesmo posto e de maior antiguidade.

> **Art. 23.** Os juízes militares que integrarem os Conselhos Especiais serão de posto superior ao do acusado, ou do mesmo posto e de maior antiguidade.

Na verdade, o referido princípio encontra razão na defesa dos princípios da hierarquia e da disciplina militar, bases fundantes e institucionais das Forças Armadas, nos termos do art. 142 da CF/1988.

> **Art. 142.** As Forças Armadas, constituídas pela Marinha, pelo Exército e pela Aeronáutica, são instituições nacionais permanentes e regulares, organizadas com base na hierarquia e na disciplina, sob a autoridade suprema do Presidente da República, e destinam-se à defesa da Pátria, à garantia dos poderes constitucionais e, por iniciativa de qualquer destes, da lei e da ordem.

Tal princípio, também, se aplica ao IPM, uma vez que os seus Encarregados devem ser, em regra, de posto superior ou, se do mesmo posto, mais antigo que os indiciados.

> **Art. 10.** O inquérito é iniciado mediante portaria: (...)
>
> § 1º Tendo o infrator posto superior ou igual ao do comandante, diretor ou chefe de órgão ou serviço, em cujo âmbito de jurisdição militar haja ocorrido a infração penal, será feita a comunicação do fato à autoridade superior competente, para que esta torne efetiva a delegação, nos termos do § 2º do art. 7º.
>
> (...)
>
> § 5º Se, no curso do inquérito, o seu encarregado verificar a existência de indícios contra oficial de posto superior ao seu, ou mais antigo, tomará as providências necessárias para que as suas funções sejam delegadas a outro oficial, nos termos do § 2º do art. 7º.

1.20 Da aplicação da Lei Processual Penal Militar

O CPPM, por força do art. 1º ao 6º, além de normatizar, estabelece considerações gerais sobre a aplicação, especificidade e a abrangência da Lei Processual Penal Militar, no contexto da jurisdição penal militar, tanto em tempo de paz como em tempo de guerra.

Assim, excetuando-se a existência de lei específica, ou de tratados internacionais de que o Brasil seja signatário, o Processo Penal Militar será regido pelo **CPPM, cujas normas serão aplicadas, subsidiariamente, aos processos regulados em leis especiais.**

Em que pese a expressa disposição do art. 2º de que a Lei de Processo Penal Militar deva ser **interpretada** de **forma literal** de suas expressões e que os termos técnicos devem ser entendidos em sua acepção especial, toda e qualquer norma seja ela especial ou não, deve ser interpretada em conformidade com a CF/1988, e contextualizada com a realidade contemporânea, sob pena de inconstitucionalidade e anacronismo.

Nesse sentido, tratando-se de **interpretação** de **norma processual penal militar**, dever-se-á tomar as devidas precauções com o respeito aos valores específicos das instituições militares, sem menoscabo das garantias constitucionais dos imputados de prática de crime militar, merecendo registro a preocupação do legislador, no art. 2º, § 2º, do CPPM, ao inadmitir a interpretação literal de norma que: **a) cercear a defesa pessoal do acusado; b) prejudicar ou alterar o curso normal do processo, ou lhe desvirtuar a natureza; e c) desfigurar de plano os fundamentos da acusação que deram origem ao processo.**

Da mesma forma, o art. 3º do CPPM, admite a possibilidade de aplicação da legislação processual penal comum; da jurisprudência; da analogia; dos princípios gerais de Direito; e pelos usos e costumes militares, em caso de **lacuna** na **Lei Processual Penal Militar**, com a ressalva de que tal aplicação não pode causar "prejuízo da índole do processo penal militar".

O art. 4º disciplina a aplicação do CPPM no contexto do espaço e do tempo, verificando-se a peculiaridade **extraterritorial** da **Lei Processual Penal Militar**, que sem prejuízo de convenções, tratados e regras de direito internacional, aplica-se tanto em território sob jurisdição nacional quanto fora dos limites territoriais brasileiros.

Ressalta-se que, tradicionalmente, as Forças Armadas do Brasil, participam de operações militares conjuntas com Forças Armadas de nações amigas, fora de nossos limites territoriais, bem como participa de operações de manutenção de paz, inclusive, chefiando-as, como foi o caso da **Missão das Nações Unidas para Estabilização do Haiti** (MINUSTAH) e da atual Força-Tarefa Marítima (FTM) da **Força Interina das Nações Unidas no Líbano** (UNIFIL).

Nesse sentido, o STM já se manifestou pela competência da JMU, para processar e julgar militares por prática de crime militar fora dos limites territoriais brasileiros.

> EMENTA: RECURSO EM SENTIDO ESTRITO. MISSÃO INTERNACIONAL. FURTO. COMPETÊNCIA. JUSTIÇA MILITAR DA UNIÃO. EXTRATERRITORIEDADE INCONDICIONADA DA LEI MILITAR. REJEIÇÃO. DECISÃO POR MAIORIA. O Código Penal Militar, em seu art. 9º, inciso II, alínea *c*, trata, entre outros, dos crimes praticados por militar em comissão de natureza militar contra civis, ainda que cometidos fora do lugar sujeito à Administração Militar. Indiciado que fazia parte de uma comissão de natureza militar e estava na cidade de Beirute como um representante, em sentido amplo, de uma missão de paz da Organização das Nações Unidas. Suposto furto praticado contra civis em uma loja onde o Indiciado se encontrava, durante sua folga, juntamente com outros colegas integrantes da missão de paz. À luz dos preceitos fundamentais que sustentam a legislação penal militar, encontram-se os bens jurídicos de titularidade das Forças Armadas, enquanto ingredientes indispensáveis para a caracterização de um delito como mi-

litar. Os delitos militares impróprios, como sói ser o delito de furto, se diferenciam dos delitos comuns, previstos no Código Penal comum, por força dos bens jurídicos tutelados pelos tipos penais previstos no Código Penal Militar, ainda que estes possuam equivalente ou igual definição naquele diploma legal. A conduta praticada, em tese, pelo Indiciado, tem o condão de repercutir negativamente não só no ânimo de seus pares, como também na própria rotina da relevante missão marítima empreendida na ocasião. Hipótese em que o apontado delito afronta a ordem e a disciplina militares, pilares essenciais ao bom funcionamento de suas instituições e de todas as engrenagens que as movem. Desprovimento do Recurso Maioria (STM nº 7000504-93.2020.7.00.0000. Rel. para o Acórdão: Min. Luis Carlos Gomes Mattos. Data de Julgamento: 19.11.2020, Data de Publicação: 15.12.2020).

Art. 4º Sem prejuízo de convenções, tratados e regras de direito internacional, aplicam-se as normas deste Código:

I – em **tempo de paz**:

a) em todo o território nacional;

b) **fora do território nacional** ou em lugar de extraterritorialidade brasileira, quando se tratar de crime que atente contra as instituições militares ou a segurança nacional, ainda que seja o agente processado ou tenha sido julgado pela justiça estrangeira;

c) **fora do território nacional**, em zona ou lugar sob administração ou vigilância da força militar brasileira, ou em ligação com esta, de força militar estrangeira no cumprimento de missão de caráter internacional ou extraterritorial;

d) a bordo de navios, ou quaisquer outras embarcações, e de aeronaves, onde quer que se encontrem, ainda que de propriedade privada, desde que estejam sob comando militar ou militarmente utilizados ou ocupados por ordem de autoridade militar competente; e

e) a bordo de aeronaves e navios estrangeiros desde que em lugar sujeito à administração militar, e a infração atente contra as instituições militares ou a segurança nacional.

II – em **tempo de guerra**:

a) aos mesmos casos previstos para o tempo de paz;

b) em zona, espaço ou lugar onde se realizem operações de força militar brasileira, ou estrangeira que lhe seja aliada, ou cuja defesa, proteção ou vigilância interesse à segurança nacional, ou ao bom êxito daquelas operações; e

c) em **território estrangeiro** militarmente ocupado. (Grifos nossos.)

O art. 5º do CPPM trata da aplicação intertemporal das normas processuais penais militares, que encontram correspondência com o art. 2º do CPP, explicitando a aplicação imediata das normas processuais que são dotadas de ultratividade, alcançando, inclusive, os processos já em curso, por ocasião da sua vigência, em consonância com o princípio *tempus regit actum*.

Nesse sentido, as normas processuais constantes da Lei nº 13.491/2017, que ampliou o alcance do conceito de crimes militares, bem como da Lei nº 13.774/2018, que alterou a Lei de Organização da Justiça Militar da União, encontram aplicabilidade, imediata, a partir da vigência dos referidos diplomas legais, a todos os processos já instaurados e, em trâmite, na Justiça Militar da União.

Ocorre que na prática pode haver normas híbridas ou mistas, normas que não sejam puramente processuais, normas processuais com conteúdo material, em tais situações, sustenta Luis Gustavo Grandinetti Castanho de Carvalho (2004, p. 127) que:

As normas processuais que, de alguma forma, limitem o direito à liberdade, devem ser consideradas também normas de conteúdo material e, assim, cingir-se-ão ao princípio da irretroatividade que rege as normas penais, sob pena de inconstitucionalidade.

Jurisprudência do STM: princípio *tempus regit actum* e a Lei nº 13.491/2017.

RECURSO EM SENTIDO ESTRITO. MPM. CONFLITO APARENTE DE NORMAS. LEI DE LICITAÇÕES E CPM. LEI Nº 13.491/2017. PRINCÍPIO *TEMPUS REGIT ACTUM*. COMPETÊNCIA DA JUSTIÇA MILITAR. 1. A Lei nº 13.491/2017 ampliou o conceito dos crimes militares, incluindo nas hipóteses do inciso II do art. 9º do CPM também as previsões da legislação penal comum. 2. Com relação aos aspectos puramente processuais, a Lei deve ser aplicada de imediato, inclusive para os fatos praticados antes da sua vigência, em observância ao Princípio *Tempus Regit Actum,* sem que com isso haja ofensa ao Princípio da Anterioridade da Lei Penal. 3. A classificação de um crime tido como comum para um delito de natureza militar não se traduz, automaticamente, em situação menos benéfica para o Réu. Recurso conhecido e não provido. Decisão unânime (STM. Recurso em Sentido Estrito nº 7000428-06.2019.7.00.0000. Rel. Min. Artur Vidigal. Julgado em 1º.07.2019).

Observação

As normas contidas o CPPM são aplicáveis aos processos da Justiça Militar Estadual:

Art. 6º Obedecerão às normas processuais previstas neste Código, no que forem aplicáveis, salvo quanto à organização de Justiça, aos recursos e à execução de sentença, os processos da Justiça Militar Estadual, nos crimes previstos na Lei Penal Militar a que responderem os oficiais e praças das Polícias e dos Corpos de Bombeiros, Militares.

2

Da Polícia Judiciária Militar e inquérito policial militar

2.1 Da Polícia Judiciária Militar

A investigação sobre a materialidade e a autoria de crimes militares definidos em lei é atribuição da Polícia Judiciária Militar (PJM), exercida por autoridades militares, investidas em cargo de comando ou direção, sempre de precedência hierárquica superior ao suspeito de ter praticado o fato delituoso sob investigação.

Tal atribuição é possível ser delegada, por meio de documento formal, normalmente, por portaria administrativa da Autoridade de PJM (APJM), aos **oficiais da ativa**, considerando as especificidades do CPPM, por exemplo, no que concerne às normas de subordinação hierárquica e limites de responsabilidades territorial dessas autoridades.

Importante!

Há situações excepcionais em que o **encarregado do IPM** poderá ser o **encarregado** do inquérito policial militar, nos termos do § 5° do art. 7° do CPPM.

As atribuições da PJM estão previstas no art. 8º do CPPM:

a) apurar os crimes militares e sua autoria;

b) prestar aos órgãos e juízes da Justiça Militar e aos membros do Ministério Público as informações necessárias à instrução e julgamento dos processos, bem como realizar as diligências que por eles lhe forem requisitadas;

c) cumprir os mandados de prisão expedidos pela Justiça Militar;

d) representar a autoridades judiciárias militares acerca da prisão preventiva e da insanidade mental do indiciado;

e) cumprir as determinações da Justiça Militar relativas aos presos sob sua guarda e responsabilidade, bem como as demais prescrições deste Código, nesse sentido;

f) solicitar das autoridades civis as informações e medidas que julgar úteis à elucidação das infrações penais, que esteja a seu cargo;

g) requisitar da polícia civil e das repartições técnicas civis as pesquisas e exames necessários ao complemento e subsídio de inquérito policial militar;

h) atender, com observância dos regulamentos militares, a pedido de apresentação de militar ou funcionário de repartição militar à autoridade civil competente, desde que legal e fundamentado o pedido.

Nos termos do art. 7º, *caput* e incisos do CPPM, os Comandantes da Marinha, do Exército e da Aeronáutica exercem a atribuição de PJM em todo o território nacional e fora dele, em relação às Forças, órgãos, efetivos e militares, pertencentes aos seus respectivos comandos.

Importante!

De acordo com a literalidade do § 1º do art. 7º, somente **oficial da ativa** poderá ser **encarregado de IPM**. O § 5º do referido art. 7º contém a única exceção. Nesse sentido, é a doutrina de Coimbra Neves (2020), em artigo intitulado: "Militar da reserva remunerada em prestação de tarefa por tempo certo pode ser encarregado de inquérito policial militar?" Contudo, há entendimento divergente, no sentido de que, independentemente do teor da legislação administrativa militar que rege a prestação de tarefa por tempo certo (PTTC), esse **oficial PTTC**, para **fins de aplicação da lei penal militar**, é considerado **militar da ativa**, por força da literalidade do **art. 12 do CPM**. Portanto, fazendo interpretação extensiva dessa norma penal militar substantiva para fins de aplicação do art. 7° da norma penal militar adjetiva, o **oficial PTTC** pode ser considerado **militar da ativa** para fins de ser encarregado de IPM. Além do mais, a delegação de competência será realizada por autoridade de polícia judiciária militar competente (originária) que, ao término da investigação policial militar, solucionará (art. 22, § 1°, do CPPM) o IPM, homologando as conclusões do encarregado ou dando solução diversa (art. 22, § 2°, do CPPM); o que **sanaria eventual vício administrativo** de **legitimidade (autoridade delegada).**

Segundo o art. 7° do CPPM, as seguintes autoridades[1] são detentoras de atribuição de PJM, em suas respectivas circunscrições:

a) pelos comandantes da Marinha, do Exército e da Aeronáutica, em todo o território nacional e fora dele, em relação às forças e órgãos que constituem seus Comandos, bem como a militares que, neste caráter, desempenhem missão oficial, permanente ou transitória, em país estrangeiro;

b) pelo chefe do Estado-Maior das Forças Armadas, em relação a entidades que, por disposição legal, estejam sob sua jurisdição;

---

[1] A Lei Complementar n° 97/1999, que criou o Ministério da Defesa e dispôs sobre as normas gerais para a organização, o preparo e o emprego das Forças Armadas, alterou a nomenclatura de "Ministro" e Ministério da Marinha, Exército e Aeronáutica para "Comandante" e "Comando" da Marinha, Exército e Aeronáutica.

c) pelos chefes de Estado-Maior e pelo Secretário-Geral da Marinha, nos órgãos, forças e unidades que lhes são subordinados;

d) pelos comandantes de Exército e pelo comandante-chefe da Esquadra, nos órgãos, forças e unidades compreendidos no âmbito da respectiva ação de comando;

e) pelos comandantes de Região Militar, Distrito Naval ou Zona Aérea, nos órgãos e unidades dos respectivos territórios;

f) pelo secretário do Comandante do Exército e pelo chefe de Gabinete do Comandante da Aeronáutica, nos órgãos e serviços que lhes são subordinados;

g) pelos diretores e chefes de órgãos, repartições, estabelecimentos ou serviços previstos nas leis de organização básica da Marinha, do Exército e da Aeronáutica;

h) pelos comandantes de forças, unidades ou navios.

2.1.1 Possibilidade de delegação e avocação investigatória

A investigação criminal não é a principal nem a única atribuição legal das autoridades militares, razão pela qual o CPPM autoriza tanto a delegação quanto a avocação dessa atribuição, respeitadas as normas de subordinação hierárquica, para o melhor atendimento do interesse da persecução penal.

As autoridades elencadas no art. 7º do CPPM poderão delegar aos oficiais da ativa a atribuição de investigação de crimes militares definidos em lei, o que se fará por meio de portaria administrativa, com prazo e objeto definidos, que recairá sempre sobre oficial da ativa e de posto superior ao indiciado, não importando seja este da ativa ou da inatividade.

Na impossibilidade de existir oficial da ativa de posto superior ao indiciado, a delegação recairá sobre oficial de mesmo posto e de maior antiguidade. Entre dois oficiais de igual posto, o da ativa terá precedência hierárquica em relação ao oficial da reserva ou reformado.

Observação

Os oficiais da reserva remunerada, que estão empregados no serviço ativo, *v.g.*, oficial prestadores de tarefa por tempo certo (PTTC),[2] são considerados como **militares da ativa** (art. 12 do CPM), para fins penais, razão pela qual poderão ser Encarregados de IPM.

Importante!

Na hipótese do § 5º do art. 7º do CPPM, não existindo oficial da ativa de posto ou antiguidade superior ao indiciado, poderão os Comandantes da Marinha, do Exército e da Aeronáutica **designar oficial da reserva** (remunerada) de posto mais elevado para presidir o IPM.

> § 5º Se o posto e a antiguidade de oficial da ativa excluírem, de modo absoluto, a existência de outro oficial da ativa nas condições do § 3º, caberá ao ministro competente a designação de oficial da reserva de posto mais elevado para a instauração do inquérito policial militar; e, se este estiver iniciado, avocá-lo, para tomar essa providência.

Dada a importância da apuração dos crimes militares, inclusive para a preservação da ordem, da disciplina e da hierarquia militar, as Forças Armadas têm trabalhado para tornar mais efetivas e producentes as investigações sob sua responsabilidade. A título de exemplo, na Marinha do Brasil, nos últimos anos, foram criados núcleos de PJM, em cada um dos 9 (nove) Distritos Navais, compostos por oficiais bacharéis em Direito e praças com formações específicas, na realização de perícias forenses, com o propósito de

---

[2.] A prestação de tarefa por tempo certo é uma medida de gestão de pessoal militar que tem por fim permitir a execução de atividades de natureza militar por meio da contratação voluntária de militares inativos (reserva ou reformado) possuidores de larga experiência profissional e reconhecida competência técnico-administrativa (art. 3º, § 1º, alínea *b*, inc. III, da Lei nº 6.880/1980; e Portaria Normativa nº 2/MD, de 10.01.2017).

otimização e aperfeiçoamento das atividades de PJM, e oferecer melhores elementos de informação ao Ministério Público Militar (MPM) (NAZARETH, 2021, p. 23-36).

2.2 Inquérito policial militar (IPM)

O inquérito policial militar (IPM) é um procedimento administrativo e inquisitivo, que obedece a uma sequência lógica prevista no CPPM, tendo por propósito a apuração de materialidade e indícios de autoria de eventual crime militar e, assim, proporcionar ao MPM o máximo de elementos possíveis à propositura da ação penal militar.

Ressalta-se que o Auto de Prisão em Flagrante (APF) constituirá o IPM, se contiver os elementos suficientes para elucidação do fato e sua autoria, conforme preceitua o art. 27 do CPPM.

> **Art. 27.** Se, por si só, for suficiente para a elucidação do fato e sua autoria, o auto de flagrante delito constituirá o inquérito, dispensando outras diligências, salvo o exame de corpo de delito no crime que deixe vestígios, a identificação da coisa e a sua avaliação, quando o seu valor influir na aplicação da pena. A remessa dos autos, com breve relatório da autoridade policial militar, far-se-á sem demora ao juiz competente, nos termos do art. 20.

O **IPM** tem **natureza** de **instrução provisória**; assim, em que pese o parágrafo único do art. 9º do CPPM aduzir que os exames, perícias e avaliações realizadas, regularmente, no curso do IPM sejam "efetivamente instrutórios da ação penal", deve-se atentar para o fato de que não há exercício do contraditório e da ampla defesa, durante o inquérito, razão pela qual as conclusões dessas perícias e avaliações devem ser consideradas com a devida cautela e sob o crivo do contraditório, durante o processo.

A condenação criminal de qualquer pessoa, tomando por base, exclusivamente, elementos informativos colhidos na fase de

IPM, a teor do art. 5º, inciso LV, da CF/1988, mostra-se inadmissível, tendo em vista que tais elementos são colhidos na fase investigativa, sem a necessária participação dialética das partes, ou seja, sem a obrigatória observância do contraditório e da ampla defesa.

Tal assertiva não importa em desconsiderar a importância e a legitimidade da utilização desses exames, perícias e avaliações na fase processual, seja porque há aqueles, como o exame necroscópico, colheita de impressões dactiloscópicas no local do crime, que embora não possam ser postergados, poderão ser sempre questionados judicialmente.

Eventuais irregularidades constatadas no curso do IPM não tem o potencial de causar nulidade ao processo penal que lhe suceda, uma vez que as nulidades processuais dizem respeito aos atos praticados em sede judicial e não extraprocessual.

O IPM será sempre instaurado por meio de portaria administrativa da autoridade de PJM, para a apuração do crime militar e de sua autoria. A instauração será de ofício, quando a própria autoridade tomar, diretamente, conhecimento do fato, em tese, caracterizado como crime militar, e provocada quando tal conhecimento ocorra de forma indireta.

2.2.1 Hipóteses de instauração de IPM

O art. 10 do CPPM estabelece seis hipóteses que justificam a instauração de IPM, a saber:

a) **De ofício, pela autoridade militar em cujo âmbito de jurisdição ou comando haja ocorrido a infração penal, atendida a hierarquia do infrator.**

Essa hipótese é a mais comum, ocorre quando uma das autoridades de PJM tomar, diretamente, conhecimento de fato que caracterize em tese crime militar, ocorrido em âmbito de sua circunscrição, sua organização, comando ou direção. Havendo indícios de que o autor do fato seja de precedência hierárquica superior, deverá a autoridade de PJM, o mais rápido possível, comunicar essa situação ao seu comando superior, para as providências devidas.

b) **Por determinação ou delegação da autoridade militar superior, que, em caso de urgência, poderá ser feita por via telegráfica ou radiotelefônica e confirmada, posteriormente, por ofício.**

Tal situação ocorre quando a autoridade militar superior tomar conhecimento da existência de indícios de crime militar, ocorrido no âmbito de organização militar, pertencente a cadeia hierárquica, sob seu Comando ou Direção. Nesse caso, será encaminhado, formalmente, uma ordem para o titular da organização militar que lhe for subordinado, determinando a instauração de IPM, cuja solução lhe será, posteriormente, remetida para que a homologue.

Ressalta-se que é admitido o encaminhamento de tais comunicações pelos meios mais expeditos disponíveis como fax e *e-mail*, desde que possível, posteriormente, a sua confirmação.

c) **Em virtude de requisição do Ministério Público.**

O MPM, por força da CF/1988, Lei Orgânica do MPU (Lei Complementar nº 75/1973) e Lei Orgânica Nacional do MP (Lei Federal nº 8.625/1993), detém atribuição, tanto para requisitar a instauração de IPM quanto para exercer o controle externo da atividade de PJM.

> **Art. 129.** São funções institucionais do Ministério Público:
>
> (...)
>
> VII – exercer o controle externo da atividade policial, na forma da lei complementar mencionada no artigo anterior;
>
> VIII – requisitar diligências investigatórias e a instauração de inquérito policial, indicados os fundamentos jurídicos de suas manifestações processuais;
>
> **Art. 117.** Incumbe ao Ministério Público Militar:

I – requisitar diligências investigatórias e a instauração de inquérito policial militar, podendo acompanhá-los e apresentar provas;

II – exercer o controle externo da atividade da polícia judiciária militar.

Art. 26. No exercício de suas funções, o Ministério Público poderá:

(...)

IV – requisitar diligências investigatórias e a instauração de inquérito policial e de inquérito policial militar, observado o disposto no art. 129, inciso VIII, da Constituição Federal, podendo acompanhá-los;

A requisição de instauração de IPM e ou de prestação de informações pelo MPM devem ser atendidas, sob pena de responsabilidade da autoridade requisitada. Todavia, não estará essa autoridade obrigada a indiciar qualquer pessoa nem a concordar com a autoridade requisitante, quanto a existência de materialidade e a autoria de crime militar, ao final da investigação.

d) Por decisão do Superior Tribunal Militar (STM).

Diferentemente do Código de Processo Penal (CPP), cujo art. 5º, inciso II, autoriza que o Juiz (de qualquer instância) requisite a instauração de Inquérito Policial (IP) à autoridade de polícia judiciária comum, o **CPPM** (art. 10, alínea *d*) atribui **competência** para que somente o **Superior Tribunal Militar (STM)** possa requisitar a **instauração** de **IPM**. Em relação ao juiz togado das Justiças Militares ou aos Conselhos de Justiça, não há que se falar em omissão ou esquecimento do legislador do CPPM, de 1969, pois esta codificação especializada é posterior ao CPP, de 1940.

Importante!

■ No âmbito da **JMU**, o magistrado de 1º grau (Juiz Federal da Justiça Militar) **não** tem competência legal (CPPM e LOJMU) para requisitar a instauração de IPM nem tampouco conduzir investigação criminal (**STM**. Mandado de Segurança nº 2002.01.000595-1/AM. Julgado em 12.09.2002).

■ No âmbito da **Justiça Militar dos Estados (JME)** e do Distrito Federal, inclusive nos Estados em que há Tribunal de Justiça Militar (RS, SP e MG), há *práxis* e arestos que reconhecem, por analogia ao CPP, a competência do Juiz de Direito da Vara da Auditoria Militar para requisitar IPM (**TJM-SP**. HC nº 1.815/2005. Rel. Juiz Evanir Ferreira Castilho. Julgado em 25.02.2005).

Assim, a Autoridade Judiciária (singular ou colegiada) da **JMU,** que tomar conhecimento de elementos indiciários de crime militar, deverá encaminhar essa informação ao MPM, nos termos dos arts. 33 e 442 do CPPM, que autuará essa peça de informação como feito extrajudicial (notícia de fato, procedimento de investigação criminal etc.), analisará a existência de elementos mínimos autorizadores da instauração (ou não) de IPM e produzirá manifestação fundamentada e escrita pelo: arquivamento do feito, declinação de atribuições, requisição de diligências, requisição de IPM ou oferecimento de denúncia, semelhante à atuação ministerial nos feitos investigatórios remetidos pela autoridade policial. No âmbito da Justiça Militar Estadual (**JME**), há entendimentos e precedentes diversificados quanto a atuação da Autoridade Judiciária castrense em requisitar (ou não) IPM.

Observação

A jurisprudência dos Tribunais Superiores entende que a requisição de Inquérito Policial (IP) pela Autoridade Judiciária comum (Estadual e Federal) não fere o sistema acusatório. Todavia, a instauração *ex officio* de Inquérito Policial e, até mesmo, a condução direta de investigação criminal por Magistrado é algo distinto e muito além da principiologia que rege a separação de Poderes e das funções investigatórias, como ocorre no emblemático **Inquérito nº 4781/DF**, autuado no dia 14.03.2019 perante o **STF**, e distribuído ao Relator Ministro Alexandre de Moraes, para investigar as *fake news*, ameaças e crimes contra a honra dos Ministros daquela Corte Suprema.

----

e) **A requerimento da parte ofendida ou de quem legalmente a represente, ou em virtude de representação devidamente autorizada de quem tenha conhecimento de infração penal, cuja repressão caiba à Justiça Militar.**

A vítima de crime militar, pessoalmente, ou por meio do seu representante legal, instituído por meio de procuração com poderes específicos, poderá requerer à autoridade de PJM, a instauração IPM. Para tanto, deverá fornecer elementos de informações de fato que justifiquem tal medida, não estando a referida autoridade militar obrigada a instaurar o referido procedimento investigatório, caso vislumbre a ausência dos elementos fáticos mínimos de existência de crime militar ou de justa causa. A vítima de crime militar poderá, também, submeter tais informações indiciárias de prática de crime militar ao MPM, para que o órgão ministerial venha a adotar as providências que lhe pareçam adequadas à apuração da *notitia criminis*, seja requisitando à autoridade de PJM a instauração de IPM ou a fornecer elementos de informação que possam confirmar a existência de crime militar e justificar a responsabilização penal dos eventuais autores.

f) **Quando, de sindicância feita em âmbito de jurisdição militar, resulte indício da existência de infração penal militar.**

No âmbito administrativo militar é comum a instauração de sindicâncias administrativas sempre que as autoridades militares necessitem esclarecer situações de fato que, por sua complexidade ou natureza, demandem uma apuração prévia. Na hipótese de constatação de indícios de crime militar, a autoridade militar determinará, conforme o caso, a instauração de IPM.

Observação

Em algumas situações excepcionais, a Sindicância pode dispensar o IPM, nos termos do art. 28, alínea *a*, do CPPM.

2.2.2 Características e prazos do IPM

Claudio Amin Miguel e Nelson Coldibelli (2000, p. 30) aduzem que o IPM "possui as mesmas características do inquérito policial, ou seja, é escrito, sigiloso, inquisitivo e informal".

Entendemos que o IP e o IPM são procedimentos administrativos formais, regulados em legislação federal, com rito, prazos e finalidades específicas determinadas e, que direta ou indiretamente, podem afetar direitos e liberdades individuais dos investigados, com repercussões administrativas em relação aos membros das Forças Armadas ou Corporações Militares estaduais, eventualmente, indiciados nesses procedimentos.

2.2.2.1 Formal e escrito

O IPM é um procedimento escrito e sequenciado que obedece a uma lógica formal depreendida do CPPM, que se inicia por meio de portaria e conclui-se com a solução exarada pela autoridade de PJM que instaurou o IPM, ou pela homologação da autoridade superior que tenha determinado a investigação policial militar.

A Portaria de instauração do IPM nomeia o oficial encarregado pela investigação, estabelece e delimita o objeto da investigação e o seu prazo de conclusão e poderá nomear, também, o militar que funcionará como escrivão; caso não o faça, esse será nomeado pelo seu encarregado.

Os autos do IPM serão numerados e rubricados pelo Escrivão e seu Encarregado e conterão os depoimentos dos indiciados, oitivas das testemunhas, laudos, exames, declarações e quaisquer outros documentos, objetos ou instrumentos, necessários a persecução penal.

Ao final do IPM, o seu encarregado elaborará um relatório minucioso e circunstanciado, mencionando as diligências, as oitivas, depoimentos e os resultados obtidos, com a indicação de dia, hora e lugar onde ocorreu o provável fato delituoso, manifestando suas conclusões de forma fundamentada sobre a existência ou não de indícios de transgressão disciplinar e ou crime comum ou militar, identificando, quando possível, seus eventuais autores, pronunciando-se, neste último caso, justificadamente, sobre a conveniência da prisão preventiva do indiciado, nos termos legais.

O relatório do Encarregado será submetido à autoridade instauradora para que exare a devida solução. No caso de o IPM ter sido instaurado por determinação/delegação de autoridade superior, a solução lhe será submetida, para fins de homologação e em não concordando com os seus termos poderá avocá-lo e dar--lhe solução diferente.

2.2.2.2 Sigiloso

O art. 16 do CPPM estabelece que o IPM é sigiloso, mas seu encarregado pode permitir que dele tome conhecimento o advogado do indiciado.

> **Art. 16.** O inquérito é sigiloso, mas seu encarregado pode permitir que dele tome conhecimento o advogado do indiciado.

Tal característica, a partir da CF/1988, sofreu mitigação, posto que os advogados, defensores e promotores, têm acesso livre aos autos de IPM, podendo examinar os autos de IPM, IP e APF, conforme a Lei n° 8.906/1994, LC n° 80/1994, LC n° 75/1993 e Lei n° 8.625/1993.

Ademais, os membros do MPM, como titulares da ação penal e fiscais das atividades de PJM, podem requisitar diligências e acompanhar a investigação policial militar, em qualquer situação, com amparo na CF/1988 e na legislação vigente.

O enunciado da **Súmula Vinculante n° 14**, do **STF**, retrata bem a tendência contemporânea de mitigação do sigilo, em sede de investigação criminal:

> É direito do defensor, no interesse do representado, ter acesso amplo aos elementos de prova que, já documentados em

procedimento investigatório realizado por órgão com competência de polícia judiciária, digam respeito ao exercício do direito de defesa.

Jorge César de Assis (2012, p. 61) sustenta que o sigilo mitigado do IPM não significa dizer que a investigação é aberta, sustentando o "sigilo das investigações", de forma a não frustrar os fins e objetivos da persecução levada a termo no IPM.

Paradoxalmente, o sigilo pode ser considerado, também, com uma forma de proteção do *status dignitatis* dos investigados de não terem seus nomes e imagens expostos de forma indevida e precipitada.

2.2.2.3 Indisponibilidade e obrigatoriedade

Uma vez constatados indícios de existência de crime militar, independentemente de haver indícios de autoria, o IPM deverá ser instaurado pela competente autoridade PJM e, uma vez instaurado, somente o Poder Judiciário, no caso a autoridade judiciária militar ou o Ministro do STM, conforme o caso, poderão determinar o seu arquivamento.

2.2.2.4 Inquisitório

O IPM é procedimento administrativo investigatório, não se confundindo com o processo administrativo no qual, por força do art. 5°, inciso LV, CF/1988, se é garantido o contraditório e a ampla defesa, com os meios e recursos a ele inerentes.

A **natureza** do IPM é essencialmente **inquisitiva**; o investigado, obviamente, poderá se fazer acompanhar por advogado/defensor, mas o contraditório somente se estabelecerá em sede processual, após o recebimento da denúncia.

Contudo, não há impedimento para que a autoridade PJM permita que os indiciados ou investigados em IPM, apresentem eventuais esclarecimentos ou informações, em forma de **memo-**

riais, o que poderá contribuir para as investigações, bem como para a formação do juízo de convencimento do MPM, a respeito da existência ou não de materialidade e de autoria da prática de crime militar.

Importante!

Nesse sentido, merece registro o novo art. 16-A, *caput* e parágrafos, do CPPM, introduzidos pela **Lei nº 13.964/2019**, denominada "Lei Anticrime", que garantem aos policiais militares e os bombeiros militares, que figurarem como investigados em IPM e demais procedimentos investigatórios criminais, instaurados para apurar prática de crimes de homicídio, na forma consumada ou tentada, ocorridos na dinâmica do exercício de suas atividades de Segurança Pública, o direito de serem assistidos por defensor.

Observação

Tal direito, não faculdade, foi estendido, também, aos membros das Forças Armadas, quando o fato relacionado ao uso da força letal tenha ocorrido, quando do emprego desses militares, em missão de Garantia de Lei e da Ordem.

Art. 16-A. Nos casos em que servidores das **polícias militares** e dos **corpos de bombeiros militares** figurarem como investigados em inquéritos policiais militares e demais procedimentos extrajudiciais, cujo objeto for a investigação de fatos relacionados ao **uso da força letal** praticados no exercício profissional, de **forma consumada ou tentada**, incluindo as situações dispostas nos arts. 42 a 47 do Decreto-lei nº 1.001, de 21 de outubro de 1969 (Código Penal Militar), o indiciado poderá constituir defensor.

§ 1º Para os casos previstos no *caput* deste artigo, o investigado deverá ser citado [*sic*] da instauração do procedimento investigatório, podendo constituir defensor no prazo de até 48 (quarenta e oito) horas a contar do recebimento da citação.

§ 2º Esgotado o prazo disposto no § 1º com ausência de nomeação de defensor pelo investigado, a autoridade responsável pela investigação deverá intimar a instituição a que estava vinculado o investigado à época da ocorrência dos fatos, para que esta, no prazo de 48 (quarenta e oito) horas, indique defensor para a representação do investigado.

§ 3º Havendo necessidade de indicação de defensor nos termos do § 2º deste artigo, a defesa caberá preferencialmente à Defensoria Pública e, nos locais em que ela não estiver instalada, a União ou a Unidade da Federação correspondente à respectiva competência territorial do procedimento instaurado deverá disponibilizar profissional para acompanhamento e realização de todos os atos relacionados à defesa administrativa do investigado.

§ 4º A indicação do profissional a que se refere o § 3º deste artigo deverá ser precedida de manifestação de que não existe defensor público lotado na área territorial onde tramita o inquérito e com atribuição para nele atuar, hipótese em que poderá ser indicado profissional que não integre os quadros próprios da Administração.

§ 5º Na hipótese de não atuação da Defensoria Pública, os custos com o patrocínio dos interesses do investigado nos procedimentos de que trata esse artigo correrão por conta do orçamento próprio da instituição a que este esteja vinculado à época da ocorrência dos fatos investigados.

§ 6º As disposições constantes deste artigo aplicam-se aos **servidores militares vinculados às instituições dispostas no art. 142 da Constituição Federal**, desde que os fatos investigados digam respeito a **missões** para a **Garantia da Lei e da Ordem**. (Grifos nossos.)

Segundo se depreende do texto legal, o militar investigado deverá ser citado, na verdade intimado, por quando da instauração do procedimento, para que constitua defensor (advogado regularmente inscrito na Ordem dos Advogados do Brasil), dentro de 48 horas a contar do recebimento da referida comunicação. Caso o militar não o faça, a autoridade que preside o procedimento investigatório deverá comunicar tal fato à autoridade a que se encontrar subordinado o militar, para que providencie, dentro do mesmo prazo de 48 horas, a indicação de defensor para o investigado.

Na prática, instaurado IPM ou outro procedimento investigatório criminal, nas hipóteses legais supramencionadas, deverá a autoridade que presida tais procedimentos oficiar à Defensoria Pública estadual/distrital ou da União, para que proceda a assistência dos investigados, quando esses não venham a constituir advogados.

A previsão do dever de os Estados e União garantirem a assistência de advogado/defensor, na fase investigatória, aos militares, nas condições supramencionadas, aponta para uma tendência de flexibilização da natureza ou modelo inquisitorial do IPM.

Observação

Não se discute, absolutamente, o direito de o militar ser assistido por advogado/defensor, no curso de investigação policial-militar, ocorre que tal distinção feita pela nova lei, aos policiais e bombeiros militares e aos membros das Forças Armadas, em relação aos demais cidadãos que, eventualmente, sejam investigados em procedimentos de igual natureza, inclusive, policiais civis, policiais rodoviários e ferroviários etc., provavelmente, será questionada junto aos tribunais, ante a aparente quebra do princípio da isonomia.

Nesse sentido, merece transcrição o entendimento de Jorge César de Assis (2020):

> Conquanto a intenção da inserção desse dispositivo fosse a de proteger os policiais envolvidos em confrontos, não se pode esquecer que é possível que esse investigado tenha deixado de observar o princípio constitucional da eficiência da

Administração Pública, sua conduta esteja fora dos padrões de ação exigidos, e essa verificação será sempre feita pela própria Administração, seja ela civil ou militar, e por isso a norma se apresenta como sendo esdrúxula, violando, inclusive o princípio de isonomia que deve nortear a atividade de todo e qualquer servidor público.

Uma análise isenta feita no § 2º da norma, em face dos §§ 3º, 4º e 5º, dos dois dispositivos, tanto do CPP quanto do CPPM e que foram vetados pelo Presidente da República, irá demonstrar que este § 2º, tendo sobrevivido ao veto se apresenta capenga, não tem mais sustentação, já que os parágrafos revogados determinavam que, em princípio, a defesa desses investigados fosse feita pelas Defensorias Públicas, da União e dos Estados e, na ausência de defensor público na localidade onde se desenvolva a investigação, que os custos dessa defesa corressem por conta do orçamento da própria instituição a que pertencia ou pertence o investigado, o que convenhamos, é jogar o disco longe demais, pois será sempre a instituição do investigado que irá instaurar a investigação.

Mesmo porque, se tomarmos por base a Defensoria Pública da União e sua missão constitucional de prestar assistência aos que dela necessitarem, veremos que o valor da presunção de necessidade econômica para fim de assistência jurídica integral e gratuita, na forma do § 2º da Resolução CSDPU nº 133/2016, passou a ser de 2 mil reais, a partir de 1º de janeiro de 2017 (publicado no *DOU*, de 02.05.2017, nº 82, Seção 1, p. 122), parâmetro suficiente para que dele fiquem fora praticamente todos os servidores civis e militares abrangidos pela norma assistencial.

Os arts. 14-A do CPP e **16-A do CPPM** assumem, portanto, ares de inconstitucionalidade, pois criam dentro do serviço público uma categoria anti-isonômica de privilegiados, cuja corporação é obrigada a lhes nomear um defensor, como se ela mesma contasse com um quadro específico para isso. (Grifos nossos.)

2.2.3 Indiciamento

O indiciamento é o ato pelo qual a autoridade de PJM, convencida da existência de indícios suficientes de autoria ou de participação em crime militar, declara, formalmente, nos autos do IPM a pessoa que considera autor ou partícipe desse crime. O ato de indiciamento poderá ocorrer no início, no curso ou mesmo ao término do IPM.

No âmbito da JMU, qualquer pessoa, militar ou civil, poderá ser indiciada, por prática de crime militar em sede de IPM, tendo em vista que a apuração da materialidade e autoria de crime militar é atribuição das autoridades de PJM. No âmbito da JME, somente os militares, à época do delito, podem ser autor de crime militar e, portanto, indiciados.

Observação

A **Lei nº 12.037/2009**, que dispõe sobre a identificação criminal do civilmente identificado, contempla tantos os documentos de identificação militar quanto as carteiras de identidade, profissional, funcional e o passaporte como documentos aptos a identificação criminal (IP, IPM, APF etc.), observando a exceção do art. 3º desta lei.

O MPM como órgão de controle externo da atividade de PJM e titular, exclusivo, da ação penal militar dispõe de plena liberdade para discordar das conclusões contidas no IPM; e, sempre que considere necessário, poderá requisitar à autoridade militar, informações e a realização de diligências para melhor instruir sua convicção sobre a existência de crime militar e sua autoria, na forma do inciso I do art. 26 do CPPM.

Entretanto, a autoridade de PJM, que preside as investigações no IPM, também possui autonomia para concluir e promover o indiciamento (ou não) dos investigados.

2.2.4 Incomunicabilidade do indiciado

Os arts. 17 e 18 do CPPM dispõem que as Autoridades de PJM podem decretar a prisão de indiciados e mantê-los incomunicáveis.

> **Art. 17.** O encarregado do inquérito poderá manter incomunicável o indiciado, que estiver legalmente preso, por três dias no máximo.

> **Art. 18.** Independentemente de flagrante delito, o indiciado poderá ficar detido, durante as investigações policiais, até trinta dias, comunicando-se a detenção à autoridade judiciária competente. Esse prazo poderá ser prorrogado, por mais vinte dias, pelo comandante da Região, Distrito Naval ou Zona Aérea, mediante solicitação fundamentada do encarregado do inquérito e por via hierárquica.

> Parágrafo único. Se entender necessário, o encarregado do inquérito solicitará, dentro do mesmo prazo ou sua prorrogação, justificando-a, a decretação da prisão preventiva ou de menagem, do indiciado.

Ocorre que a **incomunicabilidade** de indiciado, seja civil ou militar, é, absolutamente, **inconstitucional**, por colidir frontalmente com a ordem jurídica democrática, inaugurada pela CF/1988, que proíbe, expressamente, a restrição de comunicação do investigado/preso, mesmo na situação da excepcionalidade constitucional de Estado de Defesa, nos termos do inciso IV do § 3º do art. 136 da CF/1988.

> **Art. 136.** O Presidente da República pode, ouvidos o Conselho da República e o Conselho de Defesa Nacional, decretar estado de defesa para preservar ou prontamente restabelecer, em locais restritos e determinados, a ordem pública ou a paz social ameaçadas por grave e iminente instabilidade institucional ou atingidas por calamidades de grandes proporções na natureza.

(...)

§ 3º **Na vigência do estado de defesa:**

(...)

IV – é **vedada a incomunicabilidade do preso.** (Grifos nossos.)

Nesse sentido, o disposto no art. 18, *caput* e parágrafo único, do CPPM deve ser visto com a máxima reserva e interpretado em conformidade com o art. 5º, inciso LXI, da CF/1988.

LXI – ninguém será preso senão em flagrante delito ou por ordem escrita e fundamentada de autoridade judiciária competente, **salvo** nos casos de **transgressão militar** ou **crime propriamente militar,** definidos em lei; (Grifos nossos.)

Observação

Salvo a prisão disciplinar, a prisão em flagrante e a **prisão por crime propriamente militar** definido em lei, qualquer outra prisão somente poderá ser determinada por ordem escrita e fundamentada de autoridade judiciária competente.

Claudio Amin Miguel e Nelson Coldibelli (2000, p. 36) entendem que a hipótese do art. 18 do CPPM trata-se de prisão por crime propriamente militar. Tema que será tratado, em tópico específico.

2.2.5 Prazos do IPM

Segundo o art. 20, *caput* e § 1º, do CPPM, o IPM deverá ser concluído dentro de **40 dias**, a contar da data de sua instauração, não havendo indiciado preso.

Tal prazo poderá ser **prorrogado**, por mais **20 dias**, pela autoridade militar hierarquicamente superior ao Encarregado do IPM, ante a necessidade de diligências necessárias à elucidação do fato.

> **Art. 20.** O inquérito deverá terminar dentro em vinte dias, se o indiciado estiver preso, contado esse prazo a partir do dia em que se executar a ordem de prisão; ou no prazo de quarenta dias, quando o indiciado estiver solto, contados a partir da data em que se instaurar o inquérito.
>
> § 1º Este último prazo poderá ser prorrogado por mais vinte dias pela autoridade militar superior, desde que não estejam concluídos exames ou perícias já iniciados, ou haja necessidade de diligência, indispensáveis à elucidação do fato. O pedido de prorrogação deve ser feito em tempo oportuno, de modo a ser atendido antes da terminação do prazo.

Além dessa prorrogação, o § 2º do referido artigo autoriza aos Comandantes da Marinha, do Exército e da Aeronáutica, em caso de dificuldade "insuperável", concederem uma **última prorrogação**, por mais **20 dias**.

> § 2º Não haverá mais prorrogação, além da prevista no § 1º, salvo dificuldade insuperável, a juízo do ministro de Estado competente. Os laudos de perícias ou exames não concluídos nessa prorrogação, bem como os documentos colhidos depois dela, serão posteriormente remetidos ao juiz, para a juntada ao processo. Ainda, no seu relatório, poderá o encarregado do inquérito indicar, mencionando, se possível, o lugar onde se encontram as testemunhas que deixaram de ser ouvidas, por qualquer impedimento.

Havendo **indiciado preso**, o IPM deverá terminar no **prazo máximo** de **20 dias**, mesmo se pendente a realização ou a conclusão de perícias, exames ou outras diligências, necessários à investigação policial, devendo os autos do IPM, em tal hipótese, serem remetidos à Justiça Militar, por meio de ofício circunstanciado, solicitando a devolução dos autos e a concessão de prazo para a conclusão das pendências existentes.

Observação

Nos casos de haver **indiciado preso**, o prazo para conclusão do IPM é de 20 dias, **improrrogáveis** pela autoridade de PJM.

Os prazos para o **cumprimento de diligências** requisitadas pelo MPM ou de esclarecimentos determinados pela Autoridade Judiciária estão contidos no art. 26, parágrafo único, do CPPM, ou seja, **20 dias**, prorrogáveis a pedido da autoridade de PJM.

> *HABEAS CORPUS*. INQUÉRITO POLICIAL MILITAR. JUSTA CAUSA PARA O INDICIAMENTO. EXCESSO DE PRAZO. 1. A limitação temporal para a conclusão do inquérito policial militar, prevista na Lei Processual Penal Militar, não alcança a fase de diligências requeridas pelo Ministério Público, repercutindo somente em relação à autoridade policial, que, ainda assim, conta com a previsão legal de dilação de prazo (art. 20, § 1º, do CPPM). 2. Estando a investigação sobre os fatos presumivelmente delituosos na fase de Inquérito Policial Militar, havendo claros indícios de autoria e de materialidade, presente está a justa causa para o procedimento investigatório. Ordem conhecida e denegada. Decisão unânime (STM. HC nº 75-56.2017.7.00.0000/PA. Rel. Min. Artur Vidigal de Oliveira. Julgado em 18.05.2017).

Na prática, não ocorre objeção por parte do MPM ou órgãos da Justiça Militar em atender à solicitação de postergação de prazos para conclusão de diligências e esclarecimentos considerados necessários a elucidação dos fatos investigados.

2.2.6 Remessa dos autos de IPM à Justiça Militar e ao Ministério Público Militar

Uma vez instaurado o IPM, não poderá, em nenhuma hipótese, ser arquivado pela autoridade PJM, conforme reza o art. 24 do CPPM, sob pena de subtração de atribuição, constitucional e legal, do MPM de decidir sobre a existência ou não de elementos, indiciários, de autoria e materialidade de crime militar que justifique o oferecimento de denúncia.

Segundo a redação do art. 23, *caput* e parágrafos, do CPPM, os autos do IPM serão remetidos à Auditoria da Circunscrição Judiciária Militar (CJM) do local em que ocorreu a infração penal e no caso de IPM instaurado **fora do território nacional**, tais como aqueles instaurados pelos comandantes de tropas brasileiras em **missão de paz** ou pelos presidentes das **comissões de compras** das Forças Singulares **no exterior**, *v.g.*, Comissão Aeronáutica do Brasil em Londres, serão remetidos para a **Auditoria da 11ª CJM**, localizada na sede da Capital da União (art. 91 do CPPM).

> **Art. 23.** Os autos do inquérito serão remetidos ao auditor da Circunscrição Judiciária Militar onde ocorreu a infração penal, acompanhados dos instrumentos desta, bem como dos objetos que interessem à sua prova.
>
> § 1º Na Circunscrição onde houver Auditorias Especializadas da Marinha, do Exército e da Aeronáutica, atender-se-á, para a remessa, à especialização de cada uma. Onde houver mais de uma na mesma sede, especializada ou não, a remessa será feita à primeira Auditoria, para a respectiva distribuição. Os incidentes ocorridos no curso do inquérito serão resolvidos pelo juiz a que couber tomar conhecimento do inquérito, por distribuição.
>
> § 2º Os autos de inquérito instaurado fora do território nacional serão remetidos à 1ª Auditoria da Circunscrição com sede na Capital da União, atendida, contudo, a especialização referida no § 1º.

Importante!

Não existem mais Auditorias Especializadas da Marinha, do Exército e da Aeronáutica, de acordo com a Lei de Organização da Justiça Militar da União (**Lei n° 8.457/1992**).

Segundo a atual sistemática do CPPM, recebido os autos do IPM, a autoridade judiciária os encaminhará para o MPM que, convencido a respeito da existência dos referidos elementos indiciários, oferecerá a denúncia (art. 79) ou poderá requisitar novos elementos ou esclarecimentos (art. 26, inc. I):

> **Art. 26.** Os autos de inquérito não poderão ser devolvidos a autoridade policial militar, a não ser:
>
> I – mediante requisição do Ministério Público, para diligências por ele consideradas imprescindíveis ao oferecimento da denúncia;
>
> II – por determinação do juiz, antes da denúncia, para o preenchimento de formalidades previstas neste Código, ou para complemento de prova que julgue necessária.
>
> Parágrafo único. Em qualquer dos casos, o juiz marcará prazo, não excedente de vinte dias, para a restituição dos autos.

Observação

No CPPM, as requisições do MPM são dirigidas à autoridade de PJM, por meio do órgão judicial, embora na prática, em muitas Auditorias, já havia o encaminhamento direto do órgão ministerial à PJM e, concomitante comunicação à autoridade judiciária. Contudo, com a adoção do **sistema e-proc** (processo eletrônico) em toda a Justiça Militar da União, todas essas **tramitações** e **comunicações** ocorrem **eletronicamente.**

O MPM poderá entender pela inexistência de materialidade e autoria de crime militar, hipótese que deverá **requerer o arquivamento** do IPM (ou APF) à autoridade judiciária da Justiça Militar, que poderá concordar ou discordar; havendo **rejeição** do pedido de arquivamento ministerial, encaminhará os autos ao Procurador--Geral da Justiça Militar.

> **Art. 397.** Se o procurador, sem prejuízo da diligência a que se refere o art. 26, nº I, entender que os autos do inquérito ou as peças de informação não ministram os elementos indispensáveis ao oferecimento da denúncia, requererá ao auditor que os mande arquivar. Se este concordar com o pedido, determinará o arquivamento; se dele discordar, remeterá os autos ao procurador-geral.

O Procurador-Geral poderá mandar arquivá-lo ou designar outro membro do MPM, para prosseguir nas investigações ou oferecer a denúncia, caso convencido da existência de elementos necessários para a ação penal, na forma do § 1º do art. 397 do CPP.

> § 1º Se o procurador-geral entender que há elementos para a ação penal, designará outro procurador, a fim de promovê--la; em caso contrário, mandará arquivar o processo.

Observação

A **Câmara de Coordenação e Revisão do Ministério Público Militar** (CCR/MPM), nos termos do art. 136, IV, da LC nº 75/1993, e art. 5º, IV, da Resolução nº 6/CSMPM, de 10.11.1993, é o órgão do MPM com atribuições para manifestar-se em inquérito policial militar, inquérito e expedientes judicializados, nos quais exista discordância da autoridade judiciária em relação a arquivamento proposto pelo Membro do MPM, ressalvada a atribuição originária do Procurador-Geral.

Tal **função** da CCR/MPM é **opinativa**, cabendo ao Procurador-Geral de Justiça Militar a decisão terminativa (art. 397, § 1º, do CPPM).

Ademais, é possível que da análise dos elementos indiciários constantes do IPM, APF ou de outras peças ou procedimentos investigatórios, o MPM entenda que o Juízo castrense (Federal ou

Estadual) é incompetente para conhecer do feito, e, portanto, promova a **arguição de incompetência**, nos termos dos arts. 146 e 398 do CPPM.

Observação

A **Lei nº 13.964/2019**, denominada "Lei Anticrime", alterou substancialmente a dinâmica do processo de **arquivamento de inquéritos policiais comuns**, introduzindo[3] o **art. 28-A do CPP**, que trata do Acordo de Não Persecução Penal (ANPP) a ser proposto pelo Ministério Público e homologado pela autoridade judiciária.

A referida "Lei Anticrime" não promoveu alteração no CPPM nem fez referência ao Processo Penal Militar; contudo, cremos ser oportuno comentar sua eventual aplicabilidade nas Justiças Castrenses.

2.2.7 Acordo de não persecução penal, nos feitos de origem judicial e extrajudicial

Como dito, dentre as novidades introduzidas pela Lei nº 13.964/2019, destaca-se o **acordo de não persecução penal (ANPP)**, previsto no novel **art. 28-A do CPP comum**, que mitiga o princípio da obrigatoriedade da ação penal, tendo em vista que o Ministério Público, mesmo diante da existência de indícios de autoria e materialidade de crime, poderá **deixar de oferecer denúncia**

[3.] "Art. 28. Ordenado o arquivamento do inquérito policial ou de quaisquer elementos informativos da mesma natureza, o *órgão* do Ministério Público comunicará *à* vítima, ao investigado e *à* autoridade policial e encaminhará os autos para a instância de revisão ministerial para fins de homologação, na forma da lei.

§ 1º Se a vítima, ou seu representante legal, não concordar com o arquivamento do inquérito policial, poderá, no prazo de 30 (trinta) dias do recebimento da comunicação, submeter a matéria *à* revisão da instância competente do órgão ministerial, conforme dispuser a respectiva lei orgânica.

§ 2º Nas ações penais relativas a crimes praticados em detrimento da União, Estados e Municípios, a revisão do arquivamento do inquérito policial poderá ser provocada pela chefia do *órgão* a quem couber a sua representação judicial".

em face de imputado da prática de crime, **sem violência** ou **grave ameaça**, dentre outras limitações legais, cuja **pena** privativa de liberdade seja inferior a 4 anos.

> **Art. 28-A.** Não sendo caso de arquivamento e tendo o investigado confessado formal e circunstancialmente a prática de infração penal **sem violência** ou **grave ameaça** e com **pena mínima inferior a 4 (quatro) anos**, o Ministério Público poderá propor acordo de não persecução penal, desde que necessário e suficiente para reprovação e prevenção do crime, mediante as seguintes condições ajustadas cumulativa e alternativamente:
>
> I – reparar o dano ou restituir a coisa à vítima, exceto na impossibilidade de fazê-lo;
>
> II – renunciar voluntariamente a bens e direitos indicados pelo Ministério Público como instrumentos, produto ou proveito do crime;
>
> III – prestar serviço à comunidade ou a entidades públicas por período correspondente à pena mínima cominada ao delito diminuída de um a dois terços, em local a ser indicado pelo juízo da execução, na forma do art. 46 do Decreto-lei nº 2.848, de 7 de dezembro de 1940 (Código Penal);
>
> IV – pagar prestação pecuniária, a ser estipulada nos termos do art. 45 do Decreto-lei nº 2.848, de 7 de dezembro de 1940 (Código Penal), a entidade pública ou de interesse social, a ser indicada pelo juízo da execução, que tenha, preferencialmente, como função proteger bens jurídicos iguais ou semelhantes aos aparentemente lesados pelo delito; ou
>
> V – cumprir, por prazo determinado, outra condição indicada pelo Ministério Público, desde que proporcional e compatível com a infração penal imputada.
>
> § 1º Para aferição da pena mínima cominada ao delito a que se refere o *caput* deste artigo, serão consideradas as causas de aumento e diminuição aplicáveis ao caso concreto. (Grifos nossos.)

Embora parcela da eficácia "Lei Anticrime" tenha sido suspensa por decisão liminar do **STF** (ADIs nºs 6.298, 6.299, 6.300 e 6.305), o **ANPP** permanece **vigente** e abrangendo os **feitos criminais** que se encontrem **judicializados** (inquéritos policiais, APF e, na prática, até nas ações penais ainda não sentenciadas), que atendam aos requisitos legais. Essa modalidade de acordo denomina-se ANPP judicial ou processual.

Contudo, nos **feitos penais** de origem **extrajudicial**, o ANPP já vinha sendo tratado pela **Resolução nº 181**, de 07.08.2017, do Conselho Nacional do Ministério Público (CNMP), ao dispor sobre a instauração e a tramitação do **procedimento investigatório criminal** (PIC) a cargo do Ministério Público. Portanto, tal Resolução regulamentou os denominados ANPP extrajudicial.

No ANPP extrajudicial em matéria penal militar, após a intervenção e contribuição de diversos órgãos ministeriais com atribuição funcional perante as Justiças Militares, a **Resolução** CNMP **nº 183**, de 24.01.2018, introduziu profundas **alterações** no ANPP extrajudicial, **vedando** expressamente a realização desse acordo "aos delitos cometidos por militares que afetem a hierarquia e a disciplina" (art. 18, § 12, da Resolução CNMP nº 181/2017, com redação dada pela mencionada Resolução CNMP nº 183/2018).

Para Renato Brasileiro de Lima (2019, p. 200), na sistemática adotada pelo CNMP, o ANPP extrajudicial revela-se como **negócio jurídico** de **natureza extrajudicial**, necessariamente **homologado pelo juízo competente**, celebrado entre Ministério Público e o autor do fato delituoso – devidamente assistido por seu defensor –, que **confessa** formal e circunstanciadamente **a prática de delito**, sujeitando-se ao cumprimento de certas condições não privativas de liberdade, em troca do compromisso do *Parquet* de promover o arquivamento do feito, caso a avença seja integralmente cumprida.

No âmbito do MPM, o **Conselho Superior do Ministério Público Militar** (CSMPM) aprovou 04 (quatro) Resoluções que regulamentaram as hipóteses de cabimento e aplicação do ANPP no âmbito de atuação extrajudicial do *Parquet* castrense, a saber: **Resoluções CSMPM nºs 101**, de 26.09.2018, **104**, de 08.05.2019, **108**, de 11.12.2019, e Processo SEI nº 3.570/2022-04, da PGJM, que teve seu conteúdo aprovado na 282ª Sessão Ordinária do Conselho Superior do MPM, em 24 de maio de 2022, ocasião em que o CSMPM promoveu-se a reinclusão do art. 18 da Resolução CSMPM nº 101/2018, com algumas alterações.

Atualmente, no **âmbito do Ministério Público Militar**, o CSMPM restaurou a possibilidade de aplicação do **Acordo de Não Persecução Penal** para ser **homologado perante a Autoridade Judiciária.**

Portanto, o art. 18 da Resolução CSMPM nº 101/2018, atualizado em 24 de maio de 2022, passou a vigorar com a seguinte redação, *verbis*:

> **Art. 18**. Não sendo o caso de arquivamento, **exclusivamente nos crimes militares de conceito estendido**, tal como prevê o artigo 9º, II, do CPM, com a redação dada pela Lei nº 13.491/2017, o Ministério Público Militar poderá propor ao investigado **acordo de não persecução penal**, quando, cominada pena mínima inferior a 4 (quatro) anos e o crime não for cometido com violência ou grave ameaça à pessoa, inclusive violência doméstica, o investigado tiver confessado formal e circunstanciadamente a sua prática, mediante as seguintes condições, ajustadas cumulativa ou alternativamente:
>
> I – reparar o dano ou restituir a coisa à vítima, salvo impossibilidade de fazê-lo;
>
> II – renunciar voluntariamente a bens e direitos, indicados pelo Ministério Público Militar como instrumentos, produto ou proveito do crime;
>
> III – prestar serviço à comunidade ou a entidades públicas por período correspondente à pena mínima cominada ao delito, diminuída de um a dois terços, em local a ser indi-

cado pelo Ministério Público Militar, preferencialmente em Organização Militar, no caso de investigado militar da ativa;

IV – pagar prestação pecuniária, a ser estipulada nos termos do art. 45, do Código Penal, a entidade pública ou de interesse social a ser indicada pelo Ministério Público Militar, devendo a prestação ser destinada preferencialmente àquelas entidades que tenham como função proteger bens jurídicos iguais ou semelhantes aos aparentemente lesados pelo delito, preferencialmente Organização Militar;

V – cumprir outra condição estipulada pelo Ministério Público Militar, desde que proporcional e compatível com a infração penal aparentemente praticada.

§ 1º Não se admitirá a proposta nos casos em que:

I – o dano causado for superior a vinte salários mínimos, ou a parâmetro econômico diverso, definido pela Câmara de Coordenação e Revisão do Ministério Público Militar;

II – ter sido o autor da infração condenado, pela prática de crime, à pena privativa de liberdade, por sentença definitiva;

III – ter sido o agente beneficiado anteriormente, no prazo de cinco anos, pela aplicação de pena restritiva ou multa;

IV – não indicarem os antecedentes, a conduta social e a personalidade do agente, bem como os motivos e as circunstâncias, ser necessária e suficiente a adoção da medida;

V – o aguardo para o cumprimento do acordo possa acarretar a prescrição da pretensão punitiva estatal;

VI – o delito for hediondo ou equiparado;

VII – a celebração do acordo não atender ao que seja necessário e suficiente para a reprovação e prevenção do crime;

VIII – Se for cabível transação penal, na forma como dispuser a Lei nº 9.099/1995;

IX – ter sido o agente beneficiado nos 5 (cinco) anos anteriores ao cometimento da infração, em acordo de não persecução penal, transação penal ou suspensão condicional do processo;

X – o delito for cometido por militar, isoladamente ou em coautoria com civil, e afete a hierarquia e a disciplina, devidamente justificada.

(...)

§ 4º Realizado o acordo, a vítima será comunicada por qualquer meio idôneo, e os autos serão submetidos à apreciação judicial.

§ 5º Se o juiz considerar o acordo cabível e as condições adequadas e suficientes, devolverá os autos ao Ministério Público Militar para sua implementação.

§ 6º Se o juiz considerar incabível o acordo, bem como inadequadas ou insuficientes as condições celebradas, fará remessa dos autos à Câmara de Coordenação e Revisão, que poderá manter o acordo de não persecução, que vinculará toda a Instituição, ou determinar:

I – o oferecimento de denúncia;

II – a complementação das investigações;

III – a reformulação da proposta de acordo de não persecução, para apreciação pelo investigado.

(...).

No que se refere ao **ANPP** para feitos de origem judicial, introduzido pelo **art. 28-A no CPP comum**, Maurício Cerqueira Lima assevera que tal **instituto** de **Política Criminal** tem **natureza mista** e não meramente processual. Atinge o direito material em si, ou seja, o próprio *jus puniendi* estatal. Uma vez celebrado e cumprido o acordo, o Estado não pode mais promover a ação penal, nem lançar o nome do réu no rol dos culpados, devendo, inclusive dar baixa nos registros processuais, mantendo apenas registro de controle para efeito de o indivíduo não poder ser beneficiado mais de uma vez com o ajuste penal.

Contudo, o **STM** entendeu que a possibilidade do **ANPP** para **feitos judicializados** (IPM, APF, processos em curso, etc.) e extrajudicias estariam circunscritos, exclusivamente, à jurisdição comum; portanto, **não se aplica à Justiça Militar da União**, sob pena de violação do princípio da especialidade e à índole do Processo Penal Militar, *verbis*:

> APELAÇÃO. DEFENSORIA PÚBLICA DA UNIÃO. FALSIDADE IDEOLÓGICA. ART. 312 DO CÓDIGO PENAL MILITAR. CERTIFICADO DE REGISTRO. CONDENAÇÃO EM PRIMEIRA INSTÂNCIA. DEVOLUÇÃO AMPLA DA QUESTÃO LITIGIOSA. PRELIMINAR DE NULIDADE POR INCOMPETÊNCIA DA JUSTIÇA MILITAR. REJEIÇÃO. UNANIMIDADE.
>
> PRELIMINAR DE **APLICAÇÃO DO ACORDO DE NÃO PERSECUÇÃO PENAL**. REJEIÇÃO. UNANIMIDADE. MÉRITO. AUSÊNCIA DE DOLO NA CONDUTA. NÃO ACOLHIMENTO. AUTORIA, MATERIALIDADE E CULPABILIDADE COMPROVADAS. PRINCÍPIO *IN DUBIO PRO REO*. NÃO ACOLHIMENTO. NEGADO PROVIMENTO AO RECURSO. MANUTENÇÃO DA SENTENÇA CONDENATÓRIA. UNANIMIDADE.
>
> (...). O alcance normativo do **Acordo de Não Persecução Penal** está **circunscrito** ao âmbito do **processo penal comum**, não sendo possível invocá-lo subsidiariamente ao Código de Processo Penal Militar, sob pena de **violação ao Princípio da Especialidade**, uma vez que não existe omissão no Diploma Adjetivo Castrense. Somente a falta de um regramento específico possibilita a aplicação subsidiária da legislação comum, sendo impossível mesclar-se o regime processual penal comum e o regime processual penal especificamente militar, mediante a seleção das partes mais benéficas de cada um deles. **Preliminar rejeitada**. Decisão unânime. (...) Comprovadas a autoria, a materialidade e a culpabilidade na conduta do Acusado, não merece acolhida a tese de reconhecimento do Princípio *in dubio pro reo*. Apelo defensivo não provido. Decisão por unanimidade (STM. Apelação nº 7001106-21.2019.7.00.0000. Rel. Min. Carlos Vuyk de Aquino. Julgado em 20.02.2020 – grifos nossos).

Tal entendimento restou consolidado por meio do Enunciado da Súmula nº 18, de 10 de agosto de 2022, do Superior Tribunal Militar, nos seguintes termos:

> "O art. 28-A do Código de Processo Penal comum, que dispõe sobre o Acordo de Não Persecução Penal, não se aplica à Justiça Militar da União."

Em que pese o respeitável posicionamento do e. STM, entendemos que é possível que o cabimento da aplicação do ANPP (extrajudicial e judicial), no âmbito das Justiças Militares, ainda seja objeto de apreciação do STJ e do STF para fins de uniformização e pacificação dos efeitos e alcance dessa nova Política Criminal no âmbito das justiças castrenses.

A título de argumentação e conforme já ocorreu em relação a aplicação dos institutos da Lei nº 9.099/1995 (STF: HC nº 81.236/PR), antes da introdução do art. 90-A, dessa Lei, e da adoção do art. 400 do CPP comum (STF: HC nº 127.900), por analogia, no âmbito Processo Penal Militar, é possível que ainda **haja mudanças legislativa ou jurisprudencial, restringindo ou ampliando o alcance do ANPP para a jurisdição militar.**[4]

Observação

Apesar do posicionamento jurisprudencial do e. STM e de vozes doutrinárias desfavoráveis, recomenda-se pesquisa e análise do teor dos Enunciados nºs 4 e 5 do 9º Encontro do Colégio de Procuradores de Justiça Militar (2022)[5],

---

[4.] O Projeto de Lei Substitutivo nº 9.436/2017, de autoria do Deputado Federal do PSL-SP Coronel Tadeu, altera o CPPM e, por força do art. 29-A, passa a admitir o ANPP, em relação aos crimes impropriamente militares na JMU.

[5.] Enunciado nº 4: "O Ministério Público Militar pode formalizar Acordo de Não Persecução Penal (ANPP), com base no art. 3º, alínea *a*, do CPPM, c/c art. 28-A do CPP, tanto para civis, quanto para militares, desde que necessário e suficiente para a reprovação e prevenção do crime militar". Enunciado nº 5: "Na celebração do Acordo de Não Persecução Penal (ANPP), deve o membro do MPM fixar o prazo do cumprimento do acordo em tempo inferior ao da prescrição da pretensão punitiva em abstrato, aplicável ao caso concreto".

resultados obtidos com ANPP e Colaborações Premiadas no âmbito das Procuradorias de Justiça Militar do Rio Grande do Sul[6] e no 1° Ofício da Procuradoria de Justiça Militar no Rio de Janeiro, bem como os fundamentos das doutrinas de Aldo Freitas Queirós (2022), Jorge César de Assis (2020)[7], Rodrigo Foureaux (2020)[8] e Luiz Felipe Carvalho Silva (2020, p. 257-279).

---

[6]. MPM participa da entrega de PNR ao Exército brasileiro como resultado de acordo de colaboração premiada. Disponível em: https://www.mpm.mp.br/mpm-participa-da-entrega-de-pnr-ao-exercito-brasileiro-como-resultado-de-acordo-de-colaboracao-premiada/. Acesso em: 31.05.2021.

[7]. O Acordo de Não Persecução Penal na Justiça Militar. Publicado no sítio eletrônico *Jusmilitaris* (www.jus.com.br), em 31.01.2020.

[8]. O acordo de não persecução penal na Justiça Militar. Publicado no sítio eletrônico *Observatório da Justiça Militar Estadual* (www.observatoriodajusticamilitar.info), em 29.01.2020.

3

Da ação penal militar e do seu exercício

3.1 Considerações gerais

No âmbito do Processo Penal Militar, diferentemente do que prescreve o art. 24 do CPP, excetuando-se a hipótese da ação penal privada subsidiária da pública, prevista no art. 5º, inciso LIX,[1] da CF/1988 **toda ação é**, necessariamente, **pública** e de **iniciativa exclusiva do Ministério Público Militar**, não havendo possibilidade, nos termos dos arts. 29 e 30, *caput*, e alíneas do CPPM, de flexibilização do princípio da obrigatoriedade da ação penal militar, uma vez que o MPM, por imperativo legal está obrigado a oferecer denúncia sempre que houver prova de fato, que, em tese, constitua indícios de autoria e materialidade de crime militar.

---

[1]. Segundo o art. 5º, LIX, da CF/1988, "será admitida ação privada nos crimes de ação pública, se esta não for intentada no prazo legal". Os prazos para o oferecimento da denúncia estão previstos no art. 79, *caput* e parágrafos, do CPPM, sendo certo que somente haverá a possibilidade da ação penal subsidiária, por parte do ofendido ou de seu representante legal, na hipótese, concreta, de o MPM quedar-se, de fato, inerte. Caso o MPM, requeira o arquivamento de IPM ou de investigação criminal, em curso, não se justificará tal medida.

Importante!

No CPPM não há a hipótese de ação penal pública condicionada à representação. Contudo, nas hipóteses específicas dos **crimes** contra a **segurança externa do país** (arts. 136 a 141 do CPM), o oferecimento da denúncia pelo MPM estará **condicionado** à **requisição** do **Ministério (militar)** ou do **Ministro da Justiça**, a ser dirigida ao **Procurador-Geral da Justiça Militar.**

Dependência de requisição do Governo

Art. 31. Nos crimes previstos nos **arts. 136 a 141** do Código Penal Militar, a ação penal; quando o **agente** for **militar** ou assemelhado, depende de requisição, que será feita ao procurador-geral da Justiça Militar, pelo **Ministério** a que o agente estiver subordinado; no caso do **art. 141** do mesmo Código, quando o **agente** for **civil** e **não** houver **coautor militar**, a requisição será do **Ministério da Justiça.**

Comunicação ao procurador-geral da República

Parágrafo único. Sem prejuízo dessa disposição, o procurador-geral da Justiça Militar dará conhecimento ao procurador-geral da República de fato apurado em inquérito que tenha relação com qualquer dos crimes referidos neste artigo. (Grifos nossos.)

Observação

O CPPM não faz alusão ao **Ministro da Defesa**, uma vez que esse ministério só foi criado pela LC nº 97/1999, assim entendemos que havendo réus militares, inclusive, em concurso com civis, imputados dos delitos contidos nos arts. 136 a 141, a denúncia do MPM estaria condicionada à **requisição** do Ministro da Defesa, haja vista que se trata do "Ministério" a que os militares estão subordinados.

Contudo, Claudio Amin Miguel e Nelson Coldibelli (2000, p. 45) entendem que, se os referidos crimes forem praticados por militar, a requisição será de **atribuição** do **Comandante da Marinha, do Exército ou da Aeronáutica**, a depender da Força a que pertencer o autor do fato criminoso, pois os Comandos Militares são os órgãos que sucederam os Ministérios Militares referenciados no CPPM.

Os referidos autores (2000, p. 46) chamam a atenção para o fato de que o **Comandante do Teatro de Operações**, em tempo de guerra, será processado e julgado, por prática de crime militar, junto ao STM.

Importante!

Ocorrendo a situação supramencionada, a ação penal será pública condicionada à **requisição** do **Presidente da República**, nos termos do art. 95, parágrafo único, da Lei nº 8.457/1992 – "O comandante do teatro de operações responderá a processo perante o Superior Tribunal Militar, condicionada a instauração da ação penal à requisição do Presidente da República".

A **requisição** se reveste de natureza discricionária e política, sendo **condição de procedibilidade**, não sendo possível que o MPM ofereça denúncia sem que haja a prévia e competente "requisição", nos termos legais.

Embora a legislação use a expressão "**requisição**", seja ela de Ministro de Estado, de Presidente da República ou de qualquer outra autoridade civil ou militar, o **MPM não estará obrigado a oferecer a denúncia**, caso se convença pela inexistência de crime militar e ou de sua autoria, nos termos do art. 129, I, da CF/1988.

Jorge César de Assis (2012, p. 31) adverte que oferecida a denúncia não será possível a retratação, "nos exatos termos do art. 25 do CPP, cumulado com o art. 3º, letra *a*, do CPPM".

3.2 Denúncia

No Processo Penal Militar, ressalvada as raríssimas exceções mencionadas, a ação penal será sempre pública incondicionada, sendo denominada de "denúncia" a petição ou a "peça acusatória", formal e escrita, pela qual o MPM, com exclusividade, exerce o direito de ação penal militar.

Por meio da denúncia, o MPM formulará a pretensão acusatória do Estado contra quem comete crime militar definido em lei, em conformidade com as especificidades e distinções, constitucionais, da jurisdição das Justiças Militares aqui abordadas.

Vale recordar que embora não exista no CPPM, dispositivo semelhante ao art. 29 do CPP, o inciso LIX do art. 5º da CF/1988 autoriza o ofendido ou o seu representante legal ajuizar a ação penal privada subsidiária, em caso de inércia do MPM.

A despeito da atuação do particular, na situação supramencionada, a ação penal continuará sendo pública, tendo em vista que a vítima ou o seu representante atuam no exercício de legitimação extraordinária (LOPES JR., 2012, p. 404), o não oferecimento da denúncia dentro prazo estabelecido pela lei não importa na extinção da punibilidade do autor do suposto fato delituoso, enquanto não ocorrer a prescrição da ação penal.

Aury Lopes Jr. (2012, p. 46) sustenta a distinção conceitual entre ação e acusação. A ação penal seria um direito potestativo, "o poder de proceder contra alguém diante da existência de *fumus commissi delicti*. A isso corresponde o conceito de ação, que não pode ser confundido com o de acusação (instrumento formal)".

3.2.1 Requisitos da denúncia

Os requisitos da denúncia constantes do art. 77 do CPPM são semelhantes àqueles previstos no art. 41 do CPP comum.

3.2.2 Designação do órgão judicial competente

A denúncia, por prática de crime militar, será dirigida pelo MPM aos juízes federais da JMU ou aos juízes de Direito da JME, magistrados togados competentes para rejeitar ou receber a denúncia **JMU**, na forma do art. 399, *caput*, letras *a* e *b* do CPPM c/c o art. 30, *caput*, I, da Lei n° 8.457/1992; e **JME**: art. 125 da CF/1988.

Observação

Na **JMU**, os **acusados civis**, ainda que em coautoria com militares da ativa, serão processados e julgados, monocraticamente, pelo Juiz Federal da Justiça Militar (Lei n° 8.457/1992). A **JME** não possui competência para processar e julgar civil.

Importante!

Tratando-se de **denúncia** contra **Oficial-General** das **Forças Armadas**, a denúncia deverá ser oferecida pelo **Procurador-Geral da Justiça Militar** e dirigida ao Ministro-Presidente do STM, na forma do art. 489 do CPPM c/c o art. 108, *caput* e §§ 1° e 4°, do Regimento Interno do STM, sendo designado **relator** para sua apreciação, somente dentre os **ministros civis** daquela Corte.

Jurisprudência do STM: as **autoridades civis** (Deputado Estadual, Prefeito Municipal etc.), que possuem **foro privilegiado**, por força constitucional, serão processadas e julgadas, no âmbito da Justiça Militar da União, pelo **STM**, sendo a denúncia proposta contra tais autoridades pelo Procurador-Geral da Justiça Militar:

> A Decisão da MMª Juíza-Auditora da 7ª CJM, de 14.07.2014, que rejeitou a arguição ministerial de incompetência daquele Juízo para apreciar os fatos investigados nos autos do IPM n° 51-17.2014.7.07.0007, referente aos Civis LAERTE NEY DE PAIVA FAGUNDES e TULIO ANTONIO DE PAIVA FAGUNDES, e determinou o arquivamento da citada Inquisa. ADVOGADOS: Drs. Marcus Vinicius Coelho Leal de Oliveira e Romulo José Carneval Lins Junior. Decisão: Em 11.11.2014, o Tribunal, por unanimidade, conheceu e deu provimento ao recurso interposto pelo Órgão Ministerial,

para desconstituir a Decisão da Juíza-Auditora da Auditoria da 7ª CJM, de 14 de julho de 2014, exarada nos autos do IPM nº 51-17.2014.7.07.0007, com fulcro no art. 500, inciso I, do CPPM, reconhecendo a **competência originária** do **Superior Tribunal Militar** para julgar **Prefeito Municipal** que comete crime militar, e determinar a remessa dos autos ao ilustre Procurador-Geral da Justiça Militar, para as providências que entender cabíveis, *ex vi* do art. 123 da Lei Complementar nº 75/1993 (STM. Recurso em Sentido Estrito nº 51-17.2014.7.07.0007/PE. Rel. Min. José Barroso Filho. Julgado em 11.11.2014 – grifos nossos).

Denílson Feitoza Pacheco (2008, p. 329) ensina que a situação dos **Deputados estaduais** é análoga a dos **Prefeitos municipais**, e aplicando o critério da simetria, os Deputados estaduais serão processados e julgados:

a) por crimes comuns de competência estadual, no Tribunal de Justiça do estado em que atuam; b) por crimes comuns de competência federal, nos Tribunais Regionais Federais da região que engloba o estado em que atuam; c) por crimes eleitorais, no TRE do estado em que atuam; d) por crimes contra as instituições militares federais, no STM.

Ricardo Henrique Alves Giuliani (2006, p. 41) afirma que o STM é o foro constitucional (implícito) competente para processar e julgar deputado estadual que comete crime militar contra as instituições militares federais, *verbis*:

Na Justiça Militar Federal, a competência funcional vertical ou em razão de recurso é do STM. No caso dos deputados estaduais e dos prefeitos, não há uma regra constitucional expressa em relação aos crimes militares nem uma excepcionalidade constitucional. Fredie Didier Jr. lembra que o STF admite que se reconheça a existência de competência implícita (*implied power*): quando não houve regra expressa, algum órgão jurisdicional haverá de ter a competência para apreciar a questão. Da mesma forma, o professor Canotilho comenta que o poder implícito ou *implied power* é o poder não expressamente mencionado na Constituição, mas admite a prossecução dos fins e tarefas constitucionais atribuídos aos órgãos de soberania. Valendo-se desse raciocínio e de uma interpretação sistemática, entendemos que, em relação aos prefeitos e deputados estaduais que venham a cometer crime militar, a competência será implícita e em simetria com o Tribunal de Justiça, órgão jurisdicional de segundo grau que é competente para processar e julgar as autoridades em crimes estaduais; caso cometam crimes militares, deverão ser julgados pelo STM, órgão jurisdicional de segundo grau da Justiça Militar da União, competente implicitamente para o processo e o julgamento. Assim, os prefeitos e deputados estaduais serão julgados pelo Superior Tribunal Militar.

O Enunciado nº 702 do STF reforça o entendimento anterior:

Súmula nº 702 – A competência do Tribunal de Justiça para julgar prefeitos restringe-se aos crimes de competência da justiça comum estadual; nos demais casos, a competência originária caberá ao respectivo tribunal de segundo grau.

Ressalta-se que a CF/1988 estabeleceu a competência originária do STF, do STJ e dos Tribunais Regionais Federais (TRF), conforme o caso, para processar e julgar determinadas autoridades dos Estados e da União, por prática de crimes comuns e de responsabilidade. Em tal contexto constitucional, essas autoridades estarão sujeitas à jurisdição desses Tribunais, inclusive, nas hipóteses de responderem por prática de crime militar.

Exemplo: os Juízes Federais da Justiça Militar e os membros do Ministério Público Militar, de 1º grau, serão processados e julgados, por prática de **crime militar**, junto ao TRF, com jurisdição sobre o lugar onde o crime militar tenha ocorrido, conforme o art. 108, I, *a*, da CF/1988; enquanto os Subprocuradores-Gerais de Justiça Militar, em atuação junto ao STM, serão processados e julgados, por prática de crime militar, perante o STJ, conforme o art. 105, I, *a*, da CF/1988.

Nesse sentido, devem ser consideradas as **competências originárias** desses Tribunais, para processar e julgar as autoridades federais e estaduais, por prática de **crime militar**, como, por exemplo, aquelas previstas nos arts. 102, I, *b* e *c*, e 105, I, *a*, todos da CF/1988.

3.2.3 Qualificação do acusado

Na denúncia deve constar o nome, idade, filiação, profissão, residência, CPF, identidade, alcunhas e outros esclarecimentos como características físicas, impressões dactiloscópicas, cicatrizes ou sinais, que possam identificar o denunciado.

O acusado deve estar, devidamente, identificado, de modo a evitar-se constrangimentos indevidos à pessoa não relacionada com o fato criminoso, devendo a denúncia trazer o máximo de informações possíveis à sua identificação. Sendo o acusado militar, deverá ser informada a sua graduação ou posto e a organização onde serve, objetivando sua requisição para citação e apresentação para as audiências quando necessária.

3.2.4 Tempo e lugar do crime

O crime é um fato que ocorre no contexto da vida, razão pela qual saber quando, onde e em quais circunstâncias ocorreu torna-se indispensável à persecução penal e à instrução processual penal militar. O tempo e o lugar do crime militar são tratados pelos arts. 5º e 6º do CPM.

Definir o momento do crime militar importa para verificar se o imputado à época do fato era penalmente imputável; e se o crime não está prescrito. O lugar do crime serve para os fins de fixação da competência do órgão judicial militar, que será detalhada adiante.

Jorge César de Assis (2012, p. 148) afirma que sempre que possível a denúncia deverá precisar "dia, mês, horário e lugar onde ocorreu o crime militar" e que há entendimento, no STM de que a falta da data exata do crime não inviabiliza o recebimento da denúncia, desde que contenha um **período estimado** (*v.g.*: no primeiro semestre de 2019, em outubro de 2018, no período de formação básica dos recrutas da turma de 2020) e contiver os demais requisitos do art. 77 do CPPM.

3.2.5 Qualificação do ofendido e a designação da pessoa jurídica ou instituição prejudicada ou atingida, sempre que possível

Em muitas espécies dos crimes militares há um indivíduo que sofre, concretamente, as consequências diretas da conduta criminosa, e, por isso, necessita ser identificado, não somente para efeitos processuais (probatório) ou indenizatórios (efeitos da condenação), mas como forma de se prestigiar os primados da dignidade da pessoa humana, quebrando-se a lógica, ainda corrente no processo penal brasileiro, de banalização da vítima.

A **vítima** que sofre a conduta criminosa, tanto quanto possível, deve ser individualizada e, se for militar, deverá ser informada à sua graduação ou posto e a organização onde serve, objetivando à sua requisição quando necessário.

3.2.6 Exposição do fato criminoso, com todas as suas circunstâncias

A doutrina, majoritariamente, sustenta que o réu se defende dos fatos imputados na peça acusatória, considerando, em regra, irrelevante a classificação jurídica deles, orientação com a qual não concordamos, por entender que ela destoa do atual desenvolvimento do Processo Penal Militar contemporâneo. Os membros do MPM são profissionais de elevada qualificação jurídica e dotados de prerrogativas constitucionais e legais que tornam injustificável, no nosso entender, que a denúncia penal não traga, além das exposições dos fatos criminosos, também a sua correlata classificação jurídico-penal.

Nesse sentido, merece transcrição o entendimento de Aury Lopes Jr. (2012, p. 425):

> Quanto à classificação do crime, pensamos ser um dado muito relevante, pois define contornos jurídicos da acusação e pauta o trabalho da defesa. Isso porque não podemos mais a essa altura da complexidade que envolve a vida social, o ritual judiciário e a própria Administração da Justiça seguir com a ingênua crença de que "o réu se defende dos fatos narrados e não da tipificação legal".

Em que pese tal assertiva, predomina o entendimento de que são os fatos e não a tipificação penal que limitam a sentença, sendo certo que a narrativa do fato criminoso deve ser a mais completa e objetiva, não se admitindo acusações vagas e imprecisas, sob pena de prejuízo ao exercício do contraditório e da ampla defesa, podendo, inclusive, resultar na inépcia ou nulidade da denúncia.

Jorge César de Assis (2012, p. 149) sustenta que a denúncia deve ser precisa, contendo todas as circunstâncias e elementares do fato criminoso, ressaltando que a "omissão de alguma circunstância acidental (não constitutiva do tipo penal militar)" não invalidaria a denúncia, a qual poderia ser suprida, "a todo tempo, antes da sentença final".

Portanto, se for atribuído ao réu a prática de crime culposo, deve ser demonstrada a imprudência, negligência ou imperícia; de igual modo, deve ser descrita a atitude de desrespeito do agente no delito de desrespeitar superior etc.

Contudo, a jurisprudência tem flexibilizando a regra da objetividade da narrativa do fato criminoso, nas hipóteses de concurso de agentes, crimes de autoria coletiva e nos denominados crimes econômicos, ante a dificuldade de individualização das condutas que se tornam naturalmente complexas quando desempenhadas por vários autores.

Aury Lopes Jr. (2012, p. 426), embora se posicione contrário a esse entendimento, reconhece a aceitação dessa prática em sede jurisprudencial, *verbis*:

> (...) destacamos que a jurisprudência brasileira tem oscilado muito, predominando o entendimento de que, em situações excepcionais, diante da gravidade e complexidade objetiva (situação fática) e subjetiva (número de agentes) do fato, deve-se admitir a denúncia genérica, que não individualiza plenamente a conduta de cada agente, desde que não inviabilize o direito de defesa (eis aqui o problema...).

Tema relevante em matéria de imputação penal, diz respeito a possibilidade ou não das denominadas **denúncias alternativas**, quando são atribuídas, na peça acusatória, mais de uma conduta criminosa ao acusado, com a ressalva de que somente uma delas, de fato, fora praticado pelo mesmo, em regra devido à incerteza do quadro fático indiciário previsto no IPM.

As **imputações alternativas** violam o princípio do **contraditório** e o próprio princípio da obrigatoriedade da ação penal, prevista no art. 30, *caput*, e alíneas do CPPM, uma vez que se o órgão ministerial não está convencido de que o acusado tenha praticado crime militar certo e definido, não deveria denunciá-lo, ainda.

Claudio Amin Miguel e Nelson Coldibelli (2000, p. 67), em relação ao tema, valendo-se da lição de Ada Pellegrini, argumentam que em respeito aos princípios constitucionais, cabe ao Ministério Público imputar na denúncia **fato preciso**, e se ao final da instrução criminal entender que outro delito teria sido cometido, deverá aditá-la, iniciando-se uma nova instrução criminal.

Em relação ao **aditamento da denúncia**, a despeito de o CPPM não possuir preceito correlato ao art. 569 do CPP, autorizando a supressão de eventuais omissões da denúncia, até a prolação da sentença, mostra-se absolutamente aplicável tal medida no Processo Penal Militar, em conformidade com o art. 3º, *a*, do CPPM.

RECURSO CRIMINAL CONTRA DECISÃO DO JUIZ-AU-
DITOR QUE INDEFERIU PRETENSÃO MINISTERIAL
DE ADITAMENTO À DENÚNCIA (art. 516, *b*, do CPPM).
INDÍCIOS DE COMETIMENTO DE CRIME POR PARTE
DE TESTEMUNHA. 1. O Ministério Público pode aditar a
denúncia antes da sentença, desde que surjam, na fase instrutória, novos elementos de prova capazes de fundamentar seu
pleito, em aplicação do art. 80 do Código de Processo Penal
Militar c/c o art. 569 do Código de Processo Penal comum.
2. É de se deferir requerimento ministerial de aditamento
à Denúncia desde que preenchidos os requisitos do art. 77
do CPPM e os novos fatos guardem conexão com a conduta descrita originariamente, de forma a exigir a unidade do
processo. Recurso ministerial conhecido e provido. Decisão
Unânime (STM. Recurso Criminal nº 2002.01.006965-3/RS.
Rel. Min. José Coelho Ferreira. Julgado em 20.06.2002).

3.2.7 Razões de convicção ou presunção da "delinquência"

Trata-se da narrativa lógica e circunstanciada, contendo as
justificativas pelas quais o MPM está convencido da existência do
crime; da autoria e culpabilidade do acusado; a conformidade desses elementos com a imputação jurídica e pedido acusatório dirigido ao órgão judicial competente. Há precedente no STM reconhecendo que a falta desses requisitos de convicção importa na
rejeição da denúncia, por falta de **justa causa**:

HABEAS CORPUS. HOMICÍDIO, LESÃO CORPORAL E
DANO CULPOSOS. TRANCAMENTO DE AÇÃO PENAL.
ACIDENTE COM HELICÓPTERO. VIOLAÇÃO DO DE-
VER DE CUIDADO. INEXISTÊNCIA. AUSÊNCIA DE JUS-
TA CAUSA. 1. Impetração que visa ao trancamento de ação
penal instaurada por denúncia que imputou conduta culposa
ao piloto e ao instrutor de aeronave militar acidentada em
operação de treinamento realizada na Serra do Cachimbo,

Estado do Pará. 2. É requisito da denúncia a demonstração das razões de convicção ou presunção de delinquência, como garantia de que se funda em prova de fato que constitui crime em tese e indícios de autoria. A ausência dessa demonstração impõe o reconhecimento de inépcia da denúncia. Admitir-se denúncia sem esse requisito significa conceder ao Promotor de Justiça poderes incompatíveis com sua função institucional. 3. Inocorrência, ademais, de conduta violadora do dever objetivo de cuidado pelos pacientes, afastando a necessária justa causa para a ação penal, que deve ser trancada. 4. O *habeas corpus* é remédio constitucional adequado à apreciação da existência, ou não, de justa causa para a ação penal, mesmo que exija a apreciação de provas. 5. Ordem concedida. Votação Unânime (STM. HC n° 2005.01.034113-7/PA. Rel. Min. Flavio Flores da Cunha Bierrenbach. Julgado em 16.12.2005).

3.2.8 Classificação do crime

Conforme mencionado, predomina o entendimento de que são os fatos e não a correta classificação jurídica deles que limitam a sentença, sendo bastante comum a utilização do brocardo jurídico *juria novit curia*, para justificar tal assertiva, uma vez que o juiz teria pleno conhecimento da legislação.

Jorge César de Assis (2012, p. 149-150) compartilha do entendimento de que "a classificação jurídica do fato criminoso não é requisito essencial à denúncia", ressaltando a possibilidade de o Conselho de Justiça, durante a sessão de julgamento, dar ao fato solução jurídica diferente daquela constante da denúncia, ainda que "tenha de aplicar pena mais grave", fazendo alusão ao art. 437 do CPPM.

Art. 437. O Conselho de Justiça poderá:

a) dar ao fato definição jurídica diversa da que constar na denúncia, ainda que, em consequência, tenha de aplicar pena mais grave, desde que aquela definição haja sido formulada pelo Ministério Público em alegações escritas e a outra parte tenha tido a oportunidade de respondê-la.

3.2.9 Rol de testemunhas

A apresentação do rol de **testemunhas numerárias** arroladas pelo MPM (art. 77, *h*) deve ser feito no corpo da **denúncia** ou em anexo. É **facultado** ao Ministério Público deixar de arrolar testemunhas (art. 77, parágrafo único), caso disponha de prova documental suficiente ao oferecimento da denúncia, *v.g.*, extratos bancários e laudo pericial contábil no estelionato previdenciário (art. 251), laudo pericial documental ou grafotécnico na falsidade (art. 311), injúria ou calúnia produzidas por meio escrito, e, segundo Jorge César de Assis (2012, p. 150), nos casos de deserção (art. 187) e insubmissão (art. 183).

Além dessas testemunhas numerárias poderão ser ouvidas, ainda, no curso do processo, **testemunhas extranumerárias**, como as **informantes** (que não prestam compromisso de dizer a verdade) e as **referidas** (citadas na oitiva de outras testemunhas), consideradas como testemunhas do juízo. Acerca da natureza, deveres e espécies de testemunhas: **consultar** item 8.9 (**testemunhas**) do Capítulo 8 (atos probatórios).

Importante!

Acerca da **quantidade** de **testemunhas** arroladas pelas partes (MPM e Defesa), a jurisprudência pretoriana deu interpretação conforme o texto constitucional e rompeu com as limitações e distinções contidas nos arts. 77, *h*, e 417, §§ 1º e 2º. Para tanto, **consultar** o item 9.5 (**testemunhas de acusação**) e item 9.6 (**testemunhas de defesa**) do Capítulo 9 (**procedimento ordinário**). No mesmo sentido é doutrina de Claudio Amin Miguel e Nelson Coldibelli (2000, p. 146).

3.2.10 Pedido de condenação

Não consta no rol dos arts. 77 do CPPM e 41 do CPP comum, como um dos requisitos da denúncia, todavia concordamos com Jorge César de Assis (2012, p. 150), no sentido de que sendo o Ministério Público o "Estado-Acusação", não se concebe uma denúncia em que não esteja presente, de forma inequívoca, o pedido de condenação do réu na forma da lei. O referido autor sustenta que se o MP se convencer, no decorrer da instrução processual, que o réu é inocente, deverá pedir a absolvição em alegações finais, mas que 'por ocasião da apresentação inicial', o pedido será, sempre, de condenação.

A sustentação da necessidade de um pedido formal e determinado de condenação, na denúncia, é coerente com o modelo de sistema penal acusatório e com os princípios constitucionais balizadores do Processo Penal Militar.

3.2.11 Prazo para oferecimento da denúncia

Havendo prova da existência de fato que, em tese, constitua crime militar e indícios de autoria, o MPM deverá oferecer a denúncia dentro do prazo, improrrogável, de **cinco dias**, se o **indiciado** estiver **preso**; ou de **15 dias** se estiver **solto**, prazo este (indiciado solto) que poderá ser duplicado ou triplicado, em casos necessários.

A contagem desses prazos inicia-se da data do recebimento dos autos do IPM ou das peças de informações indiciárias que permitam ao MPM formar sua *opinio delicti*, devendo o juiz manifestar-se dentro de 15 dias sobre ela, em conformidade com o art. 79, *caput* e § 1º, do CPPM.

A redação do referido dispositivo deve ser interpretada em conformidade com a CF/1988, motivo pelo qual **não cabe** ao **Poder Judiciário autorizar tal prorrogação**, tendo em vista que a CF/1988 reservou ao MPM, com exclusividade, a decisão sobre o oferecimento ou não da peça acusatória; portanto, por imperativo lógico, caberá, também, ao MPM dispor do prazo máximo legal, incluindo os limites de prorrogação previstos, sem que demande qualquer autorização do Judiciário.

Amin e Coldibelli sustentam que o Juiz deve ser informado caso o MPM se valha da prorrogação, uma vez que o Juiz "atua como fiscal do princípio da obrigatoriedade", podendo, inclusive, comunicar ao Procurador-Geral da Justiça Militar, nos termos do § 2º do art. 79 do CPPM, caso constate conduta protelatória do membro do *Parquet*, por ausência de "motivos para que não se manifeste dentro do prazo inicial" (MIGUEL; COLDIBELLI, p. 72-73).

No próximo capítulo, será abordado o recebimento da denúncia e, consequentemente, a instauração do ação penal militar.

3.2.12 Requisição de informações do MPM no curso do processo

Dentre as prerrogativas institucionais do MPM está o de requisitar informações e documentos para instruir procedimentos diversos de sua atribuição, nos termos do art. 129, VII, da CF/1988 c/c art. 8°, I, da Lei Complementar n° 75/1993 e art. 26, I, *b*, da Lei n° 8.625/1993.

Ocorre que a possibilidade de o MPM requisitar "maiores esclarecimentos, de documentos complementares ou de novos elementos de convicção", conforme estabelece o art. 80 do CPPM, de forma direta e sem a intermediação do Juiz, no curso do Processo Penal Militar, mostra-se incompatível com os princípios constitucionais do contraditório e da ampla defesa, consoante destacam Claudio Amin Miguel e Nelson Coldibelli (2000, p. 74):

> A interpretação do inc. VIII do art. 129 da Constituição da República não conduz à conclusão de que é possível ao MPM requisitar diligências diretamente durante a instrução criminal. Nem numa interpretação isolada do dispositivo, muito menos ao confrontá-lo com o inc. LV do art. 5°, também da Constituição, que trata do Princípio do Contraditório, direito fundamental, sendo cláusula imutável. Portanto, uma vez estabelecida a triangulação processual, todos os reque-

Da ação penal militar e do seu exercício **87**

rimentos devem passar pelo Juiz a fim de este possa se pronunciar sobre o pedido, e ainda possibilitando à defesa que tome conhecimento das diligências solicitadas, bem como a decisão proferida pelo Juiz. Caso seja deferido o requerimento ministerial, a defesa poderá utilizar os remédios jurídicos, visando a sustação daquela medida.

3.2.13 Rejeição da denúncia

O art. 78 do CPPM trata do rol taxativo das hipóteses em que a peça de acusação deixará de ser recebida.

As inovações trazidas pela Lei n° 11.719/2008, no que concerne às hipóteses e procedimentos relativos à rejeição da denúncia e da absolvição sumária previstos nos arts. 395 a 398 do CPP comum não tem merecido acolhida no Processo Penal Militar, em observância ao princípio da especialidade e índole do Processo Penal Militar.

Jorge de Assis entende que o rol do art. 78 do CPPM "não admite ampliação" e que a rejeição da denúncia fora das hipóteses do referido artigo constituir-se-ia "em verdadeira frustração ao direito de acesso à jurisdição, previsto no art. 5°, XXXV, da Carta Magna" (ASSIS, 2012, p. 154).

A decisão que rejeita a denúncia deverá ser motivada, fazendo-se referência à hipótese legal que serviu de fundamento à rejeição (art. 93, inciso IX, da CF/1988).

Dica!

No caso de rejeição de denúncia, qual o recurso cabível e o prazo para sua interposição?[2]

---

2. Nos termos dos arts. 516, *d*, e 518 do CPPM, iniciada a contagem do prazo da efetiva intimação, caberá a interposição do Recurso em Sentido Estrito – num prazo de três dias – da decisão que rejeitou a denúncia, no todo ou em parte. As razões desse Recurso em Sentido Estrito deverão ser oferecidas no prazo de cinco

Segundo o art. 78 do CPPM, são quatro as hipóteses em que a denúncia não será recebida, que serão analisadas a seguir.

3.2.13.1 Ausência dos requisitos expressos do art. 77 do CPPM

Trata-se da verificação da regularidade formal da denúncia, que na falta de algum dos requisitos do art. 77 será devolvida ao MPM para que a complete dentro de três dias, contados da data do recebimento dos autos, sob pena de sua rejeição. De tal decisão caberá o **recurso em sentido estrito**, nos termos da alínea *d* do art. 516 do CPPM.

A decisão de rejeição da denúncia não obsta que o MPM ofereça nova denúncia, a qualquer tempo, enquanto não houver transcorrido o prazo da prescrição da ação penal, uma vez preenchidos os requisitos do art. 77, inclusive, ante o surgimento de novas provas, em relação ao fato, ao indiciado ou a terceira pessoa, envolvida na prática delitiva.

3.2.13.2 O fato não constitui crime

Embora a literalidade da alínea *b* do art. 78 do CPPM registre: "b) se o fato narrado não constituir evidentemente crime da competência da Justiça Militar", o legislador disse mais do que gostaria, pois tal alínea contempla apenas a rejeição de denúncia pela não constituição de crime militar, pela ausência dos elementos objetivos (materialidade) e subjetivos (autoria) do injusto penal.

---

dias (art. 519 do CPPM). Com a adoção do processo eletrônico (e-Proc) na JMU: "As intimações eletrônicas realizadas pelo sistema e-Proc consideram-se concretizadas, expressamente, no dia em que o intimando efetivar a consulta eletrônica ao teor da intimação ou, de forma tácita, após o término do prazo de 10 (dez) dias da data de sua disponibilização, conforme apregoa o art. 5°, §§ 1° e 3°, da Lei n° 11.419/2006" (STM. Recurso em Sentido Estrito n° 7000293-57.2020.7.00.0000. Rel. Min. Francisco Joseli Parente Camelo. Julgado em: 10.09.2020).

Da ação penal militar e do seu exercício **89**

Importante!

Não se trata de conflito de competência, jurisdição ou atribuição, que estão contemplados na alínea *d* do art. 78; mas tão somente hipótese de **atipicidade** (formal ou material) **da conduta**, consoante emprego da **interpretação lógico-teleológica restritiva.**

Observação

Contra tais decisões de rejeição, caberá o **recurso em sentido estrito**, na forma do art. 516, *d*, do CPPM.

Doutra feita, poderá o juiz, também, se convencer que o fato narrado apesar de não constituir crime, caracteriza contravenção/transgressão disciplinar militar, devendo nesse caso rejeitar a denúncia, remetendo cópia dessa decisão ao comandante do militar infrator, para as providências disciplinares que entender cabíveis.

No ambiente castrense, muitas vezes, a resposta disciplinar militar mostra-se mais efetiva à tutela dos bens e interesses das instituições militares do que a sanção penal, a qual deve se reservada para reprimendas de condutas ilícitas de grau lesivo mais gravoso a esses mesmos valores.

3.2.13.3 *Extinção da punibilidade*

A **extinção da punibilidade** é matéria de ordem pública e deverá ser reconhecida pelo juiz, de ofício ou a requerimento das partes, em qualquer fase do processo, sendo necessariamente ouvido o MPM, na qualidade de titular da ação penal, quando não for dele o pedido, conforme reza o art. 81 do CPPM.

Nesse sentido, o juiz deverá rejeitar a denúncia caso constate quaisquer das hipóteses legais de **extinção da punibilidade**, previstas no art. 123 do CPM (morte do agente, anistia ou indulto; *abolitio criminis*; prescrição; reabilitação; ressarcimento do dano, no peculato culposo [art. 303, § 4°]), bem como a retratação ou declaração da verdade, em relação ao crime de falsidade, na forma do art. 346, § 2°, do CPM.

Em relação a extinção da punibilidade pela **morte do agente**, o parágrafo único do art. 81 do CPPM prescreve que não será declarada a extinção da punibilidade sem a certidão de óbito correspondente. Transitada em julgado tal decisão, e, posteriormente, confirmando-se a falsidade da certidão de óbito, não se poderá renovar o processo criminal, respondendo, conforme o caso os autores do falso, pelo crime correspondente.

Contra a decisão de rejeição da denúncia, em razão da extinção da punibilidade, caberá o **recurso em sentido estrito**, na forma do art. 516, alínea *d*, do CPPM.

3.2.13.4 *Incompetência do juiz e ilegitimidade do acusador*

Como já abordado, a competência da Justiça Militar está restrita ao julgamento de **crimes militares** definidos em lei, não sendo possível a nenhum dos órgãos da JMU ou JME processar e julgar crimes de qualquer outra natureza.

Pode acontecer que ao examinar a denúncia, o juiz se convença que o fato narrado não caracterize crime militar, mas crime comum, nesse caso deverá rejeitar a denúncia, com base no **art. 78, *d***, do CPPM.

Observação

Os crimes contra a **segurança nacional, contidos na Lei de Segurança Nacional** (Lei n° 7.170/1983), foram revogados pela Lei n° 14.197/2021, que acrescentou no Título XII da Parte Especial do Código Penal (comum), os crimes **contra o Estado Democrático de Direito** (art. 359-I a 359-T). Todavia, a competência para o processamento e julgamento desses delitos permanece afeta à Justiça Federal, nos termos do art. 109, IV, da CF/1988. Lembrar que a Lei Penal Militar contém crimes contra a **segurança externa** do **País** (arts. 136 a 148 do CPM).

Pode acontecer, ainda, que a denúncia contenha fato criminoso da competência da justiça militar, mas foi direcionada a órgão judicial castrense incompetente, *v.g.*, o fato criminoso foi praticado em lugar diverso daquela jurisdição ou por autoridade com prerrogativa de foro, *v.g.*, denúncia envolvendo Oficial--General, o que atrairá a competência originária do STM. Nessas hipóteses, a autoridade judiciária militar deverá remeter os autos para o juízo competente (*declinatio fori*).

Exemplo: se o MPM oferece denúncia contra um Coronel, junto à Auditoria Militar da 2ª CJM, com sede em São Paulo, mas o crime tenha ocorrido no Rio de Janeiro, o Juiz Federal da JMU, deverá declarar-se incompetente e remeter os autos à 1ª CJM, com sede na capital fluminense.

Observação

Se o Juiz Federal da Auditoria da 1ª CJM, ao receber a *declinatio fori* do seu colega de São Paulo, constatar que o Coronel denunciado foi promovido a Oficial-General, deverá declarar-se incompetente e remeter os autos para o STM.

No que se refere a (i)legitimidade do acusador, as legislações afetas ao Ministério Público da União (LC nº 75/1993) prevê a distribuição das atribuições ministeriais para a atuação perante as Auditorias Militares, onde funcionarão os Promotores e Procuradores de Justiça Militar, e o STM, onde atuarão os Subprocuradores-Gerais da Justiça Militar.

Assim, faltará legitimidade tanto aos Subprocuradores--Gerais para atuarem nas Auditorias Militares, como aos Procuradores e Promotores da Justiça Militar para atuarem no STM, sendo certo que a rejeição da denúncia, em tais hipóteses não obstará o oferecimento de nova denúncia, pelo órgão ministerial competente, respeitado o princípio do **promotor natural.**

3.3 Ação civil *ex delicto*

A sentença penal condenatória transitada em julgado, também, gera efeitos extrapenais para o condenado, como na obrigação de reparação da vítima ou, no caso de sua morte, dos seus sucessores, conforme estabelecem os arts. 91, I, do Código Penal (CP) e 109, I, do CPM.

> **Art. 91.** São efeitos da condenação:
>
> I – tornar certa a obrigação de indenizar o dano causado pelo crime;
>
> (...)
>
> **Art. 109.** São efeitos da condenação:
>
> I – tornar certa a obrigação de reparar o dano resultante do crime;

Em que pese a indenização ser um dos efeitos da condenação criminal, essa obrigação possui natureza cível, devendo a ação indenizatória ser ajuizada contra o condenado pelo crime.

A ação civil *ex delicto* é tratada pelo art. 63, *caput* e parágrafo único, do CPP:

> **Art. 63.** Transitada em julgado a sentença condenatória, poderão promover-lhe a execução, no juízo cível, para o efeito da reparação do dano, o ofendido, seu representante legal ou seus herdeiros.
>
> Parágrafo único. Transitada em julgado a sentença condenatória, a execução poderá ser efetuada pelo valor fixado nos termos do inciso IV do *caput* do art. 387 deste Código sem prejuízo da liquidação para a apuração do dano efetivamente sofrido.

Embora a **ação civil *ex delicto*** não seja tratada pelo CPPM, Jorge César de Assis (2012, p. 28-29) sustenta a possibilidade do seu ajuizamento, objetivando a reparação do dano decorrente de crime militar.

No caso de excludentes de ilicitude real ou putativa, no qual a pessoa lesada ou o dono da coisa destruída ou danificada não forem responsáveis pela agressão ou perigo, embora excluída a ilicitude do fato, para fins penais, mesmo assim poderá haver a responsabilização civil por parte daquele que tenha agido acobertado por essas excludentes de ilicitude.

4

Do Processo Penal Militar

4.1 Do processo

Variados são os conceitos de "processo". Célio Lobão (2009, p. 39), ao tratar do tema, fazendo alusão às lições de Frederico Marques, Hélio Tornaghi e Ferrándiz, discorre sobre a diferença entre processo e procedimento; enquanto aquele é conjunto de atos sistematizados dirigidos à composição de conflitos de interesses, este é a forma sequencial e metodológica que se desenvolve.

Observação

Há três grandes momentos da relação processual penal militar (ASSIS, 2012, p. 28-29): o **início**, quando o juiz recebe a denúncia; **efetivação**, quando o acusado é regularmente citado; e **extinção**, quando a sentença definitiva se torna irrecorrível.

> **Art. 35.** O processo inicia-se com o recebimento da denúncia pelo juiz, efetiva-se com a citação do acusado e extingue-se no momento em que a sentença definitiva se torna irrecorrível, quer resolva o mérito, quer não.

Guilherme Nucci (2019, p. 71) sustenta que "em direito processual penal, não há extinção do processo, sem julgamento do mérito", tendo em vista que quando se julga extinta a punibilidade, afastando-se a pretensão punitiva, estar-se-ia "em sentido amplo", julgando-se o mérito.

4.2 Casos de suspensão do Processo Penal Militar

O CPPM estabelece hipóteses em que a **marcha** do processo é **suspensa**, enquanto se aguarda a solução de determinadas situações de direito material ou processual, a fim de elidir eventual prejuízo na análise e julgamento da matéria de mérito, que é objeto do processo.

4.2.1 Conflito positivo de competência

Quando dois órgãos judiciais consideram-se, igualmente, competentes para processar e julgar um mesmo fato, o relator do feito, onde for suscitado o referido conflito, poderá ordenar a suspensão do processo até decisão final, acerca de qual seria o juiz competente para processar e julgar a matéria (art. 115).

> CORREIÇÃO PARCIAL. AUTOS SOBRESTADOS NA PRIMEIRA INSTÂNCIA. ARGUIÇÃO DE CORREIÇÃO PARCIAL PELO MINISTÉRIO PÚBLICO MILITAR. CONFLITO DE COMPETÊNCIA AGUARDANDO JULGAMENTO PELO STJ. LITISPENDÊNCIA. I – Acusados de terem agido com imperícia e negligência no exercício da atividade médica quando dos atendimentos prestados a um paciente menor que veio a óbito. Prática do delito previsto no art. 206, § 1º, do Código Penal Militar. Denúncia perante o Conselho Especial de Justiça da 3ª Auditoria da 3ª Circunscrição Judiciária Militar. Réus também foram denunciados pelo mesmo fato perante a Justiça Estadual, desta vez por homicídio doloso, tipificado no art. 121, § 4º, segunda parte, do Código Penal Brasileiro. II – Conflito de Competência entre a Justiça Militar e a Justiça Comum Estadual. Matéria já levada ao STJ

Do Processo Penal Militar **97**

e pendente de julgamento naquela Corte Superior. Correta a Decisão de Primeira Instância Militar que sobresta o andamento dos autos até que se ultime o julgamento do STJ sobre a competência para prosseguir o processamento do feito. Correição Parcial indeferida. Unânime (Correição Parcial nº 47-10.2013.7.03.0303/RS. Rel. Min. Marcus Vinicius Oliveira dos Santos. Julgado em 15.08.2013).

4.2.2 Questões prejudiciais (arts. 122 a 127)

O Juiz poderá **suspender o curso do processo**, sempre que houver **questões** fáticas de **direito material** que, por imperativo lógico, devem ser analisadas antes do julgamento da questão do mérito discutida no processo principal.

4.2.3 Suspeição ou impedimento (arts. 129 a 142)

A arguição de suspeição ou impedimento precederá qualquer outra, salvo quando fundada em motivo superveniente. O Juiz e os demais sujeitos do processo podem *ex officio* declarar-se suspeitos e impedidos.

Se o Juiz **aceitar** a arguição de suspeição ou impedimento interposta pelas partes, ele **suspenderá** a marcha do **processo** e, por despacho fundamentado, se declarará suspeito e encaminhará os autos para a outro Juiz.

Não aceitando a suspeição ou impedimento, o juiz mandará autuar em separado o requerimento, dará a sua resposta dentro em três dias, podendo instruí-la e oferecer testemunhas. Em seguida, determinará a remessa dos autos apartados, dentro em vinte e quatro horas, ao Superior Tribunal Militar, que processará e decidirá a arguição.

A arguição de juiz militar do Conselho de Justiça seguirá o mesmo rito do Juiz Federal da Justiça Militar ou do Juiz de Direito da Vara da Auditoria Militar.

As suspeições e impedimentos referentes a membros do Ministério Público, perito, intérprete e serventuário da Justiça serão decididas, sem recurso, pelo magistrado *a quo* da Justiça Militar; podendo, em alguns casos, admitir a produção de provas no prazo de três dias.

> **Dica!**
>
> Quais são as hipóteses em que cabem recurso das decisões de arguição de impedimento e suspeição dos diversos sujeitos do processo (juízes, procuradores, peritos, intérpretes, serventuários ou funcionários da Justiça etc.), seja declarada (espontaneamente) ou arguida?[1]

4.2.4 Litispendência (arts. 148 a 152)

A **litispendência** pode ser reconhecida *ex officio* pelo Juiz, pelo Conselho de Justiça ou arguida por qualquer das partes. Caso o arguente não possa apresentar a prova da alegação, o juiz poderá conceder-lhe prazo para que o faça, **podendo**, a critério do magistrado, **suspender a marcha do processo**.

4.2.5 Incidente de insanidade mental (arts. 156 e 162)

A **imputabilidade** do acusado é aferida por meio da instauração de incidente, em autos apartados dos principais (art. 156); portanto, tal temática será abordada no Capítulo que trata das **questões incidentais**.

Contudo, o juiz determinará a **suspensão do processo** quando a presença do acusado submetido a exame pericial for indispensável à produção de provas ou, ainda, naqueles casos em que o

---

[1]. Ver arts. 6°, 128, *a*, 133, *caput, in fine*, 138, 140, 142, 516, *f*, do CPPM; e art. 116, § 3°, do Regimento Interno do STM.

acusado for acometido de doença mental superveniente à prática do crime, perdurando a suspensão enquanto não se restabelecer.

Jurisprudência do STM:

> EMBARGOS DE DECLARAÇÃO. OMISSÃO E OBSCU-RIDADE. NÃO OCORRÊNCIA. INSANIDADE MEN-TAL. NÃO DECLARADA. **SUSPENSÃO DO PROCESSO.** INADMISSÍVEL. Não há omissão, contradição ou obscuridade a reparar, motivo pelo qual o efeito modificativo pretendido pelo Embargante não encontra respaldo. O Laudo Médico, realizado pela Unidade Integrada de Saúde Mental do Hospital das Forças Armadas, embasou a Decisão do Colegiado a quo para a suspensão do feito. Entretanto, em que pese concluírem os experts pela existência de uma "doença mental" do periciando, igualmente concluem que a referida enfermidade não retira ou diminui a capacidade de cognição do Acusado para ser interrogado. Não houve, portanto, omissão quanto ao estado mental do Acusado. Considerou-se, entretanto, que a suspensão do processo, nos moldes estabelecidos pelo art. 161 do CPPM, demandaria uma doença incapacitante, que lhe retirasse a capacidade de discernimento e, por conseguinte, a possibilidade de ser inquirido em Juízo. Embargos Declaratórios não acolhidos. Decisão unânime (STM. Embargos de Declaração nº 7000079-71.2017.7.00.0000. Rel. Min. Péricles Aurélio Lima de Queiroz. Julgado em 15.02.2018 – grifos nossos).

4.2.6 Incidente de falsidade de documento (arts. 163 a 169)

A falsidade documental será apurada por meio da instauração de incidente, em autos apartados do principal, motivo pelo qual também será mais bem estudada no Capítulo que trata das **questões incidentais.**

Por ora, cabe destacar que o juiz poderá **suspender a marcha processual** até a apuração da falsidade, se imprescindível para a condenação ou absolvição do acusado, sem prejuízo, entretanto, da continuidade das demais diligências que não dependam daquela apuração.

4.3 Caso de extinção do Processo Penal Militar

O CPPM estabelece hipóteses em que o **processo será extinto**, mesmo não havendo uma sentença absolutória ou condenatória.

4.3.1 Reconhecimento das causas de extinção da punibilidade

O **art. 123** do **CPM** relaciona as causas que extinguem a punibilidade e, por consequência, levam à extinção do Processo Penal Militar, são elas: a morte do agente; a anistia ou indulto; a retroatividade de lei que não mais considera o fato como criminoso (*abolitio criminis*); a prescrição (geral e especial); a reabilitação e o ressarcimento do dano, no peculato culposo.

A extinção da punibilidade poderá ser reconhecida e declarada em qualquer fase do processo, de ofício ou a requerimento de qualquer das partes, ouvido o Ministério Público, se deste não for o pedido (art. 81).

4.3.2 Reconhecimento da coisa julgada (art. 153)

O juiz que reconhecer que o feito sob seu julgamento já foi, quanto ao fato principal, definitivamente julgado por sentença irrecorrível, mandará arquivar a nova denúncia.

4.4 Jurisdição e competência da Justiça Militar

Jurisdição é o poder-dever de o Estado conhecer e decidir, tempestivamente, os conflitos de interesses, por meio de seus órgãos jurisdicionais, aplicando o Direito ao caso concreto e de impor suas decisões aos jurisdicionados.

Competência é a delimitação desse poder-dever "jurisdicional", "é o âmbito dentro do qual cada órgão jurisdicional exerce a jurisdição (PACHECO, 2008, p. 290). Para fins de fixação da competência, são usados critérios, como a **matéria** a ser julgada; a **pessoa** ser processada; e o **lugar** onde ocorreu a **infração** penal.

A jurisdição, por ser una, não comporta, a rigor, classificação em categorias. Entretanto, a doutrina fala, didaticamente, em **espécies ou divisões da jurisdição**: quanto à **matéria**: penal, civil, trabalhista, eleitoral e **militar**; quanto à **função**: ordinária ou comum (Justiça Estadual e Federal) e especial ou extraordinária (Senado Federal, Justiça Militar, Justiça Eleitoral); entre outras classificações.

A CF/1988 estabeleceu determinados grupos de causas a certos tribunais e juízes, os quais, em conjunto, são chamados de **jurisdições** ou, mais frequentemente, **justiças**. Assim, por exemplo, o organismo judiciário (conjunto de tribunais e juízes) a que compete o julgamento de crimes militares denomina-se **jurisdição militar ou Justiça Militar.**

Portanto, a **jurisdição** ou **Justiça** pode ser classificada (PACHECO, 2008, p. 290) em: a) **Justiças Especiais**: a.1) tribunais e juízes do trabalho (Justiça do Trabalho); a.2) tribunais e juízes eleitorais (Justiça Eleitoral); a.3) tribunais, conselhos (permanente e especial) de justiça militar e juízes militares (Justiça Militar; b) **Justiças Comuns ou Ordinárias**: b.1) tribunais, tribunais do júri e juízes dos Estados-membros (Justiças Comuns Estaduais) e do Distrito Federal (Justiça Comum Distrital); b.2) tribunais regionais federais, juízes federais e tribunais do júri federais (Justiça Federal Comum); e c) **jurisdição política ou extraordinária**: Senado, Câmara dos Deputados, Assembleias Legislativas e órgãos mistos; e d) órgãos jurisdicionais de superposição: Supremo Tribunal Federal e Superior Tribunal de Justiça.

4.4.1 Competência em razão da matéria

Segundo o critério *ratione materiae* a competência jurisdicional será determinada conforme a natureza da infração penal, sendo comum falar-se em Justiça Penal Comum e Especial.

Tomando-se por base a CF/1988, poder-se-ia dizer que a "Justiça Penal" no Brasil divide-se em:

102 Direito Processual Penal Militar

- **Justiça Penal Comum**: formada pela Justiça Penal Federal, cuja competência está delimitada pelo art. 109 da CF/1988 e pelas Justiças Penais dos Estados e do Distrito Federal, que possuem a competência residual, para processar e julgar os crimes que não sejam "crimes federais".
- **Justiça Penal Especial**: formada pela Justiça Penal Eleitoral, na forma do art. 121 da CF/1988, e pela Justiça Militar da União, cuja competência está delimitada pelo art. 124 da CF/1988 e pelas Justiças Militares dos Estados e do Distrito Federal, conforme o art. 125, § 4°, da CF/1988.

4.4.2 Competência em razão da pessoa

A competência *ratione personae*, também denominada de competência por prerrogativa de foro ou funcional, leva em consideração a "qualidade" do sujeito que comete a infração penal, seu cargo, função, designação hierárquica etc.

A CF/1988 e, simetricamente, as Constituições dos Estados e a Lei Orgânica do Distrito Federal, estabelecem quais são as autoridades que fazem jus a tal prerrogativa. Portanto, a competência em razão da pessoa é de natureza constitucional e taxativa.

Na prática, a utilização desse critério pode, em certas circunstâncias, mostrar-se disfuncional e gerar impunidades, razão pela qual, atualmente, questiona-se a necessidade de se manter a existência do foro privilegiado, ante a estatura e a maturidade institucional e democrática do Judiciário brasileiro.

Observação

O **STF**, ao examinar Questão de Ordem da Ação Penal n° 937/RJ, estabeleceu que o **foro por de prerrogativa de função está limitado aos crimes cometidos durante o exercício do cargo**, desde que relacionados com as funções (*munus*) desempenhadas.[2]

---

[2]. Disponível em: http://portal.stf.jus.br/processos/detalhe.asp?incidente=4776682. Acesso em: 10 fev. 2020.

Na **JMU**, seria hipótese de foro por prerrogativa da função o julgamento do comandante do Teatro de Operações Militares, em tempo de guerra, estando o oferecimento da denúncia condicionado à requisição do Presidente da República, na forma do art. 95, parágrafo único, da Lei n° 8.457/1992.

4.4.3 Competência em razão do lugar

A competência *ratione loci* leva em conta o lugar da infração, do domicílio ou da residência do seu autor, para a determinação do juízo competente para processar e julgar o crime.

4.5 Justiça Militar

No Brasil, diferentemente do que ocorre na maioria dos países ocidentais que possuem tribunais militares, os **órgãos da justiça militar integram,** de fato e de direito, o **Poder Judiciário** e exercem a função de **natureza jurisdicional** (e não administrativa), nos termos do inciso VI do art. 92 da CF/1988, sendo judiciais, na acepção da palavra, as decisões promanadas pelas justiças militares:

> **Art. 92.** São órgãos do Poder Judiciário:
>
> (...)
>
> VI – os Tribunais e Juízes Militares;

O tratamento dispensado à Justiça Militar, como integrante do Poder Judiciário, remonta a Constituição de 1934, em que pese já lhe fizesse menção a Constituição de 1891, tendo em vista que seu art. 77 assinalava que os militares de terra e mar teriam foro especial em relação aos crimes militares (LOBÃO, 2009, p. 109).

No cenário das nações, as "Justiças Militares" – tanto em países que adotam a *common law* quanto a *civil law* – são, predominantemente, **instâncias administrativas,** cujos órgãos de julgamento (juízes) e de acusação (promotores públicos) são integrados por militares da ativa, que não possuem as garantias de autonomia, independência, vitaliciedade e inamovibilidade, reconhecidas aos juízes de carreira e membros do Ministério Público, como no Brasil.

Como já mencionado, há duas espécies de Justiça Militar, no Brasil, a Justiça Militar da União (JMU) e a dos Estados (JME), conforme estabelece, respectivamente, os arts. 124, *caput*, e 125, § 4°, da CF/1988:

> **Art. 124.** À Justiça Militar compete processar e julgar os crimes militares definidos em lei.
>
> **Art. 125.** Os Estados organizarão sua Justiça, observados os princípios estabelecidos nesta Constituição.
>
> (...)
>
> § 4° Compete à Justiça Militar estadual processar e julgar os militares dos Estados, nos crimes militares definidos em lei e as ações judiciais contra atos disciplinares militares, ressalvada a competência do júri quando a vítima for civil, cabendo ao tribunal competente decidir sobre a perda do posto e da patente dos oficiais e da graduação das praças. (Redação dada pela Emenda Constitucional n° 45, de 2004.)

Observação

A **competência penal** das Justiças Militares (estadual e federal) é exclusiva para processar e julgar os **crimes militares** definidos em lei, razão pela qual **não há prorrogação** da **competência** da Justiça Militar, em caso de conexão de crimes militares com crimes comuns.

Importante!

Exceção feita às hipóteses contidas no **art. 9°, § 2°**, do CPM, nos demais casos em que houver conexão entre crimes militares e crimes da competência do **Tribunal do Júri**, haverá **separação de processos** e julgamentos: o Tribunal do Júri julgará o crime doloso contra a vida e a Justiça Militar, o crime militar (LIMA, 2019, p. 371).

4.5.1 Justiça Militar Estadual

As Justiças Militares Estaduais possuem **competência penal** para processar e julgar somente policiais militares e bombeiros militares pela prática de crimes militares definidos em lei (*ratione materiae*), **exceto** os crimes dolosos contra a vida, quando a vítima for civil (art. 125, § 4°, CF/1988). Logo, a JME julga somente militares (*ratione personae*).

Além da competência penal, a Emenda Constitucional n° 45/2004 ampliou a competência da JME que passou a julgar **ações judiciais contra atos disciplinares**, entendendo-se como tais as ações ordinárias, cautelares ou mandados de segurança contra atos de autoridades militares, buscando a anulação ou impugnação de punições disciplinares aplicadas aos bombeiros e policiais militares (art. 125, §§ 4° e 5°, CF/1988).

Observação

A **Lei n° 13.967/2019** previa a extinção de aplicação de qualquer **sanção disciplinar restritiva de liberdade** a **policiais e bombeiros militares**, permanecendo aplicáveis as demais espécies de sanção disciplinar (não privativas de liberdade). Contudo, na Sessão Virtual de 13 a 20 de maio de 2022, o Plenário do STF declarou a inconstitucionalidade formal e material da referida Lei Federal, que se destinava tão somente às instituições militares estaduais e do Distrito Federal (ADI n° 6.595).

Segundo Renato Brasileiro de Lima (2019, p. 378), a competência da JME seria *ratione materiae* e *ratione personae*, tendo em vista que ela é "fixada não somente com base em razão da **matéria** – crimes militares –, mas também com base na **condição pessoal** do acusado" (grifos nossos).

Os Tribunais de Justiça Militar dos Estados possuem, ainda, competência originária para decidir sobre a **perda de posto e patente dos oficiais** e a **graduação das praças**, quando estas possuírem estabilidade assegurada e mais de dez anos de serviço efetivo nas corporações militares estaduais (art. 125, § 4º, CF/1988).

Os Estados que possuírem efetivo de policiais e bombeiros militares na sua totalidade superior a vinte mil integrantes poderão instituir Tribunais de Justiça Militar (art. 125, § 3º, CF/1988).

Atualmente, somente os Estados de Minas Gerais, São Paulo e Rio Grande do Sul possuem órgãos de segunda instância. Nos demais Estados, os Tribunais de Justiça exercem a jurisdição recursal da Justiça Militar.

Os Juízes de Direito do Juízo Militar e os Conselhos de Justiça (Especial e Permanente) são os órgãos judiciais de primeira instância que integram as Auditorias Militares; e os Tribunais de Justiça Militar (SP, MG e RS) ou Tribunais de Justiça são os órgãos de segunda instância ou recursais. As competências de cada um desses órgãos (singular ou colegiado) encontram-se estabelecidas no art. 125, §§ 4º e 5º, da CF/1988.

Os Estados de Minas Gerais, São Paulo e Rio Grande do Sul contam com quatro Auditorias, cada, localizadas em suas respectivas capitais; exceto o Rio Grande do Sul que possui Auditorias no interior (Passo Fundo e Santa Maria).

Nas demais Unidades Federativas, que não gozam de Justiça Militar própria, funcionam as Varas da Auditoria da Justiça Militar, ao menos uma por Capital.

O **Juiz de Direito** do Juízo Militar possui **competência monocrática** para a instrução e julgamento dos processos referentes ao ajuizamento de **ações cíveis** contra atos disciplinares, assim como para processar e julgar os militares estaduais pela prática de **crime militar**, quando a **vítima for civil**.

Ao **Conselho de Justiça** (Permanente ou Especial) compete processar e julgar os processos criminais referentes aos policiais e bombeiros militares, por prática de crimes militares, desde que a vítima não seja civil (art. 125, § 5º, da CF/1988).

Ressalta-se que os Oficiais e Praças das Corporações militares estaduais, mesmo na situação de reserva ou reformado, quando submetido à Justiça Militar da União, têm a prerrogativa de serem processados e julgados pelos Conselhos Especiais ou Permanentes de Justiça, conforme o caso.

EMENTA: APELAÇÃO. DPU. MPM. HOMICÍDIO TENTADO. DESACATO. DESOBEDIÊNCIA. RÉU OFICIAL DA RESERVA REMUNERADA DA POLÍCIA MILITAR ESTADUAL. PRELIMINAR DE INCOMPETÊNCIA ABSOLUTA DA JUSTIÇA MILITAR DA UNIÃO. REJEIÇÃO. DECISÃO POR UNANIMIDADE. PRELIMINAR SUSCITADA *EX OFFICIO*. INCOMPETÊNCIA DO CONSELHO PERMANENTE DE JUSTIÇA E DO JULGAMENTO MONOCRÁTICO REALIZADO PELO JUIZ FEDERAL. NULIDADE DA AÇÃO PENAL DESDE A INSTAURAÇÃO DO ESCABINATO. ACOLHIMENTO. DECISÃO POR MAIORIA. Não há falar em incompetência absoluta da Justiça Militar da União para o processamento e o julgamento do feito por estar-se diante de condutas perpetradas por Oficial da reserva remunerada da Polícia Militar do Estado do Acre/AC, que veio a ser condenado por ter desobedecido e desacatado militares federais em serviço, além de ter sido absolvido da prática de tentativa de homicídio. Anote-se, pois, ser o sujeito ativo, na condição de Major da PM RR, considerado militar para fins de aplicação da Lei adjetiva castrense por esta especializada, e não civil. Vale dizer, o próprio *Codex*, em seu art. 9º, III, *d*, prevê que o delito perpetrado por tal combatente da reserva, contra militar no desempenho de serviço de vigilância, garantia e preservação da ordem pública, ainda que fora de lugar sujeito a administração castrense, é considerado crime militar em tempo de paz. Rejeição da preliminar de incompetência da JMU. Decisão por unanimidade. Afigura-se não ser plausível a fixação da competência do Conselho Permanente de Justiça e/ou a atuação do Juiz Federal da JMU, de forma monocrática, por explícita violação aos postulados magnos insculpidos na Carta da República. Adequado é firmar-se a competência do Conselho Especial de Justiça por ser forçoso reconhecer ao Oficial de corporação estadual as prerrogativas insculpidas no art. 13 do Diploma adjetivo castrense. Acolhimento da preliminar suscitada, *ex officio*, para declarar a nulidade da Ação Penal Militar, desde a instauração do Conselho Permanente de Justiça, com o respeito ao princípio non *reformatio in pejus* indireta pela instância de origem. Acolhimento da preliminar. Decisão por maioria (STM nº 7001290-74.2019.7.00.0000. Rel. para o Acórdão: Min. Maria Elizabeth Guimarães Teixeira Rocha. Data de Julgamento: 22.10.2020, Data de Publicação: 06.11.2020).

Observação

Cada TJM ou TJ possui sua lei de organização judiciária; e a Lei de Organização da Justiça Militar da União (Lei nº 8.457/1992) é utilizada subsidiariamente, no funcionamento das JME.

Importante!

A Emenda Constitucional nº 45/2004 afastou a competência da Justiça Militar Estadual para processar e julgar os militares por prática de **crime doloso contra a vida** quando a **vítima** for **civil** (art. 124, § 4º, CF/1988).

A ressalva do **Tribunal do Júri** já constava no **parágrafo único do art. 9º do CPM**, pela redação dada pela Lei nº 9.299/1996; e que, com o advento da Lei nº 13.491/2017, passou a figurar como **§ 1º** do referido **art. 9º do CPM**.

4.5.2 Justiça Militar da União

A **competência** da JMU é **exclusivamente penal** e destina-se a processar e julgar os **crimes militares** definidos em lei, independente do sujeito ativo: civil ou militar, em atividade ou inativo (art. 124 da CF/1988).

> **Art. 124.** À Justiça Militar compete processar e julgar os crimes militares definidos em lei.

Portanto, a Constituição estabeleceu a competência da JMU e reservou ao legislador definir quais as hipóteses e condutas seriam crime de natureza militar e, portanto, estariam sob sua jurisdição dessa justiça especializada.

Seguindo tradição histórica, a atual Constituição manteve o critério objetivo ou *ratione legis* para definição das hipóteses de crime militar. Segundo esse critério, crime militar será aquele definido como tal pela lei, no caso, os contidos na parte especial do CPM.

Tal critério objetivo, conforme leciona Célio Lobão (2009, p. 51 e 80), foi adotado nas Constituições de 1946 e 1967, recebendo um tratamento mais acentuado na CF/1988 sem fazer, no entanto, referência "aos sujeitos do crime".

Com o advento da **Lei nº 13.491/2017**, foram estendidos à competência da JMU os delitos previstos nas leis extravagantes, que se enquadrem às hipóteses previstas no art. 9º, *caput*, e incisos do CPM.

Assim, **crime militar**, para o fim específico do art. 124 da CF/1988, é toda conduta humana capitulada nos tipos penais previstos na parte especial do CPM e, ainda, em outras leis penais extravagantes, quando realizada sob as condições e situações previstas no art. 9º do CPM.

Resta evidente que o constituinte originário e derivado tem decidido conferir tratamento e competências distintas para a JMU (**julgar civis** e militares) e JME (julgar somente militares e matéria cível).

Observação

Em regra, a **JMU** não tem competência para julgar crimes militares dolosos contra a vida de civil, conforme se depreende do **§ 1º** do art. 9º do CPM, com a redação dada pela Lei nº 13.491/2017.

§ 1º Os crimes de que trata este artigo, quando dolosos contra a vida e cometidos por militares contra civil, serão da competência do **Tribunal do Júri.**

§ 2º Os crimes de que trata este artigo, quando dolosos contra a vida e cometidos por militares das Forças Armadas contra civil, serão da **competência da Justiça Militar da União,** se praticados no contexto. (Grifos nossos.)

Importante!

Como **exceção**, o **§ 2°** do art. 9° contém diversas hipóteses (*v.g.*, Garantia de Lei e Ordem[3] e outras missões atribuídas às Forças Armadas) em que o crime militar doloso contra a vida de civil será julgado na JMU:

Art. 9º (...)

§ 2º Os crimes de que trata este artigo, quando dolosos contra a vida e cometidos por militares das Forças Armadas contra civil, serão da competência da Justiça Militar da União, se praticados no contexto:

I – do cumprimento de atribuições que lhes forem estabelecidas pelo Presidente da República ou pelo Ministro de Estado da Defesa;

II – de ação que envolva a segurança de instituição militar ou de missão militar, mesmo que não beligerante; ou

III – de atividade de natureza militar, de operação de paz, de garantia da lei e da ordem ou de atribuição subsidiária, realizadas em conformidade com o disposto no art. 142 da Constituição Federal e na forma dos seguintes diplomas legais: (...)

[3.] Para melhor compreensão sobre a atuação das Forças Armadas, em cumprimento de missões subsidiárias e de garantia de lei e ordem, recomenda-se a leitura da **LC n° 97/1999**, com as suas sucessivas alterações, especialmente, as levadas a termo pela **LC n° 136/2010.**

4.5.2.1 Órgãos da Justiça Militar da União, após a Lei nº 13.774/2018

A estrutura, competências e especificidades dos órgãos da JMU, seja em tempo de paz ou de guerra, encontram-se previstas na **Lei nº 8.457/1992**, denominada de Lei Orgânica da Justiça Militar da União (**LOJMU**), que experimentou considerável alteração, a partir da edição da Lei nº 13.774/2018, como veremos a seguir.

São órgãos da JMU: o Superior Tribunal Militar; a Corregedoria da Justiça Militar; o Juiz Corregedor Auxiliar; os Conselhos de Justiça (Permanente e Especial); e os Juízes Federais e Juízes Federais Substitutos da Justiça Militar, consoante o art. 1º e incisos da nova LOJMU.

4.5.2.1.1 Superior Tribunal Militar

É o órgão de cúpula da JMU, composto por 15 ministros, todos vitalícios, nomeados pelo Presidente da República, depois de aprovada a indicação de seus nomes pelo Senado da República.

A **composição do STM** é mista, congregando Oficiais--Generais do último posto das três Forças Armadas, sendo quatro do Exército, três da Marinha e três da Aeronáutica, bem como cinco civis, com mais de 35 e menos de 65 anos de idade, sendo três dentre Advogados com mais de 10 anos de efetiva atividade profissional e dois, por escolha paritária, dentre Juízes Federais da JMU e Membros do MPM, conforme disposto nos art. 3º, *caput*, alíneas *a* e *b* e § 2º, da LOJMU e arts. 122, I, e 123, parágrafo único e incisos I e II, da CF/1988.

O STM tem **competência**[4] para processar e julgar, originariamente, os Oficiais-Generais das Forças Armadas, nos crimes militares definidos em lei; os pedidos de *habeas corpus* e *habeas data* contra ato de juiz federal da Justiça Militar, de Juiz Federal substi-

---

[4.] As competências do STM estão previstas no art. 6º, *caput*, incisos e alíneas da Lei nº 8.457/1992, ressaltando que além das competências em sede processual penal militar, o STM, também, nos termos dos incisos VI e VII, do art. 142 da CF/1988, é competente para decidir pela perda de posto e da patente dos oficiais das Forças Armadas.

tuto da Justiça Militar, do Conselho de Justiça e de Oficial-General, funcionando, ainda, como órgão de instância recursal das decisões prolatas na JMU.

4.5.2.1.2 Corregedoria da JMU

A Lei n° 13.774/2018 reestruturou a Corregedoria da Justiça Militar, órgão de fiscalização e orientação jurídico-administrativa da JMU, com atribuição em todo o território nacional, que passou a ser composta por um Ministro-Corregedor, um Juiz-Corregedor auxiliar (**vitalício**) e um Diretor de Secretaria e auxiliares constantes de quadro previsto em lei.

Observação

A chefia da corregedoria **era**, antes da edição da nova lei, ocupada por um juiz de primeira instância, denominado **juiz-auditor corregedor**, que oficiava junto a agora extinta Auditoria de Correição.

Importante!

Na nova estrutura, a **chefia** da Corregedoria será exercida pelo **Ministro-Corregedor**, cargo que será ocupado pelo **Vice-Presidente do STM**, que estará excluído da distribuição dos processos, mas poderá compor o plenário do tribunal, para fins judicantes, na forma da alínea *a*, do art. 10 da Lei n° 8.457/1992, com as alterações trazidas pela Lei n° 13.774/2018.

As competências do novo cargo de Ministro-Corregedor e da Corregedoria estão previstas na atualizada LOJMU e no Regimento Interno do STM (RISTM).

Importante!

A Lei n° 13.774/2018 **revogou** a famigerada função correicional, contida no art. 14, *c*, da LOJMU: c) nos autos de inquérito mandados arquivar pelo

Juiz-Auditor, representando ao Tribunal, mediante despacho fundamentado, desde que entenda existente indícios de crime e de autoria.

4.5.2.1.3 Auditorias Militares

Para efeito de sistematização e para tornar mais efetiva a prestação jurisdicional, as **19 Auditorias Militares**, em tempo de paz, estão distribuídas pelo território nacional (**14 cidades**), nos termos do art. 2º da Lei nº 8.457/1992, em **12 Circunscrições Judiciárias Militares (CJM)**, a saber:

■ **1ª Circunscrição Judiciária Militar** – abrange os Estados do Rio de Janeiro e Espírito Santo, contando com quatro Auditorias Militares, sediadas na cidade do **Rio de Janeiro.**

■ **2ª Circunscrição Judiciária Militar** – abrange o Estado de São Paulo, contando com duas Auditorias Militares, sediadas na cidade de **São Paulo.**

■ **3ª Circunscrição Judiciária Militar** – abrange o Estado do Rio Grande do Sul, contando com três Auditorias Militares: 1ª Auditoria sediada em **Porto Alegre**; 2ª Auditoria, na cidade de **Bagé**; e a 3ª Auditoria sediada na cidade de **Santa Maria.**

■ **4ª Circunscrição Judiciária Militar** – abrange o Estado de Minas Gerais, sediada na cidade de **Juiz de Fora.**

■ **5ª Circunscrição Judiciária Militar** – abrangendo os Estados do Paraná e Santana Catarina, sediada na cidade de **Curitiba.**

■ **6ª Circunscrição Judiciária Militar** – abrangendo os Estados da Bahia e Sergipe, sediada na cidade de **Salvador.**

■ **7ª Circunscrição Judiciária Militar** – abrangendo os Estados de Pernambuco, Rio Grande do Norte, Paraíba e Alagoas, sediada na cidade de **Recife.**

■ **8ª Circunscrição Judiciária Militar** – abrangendo os Estados do Pará, Amapá e Maranhão, sediada na cidade de **Belém.**

■ **9ª Circunscrição Judiciária Militar** – abrangendo os Estados do Mato Grosso do Sul e Mato Grosso, sediada na cidade de **Campo Grande.**

- **10ª Circunscrição Judiciária Militar** – abrangendo os Estados do Ceará e Piauí, sediada na cidade de **Fortaleza.**
- **11ª Circunscrição Judiciária Militar** – abrangendo o Distrito Federal e os Estados de Goiás e Tocantins, contando com duas Auditorias Militares, sediadas na cidade de **Brasília.**
- **12ª Circunscrição Judiciária Militar** – abrangendo os Estados do Amazonas, Acre, Roraima e Rondônia, sediada na cidade de **Manaus.**

Cada uma das **Auditorias (JMU)** é composta de um Juiz Federal e um Juiz Federal Substituto da Justiça Militar, possuem jurisdição mista, competindo-lhes processar e julgar os militares das três Forças, por meio dos Conselhos de Justiça e, os civis, monocraticamente, pelos Juízes Federais, por meio de distribuição paritária.

Observação

O art. 11, § 2°, da Lei n° 8.457/1992 **revogou**, total ou parcialmente, todos os dispositivos do CPPM, que faziam alusão a **Auditorias Especializadas**, tendo em vista que as mesmas possuem jurisdição mista, cabendo-lhes conhecer dos feitos relativos à Marinha, Exército e Aeronáutica, indistintamente.

Importante!

O **Decreto n° 69.102/1971** fixa a **jurisdição** (municípios) da 1ª, 2ª e 3ª Auditorias da **3ª Circunscrição Judiciária Militar** (Rio Grande do Sul).

4.5.2.1.4 Conselhos de Justiça

Os Conselhos de Justiça funcionarão, em regra, na sede das Auditorias, sendo cada um deles constituído por quatro Juízes militares, todos sorteados dentre Oficiais de carreira das Forças Armadas e por um Juiz Federal da Justiça Militar, que será o Presidente desse Colegiado.

Observação

Em situações especiais, os Conselhos de Justiça podem deslocar-se para funcionar em outras localidades, na região de jurisdição da Auditoria Militar; o que exige a coordenação com o MPM, Defesa e Juízes Militares, mas ocorria antes da vigência do processo eletrônico.

Renato Brasileiro de Lima (2019, p. 375) ressalta a peculiar natureza desses órgãos colegiados, compostos na "forma de **escabinato**" (grifo nosso).

Diferentemente do que ocorre no Tribunal do Júri, em que os jurados apenas deliberam acerca da existência da materialidade e autoria de crime, cabendo ao juiz-presidente, em caso de condenação, fixar a pena e o regime de seu cumprimento, no âmbito dos Conselhos de Justiça, todas essas questões decisórias cabem aos integrantes do Conselho, nos quais todos votam: primeiramente, o juiz togado; e, em seguida, os juízes militares, do militar mais moderno até o mais antigo.

Ressalta-se que o STM firmou entendimento, por ocasião do julgamento do Incidente de Resolução de Demandas Repetitivas (IRDR), Petição n° 7000425-51.2019.7.00.0000, que compete aos referidos órgãos colegiados processar e julgar civis que, quando da prática do crime, se encontravam na condição de militares.[5]

> **Súmula do STM**, verbete **n° 17**, de 06.12.2019 – Compete aos Conselhos Especial e Permanente de Justiça processar e julgar acusados que, em tese, praticaram crimes militares na condição de militares das Forças Armadas.

[5.] Em 17.12.2020, o STF negou seguimento ao ARE n° 1.279.981, no qual se discutia a admissibilidade do Recurso Extraordinário (RE) interposto contra a decisão prolatada no referido IRDR, que deu azo à Sumula n° 17 do STM, conforme publicado no *Diário de Justiça eletrônico* n° 211/2020.

116 Direito Processual Penal Militar

Observação

Na JMU, o Conselho **Especial** de Justiça (CEJ) e o Conselho **Permanente** de Justiça (CPJ) destinam-se a processar e julgar, respectivamente, **oficiais** e **praças** das Forças Armadas, **exceto** se houver concurso desses agentes com civil.

Importante!

No âmbito da **JMU**, a Lei n° 13.774/2018 introduziu a **competência mono-crática do Juiz Federal** para **julgar civis**, isoladamente, ou em concurso de agentes com militar, o que será abordado adiante.

Observação

Os Conselhos de Justiça **podem** ser instalados e **funcionar** com a **maioria** de seus membros (juízes militares), contudo, é **obrigatória** a presença do **Juiz Federal** (substituto) da Justiça Militar. Por ocasião da sessão de **julgamento** é **obrigatória** a presença e o voto de **todos os membros** do Conselho (art. 25, § 2°, da LOJMU).

4.5.2.1.5 Conselho Especial de Justiça (CEJ)

Competente para processar e julgar os **oficiais** das Forças Armadas, até o posto de Coronel ou Capitão de Mar e Guerra,[6] denunciados por prática de crime militar, sendo presidido pelo Juiz Federal (substituto) da Justiça Militar e integrado por quatro Oficiais, da mesma Força que o acusado e de postos superiores ou, se de mesmo posto, mais antigos na carreira. Ao menos, um dos juízes-militar será oficial-superior ou oficial-general.

[6.] A competência para processar e julgar os oficiais-generais, por prática de crime militar é do STM, nos termos da alínea *a*, inciso I, do art. 6° da Lei n° 8.457/1992.

Do Processo Penal Militar **117**

Importante!

Caso haja dois ou mais oficiais acusados, no mesmo processo, pertencentes a **instituições militares federais diferentes**, o CEJ será composto por oficiais pertencentes a mesma **instituição** do **oficial mais antigo**, em respeito ao princípio do juízo hierárquico (art. 23, § 2°, da LOJMU).

O Conselho **Especial de Justiça** é constituído para funcionar ao longo do curso de determinado processo, sendo dissolvidos após a conclusão de seus trabalhos "reunindo-se, novamente, se sobrevir nulidade do processo ou do julgamento, ou diligência determinada pela instância superior" (art. 23, § 1°, da LOJMU).

Importante!

Havendo pluralidade de réus (somente militares), basta que um deles seja oficial para que os demais sejam processados e julgados perante o Conselho Especial de Justiça. Contudo, se o **oficial for excluído do processo** (morte, *habeas corpus* etc.), o **CEJ continuará** competente para processar e julgar as praças corrés (art. 23, § 3°, da LOJMU).

4.5.2.1.6 Conselho Permanente de Justiça (CPJ)

O Conselho Permanente de Justiça (CPJ) é **competente** para processar e **julgar** todas as **praças** das Forças Armadas – do soldado e marinheiro, passando pelo taifeiro, cabo, sargentos, alunos de escolas, cadetes, sargentos até o suboficial, subtenente e aspirante a oficial – que cometerem crime militar, sem a participação de oficial ou civil.

O CPJ também é constituído por cinco integrantes: **quatro oficiais**, da mesma Força do acusado, sendo pelo menos **um** dos juízes militares **oficial-superior**; e pelo **Juiz Federal** (substituto) da Justiça Militar, que também será o **Presidente** desse Conselho de Justiça.

118 Direito Processual Penal Militar

Diferentemente do Conselho Especial de Justiça, o CPJ é constituído para **funcionar** durante **três meses** consecutivos, coincidindo com os trimestres do ano civil, podendo tal prazo ser prorrogado, em casos excepcionais, previstos na LOJMU, *v.g.*, interrupção do julgamento, no último dia do trimestre.

Observação

Haverá apenas um Conselho Permanente de Justiça funcionando a cada trimestre, enquanto poderá haver vários CEJ, simultaneamente.

Exemplo: é comum o CPJ do 1º trimestre ouvir o ofendido e as testemunhas arroladas, o do 2º trimestre ouvir as testemunhas arroladas pela defesa e realizar o interrogatório do(s) acusado(s) e o CPJ do 3º ou 4º trimestre realizar o julgamento do caso, nos termos do art. 24 da Lei nº 8.457/1992.

Observação

No caso de várias praças – 1 Sargento do Exército, 1 Cabo e 1 Suboficial da FAB e 1 Grumete da Marinha – serem acusadas, no mesmo processo, por terem praticado latrocínio em desfavor de oficial-general da Marinha, o Conselho Permanente de Justiça será composto por oficiais pertencentes à instituição do acusado mais antigo (Suboficial da FAB), em respeito ao princípio do juízo hierárquico. Neste caso, o CPJ será constituído por oficiais da FAB. Essa mesma regra aplica-se ao Conselho Especial de Justiça, por uso e costumes militares (art. 3º, *c*, do CPPM e jurisprudência do STM).

4.5.2.1.7 Juiz Federal (substituto) da Justiça Militar: competência monocrática

A Lei nº 13.774/2018 trouxe importantes alterações à Lei de Organização da JMU – Lei nº 8.457/1992, ampliando a competência do Juiz togado,[7] anteriormente chamado de juiz-auditor, agora denominado de Juiz Federal da Justiça Militar, merecendo destaque as seguintes:

a) presidir os Conselhos de Justiça (permanente e especial);

b) processar e **julgar**, **monocraticamente**, os **civis** nos casos previstos nos incisos I e III do art. 9º do Decreto-lei nº 1.001/1969 (Código Penal Militar), e **militares**, quando estes forem acusados com aqueles no mesmo processo (**civis e militares**, no **mesmo processo**); e

c) julgar, **monocraticamente**, os *habeas corpus*, *habeas data* e mandados de segurança contra **ato de autoridade militar** praticado **em razão** da **ocorrência de crime militar**, exceto o praticado por oficial-general.

Com o advento dessas alterações na LOJMU, o juiz togado passou a assumir maior protagonismo no Processo Penal Militar, passando a presidir os Conselhos de Justiça, competência que era exercida pelo juiz-militar (oficial superior) de maior precedência hierárquica dentre os quatro oficiais, integrantes dos referidos Conselhos.

Além disso, o juiz togado passou a conhecer, monocraticamente, de **ações mandamentais**, contra atos de autoridades militares, até o posto de Coronel ou Capitão de Mar e Guerra, relacionados a crimes militares, como exemplo: *habeas corpus* contra a ato de autoridade de PJM que decrete a prisão em flagrante delito ou por crime propriamente militar de subordinado seu.

[7.] "Art. 30. **Compete** ao **juiz federal** da Justiça Militar, **monocraticamente: I** – decidir sobre recebimento de denúncia, pedido de arquivamento, de devolução de inquérito e representação; **I-A** – presidir os Conselhos de Justiça; **I-B** – processar e julgar os **civis** nos casos previstos nos incisos I e III do art. 9º do Decreto-lei nº 1.001/1969 (Código Penal Militar), e militares, quando estes forem acusados com aqueles no mesmo processo; **I-C** – julgar os *habeas corpus*, *habeas data* e mandados de segurança contra ato de autoridade militar praticado em razão da ocorrência de crime militar, exceto o praticado por oficial-general; II – (...)" (Lei nº 8.457/1992 – grifos nossos).

Observação

A maior alteração trazida pela Lei nº 13.774/2018 foi atribuir ao **Juiz Federal** da Justiça Militar a competência, privativa, para processar e **julgar os civis**, por prática de crime militar definido em lei, **porque**, na LOJMU anterior, os **civis** eram processados e **julgados** pelos Conselhos **Permanentes** de Justiça, compostos por quatro juízes **militares**.

Tal situação – militar julgando civil – enfrentava **fortes críticas** por parte considerável da doutrina e, também, pela **jurisprudência do STF**, *v.g.*, HC nº 112.848/RJ. Tais críticas e reforma dos seus julgados, impulsionaram o STM a apresentar o referido anteprojeto de lei, que resultou nessas alterações.

Assim, o Juiz Federal da Justiça Militar, na forma da LOJM, passou a ser competente para processar e julgar, monocraticamente, os civis e os militares quando em concurso com esses, pela prática de crime militar.

> EMENTA: RECURSO EM SENTIDO ESTRITO. MINISTÉRIO PÚBLICO MILITAR. COAUTORIA. MILITAR DAS FORÇAS ARMADAS E CIVIL. COMPETÊNCIA MONOCRÁTICA DO JUIZ FEDERAL DA JUSTIÇA MILITAR. ART. 30, INCISO I-B, DA LEI Nº 8.457/1992. APLICAÇÃO IMEDIATA DAS DISPOSIÇÕES DA LEI Nº 13.774/2018. ART. 5º DO CPPM. DISPENSA DAS ALEGAÇÕES ESCRITAS E DAS FORMALIDADES INERENTES À SESSÃO DE JULGAMENTO. CARÁTER PREVENTIVO DO PEDIDO. IMPOSSIBILIDADE. NEGADO PROVIMENTO. DECISÃO POR UNANIMIDADE. Conforme estabelece o art. 30, I-B, da Lei nº 8.457/1992, com a novel redação conferida pela Lei nº 13.774/2018, compete ao Juiz Federal da Justiça Militar processar e julgar, monocraticamente, civis e militares, quando estes forem acusados juntamente com aqueles no mesmo processo. A alteração segundo a qual o Magistrado togado de primeira instância passa ser competente para o

processamento e o julgamento de civis e de militares, quando estes foram acusados em concurso com aqueles, diz respeito a regramento processual, cuja aplicação deve ser efetivada a partir da sua vigência, inclusive nos processos pendentes, nos termos do art. 5º do Código de Processo Penal Militar. É inviável o acolhimento de pleito preventivo em sede de Recurso em Sentido Estrito. Recurso em Sentido Estrito a que se nega provimento. Unanimidade (STM nº 7000376-10.2019.7.00.0000. Rel. Min. Carlos Vuyk de Aquino. Data de Julgamento: 29.05.2019, Data de Publicação: 05.06.2019).

Importante!

Encontra-se pendente de julgamento no STF, a **ADPF nº 289** ajuizada pela Procuradoria Geral da República (PGR), pedindo para que seja dada ao art. 9º, I e III, do CPM, interpretação conforme a Constituição Federal, a fim de que seja **reconhecida** a **incompetência** da **Justiça Militar** (da União) para **julgar civis** em **tempo de paz**, por violação do Estado Democrático de Direito (art. 1º da CF), o princípio do juiz natural (art. 5º, LIII, da CF/1988), além do princípio do devido processo legal material. Há outras ações no STF contendo pedido e causa de pedir congêneres.

4.6 Da competência do foro militar

Das considerações até aqui expendidas, verifica-se que segundo a CF/1988 e a legislação processual penal militar, os crimes militares definidos em lei serão processados e julgados pelos órgãos judiciais das Justiças Militares da União (JMU) ou dos Estados (JME), conforme sejam crimes militares federais ou estaduais, mitigando-se a questão do Tribunal do Júri para os crimes militares federais (art. 9º, § 2º, do CPM).

O **foro militar** será sempre **especial**, seja em tempo de paz ou em tempo de guerra, situação esta que, segundo o art. 83 do

CPPM, poderá ter maior abrangência, a depender de lei especial que venha a regular a matéria.

Uma vez definida a competência da Justiça Militar, passaremos a verificar os regramentos específicos de fixação do Órgão da Justiça castrense que será competente para o processamento e julgamento de cada feito.

Em **tempo de paz**, a fixação da competência do juízo do foro militar ocorrerá:

- de **modo geral** (art. 85, I): a) pelo lugar do crime; b) pela residência ou domicílio do acusado; e c) pela prevenção;
- de **modo especial** (art. 85, II): pela sede do lugar do serviço; e
- por **modificação** (art. 87) – não prevalência dos critérios de competência anteriores: a) pela conexão e continência; b) prerrogativa de função; c) desaforamento.

4.6.1 Do lugar da infração (arts. 88 a 92)

Segundo Claudio Amin Miguel e Nelson Coldibelli (2000, p. 78), o **lugar da infração** foi o principal critério adotado pelo CPPM, como se fora uma espécie de satisfação à sociedade local, pela ofensa causada pelo autor do crime "julgando-se o crime onde este se perpetrou (*ubi facinus perpetravit ibi poena reddita*)".

Por razões de lógica processual e funcionalidade persecutória, o critério de fixação da competência territorial mostra-se conveniente para facilitar a investigação levada a termo pela PJM, bem como para a produção de provas processuais.

Verificada a competência da Justiça Militar, o segundo passo a ser dado, para o fim de se estabelecer a competência do foro militar, será a verificação do **lugar onde o crime ocorreu**, *forum commissi delicti*.

> **Art. 85.** A competência do foro militar será determinada:
>
> I – de modo geral:
>
> a) pelo lugar da infração;

(...)

Art. 88. A **competência** será, de regra, determinada pelo **lugar da infração**; e, no **caso** de **tentativa**, pelo lugar em que for praticado o último ato de execução. (Grifos nossos.)

Lugar do crime: de acordo com o **art. 6º** do CPM, considera-se praticado o fato, no **lugar** em que se **desenvolveu** a **atividade criminosa**, no todo ou em parte, e ainda que sob forma de participação, **bem como** onde se **produziu** ou deveria **produzir-se o resultado** (teoria da **ubiquidade** ou **mista**). Nos **crimes omissivos**, o fato considera-se praticado no lugar em que deveria realizar-se a **ação omitida** (teoria da **ação** ou da **atividade**). Portanto, o **CPM** adotou um "**sistema**" **misto** para o **lugar do crime**, dependendo da modalidade do delito: comissivo ou omissivo.

Exemplo: se um Cabo da Marinha furtar um computador de propriedade da União, patrimônio sob a administração militar, nas dependências da Agência da Capitânia dos Portos de Porto Seguro, sediada no Estado da Bahia, a **Auditoria da 6ª CJM**, com sede em Salvador (arts. 2º, *f*, e 102, da Lei nº 8.457/1992 – LOJMU), será competente para processar e julgar o militar, pela prática do referido crime.

Neste caso, a mencionada Praça será julgada pelo **Conselho Permanente de Justiça** da Auditoria da 6ª CJM. Caso o referido militar praticar o delito, em concurso com um civil, então, a competência jurisdicional seria exercida, **monocraticamente**, pelo **Juiz Federal da Justiça Militar da União**.

Importante!

Nos **crimes consumados comissivos**, o critério de **lugar da infração** adotado pelo art. 70 do **CPP comum** (teoria do resultado) para fixação da competência do juízo é **diferente** do adotado no CPPM (teoria mista ou da ubiquidade: 1ª parte do art. 6º do CPM), *verbis*:

Art. 70. A competência será, de regra, determinada pelo lugar em que se consumar a infração, ou, no caso de tentativa, pelo lugar em que for praticado o último ato de execução.

4.6.1.1 A bordo de navio ou embarcação militarmente ocupada (art. 89)

Em caso de prática de crime militar ocorrido a bordo de navio militar ou embarcação militarmente ocupada, duas situações podem ocorrer, a depender da localização do navio ou embarcação, segundo o art. 89 do CPPM, *in verbis*:

> **Art. 89.** Os crimes cometidos a bordo de navio ou embarcação sob comando militar ou militarmente ocupado em **porto nacional**, nos **lagos e rios fronteiriços** ou em **águas territoriais brasileiras**, serão, nos dois primeiros casos, processados na Auditoria da Circunscrição Judiciária correspondente a cada um daqueles lugares; e, no último caso, na 1ª Auditoria da Marinha, com sede na Capital do Estado da Guanabara. (Grifos nossos.)

a) **localizado em porto nacional, nos lagos e rios fronteiriços** (1ª e 2ª parte do art. 89): será responsável para processar e julgar o crime militar, a Auditoria da CJM com jurisdição em relação ao **lugar onde** o navio ou a embarcação **estiver localizado**.

Exemplo: O crime militar praticado a bordo do Navio de Assistência Hospitalar "Doutor Montenegro", fundeado ou navegando na montante do Rio Madeira, será competente para processar e julgar o referido crime militar, a **Auditoria da 12ª CJM**, com sede em Manaus (arts. 2º, *m*, e 102, da Lei nº 8.457/1992 – LOJMU).

b) **localizado em águas territoriais brasileiras**[8] (parte final do art. 89): a literalidade desse dispositivo revela-se desatualizada, pois a competência para processar e julgar esses crimes militares seriam da 1ª Auditoria da Marinha, com sede na Capital do Estado da Guanabara. Todavia, conforme mencio-

---

[8]. A Lei nº 8.617/1993 dispõe sobre o mar territorial, a zona contígua, a zona econômica exclusiva e a plataforma continental brasileiros, e dá outras providências.

nado, não há mais Auditorias Especializadas, na estrutura da JMU, nem Estado da Guanabara.

Jorge César de Assis (2012, p. 89) ressalta que há **grande controvérsia** na doutrina em relação ao juízo competente para processar e julgar os crimes militares ocorridos a bordo de navio, em águas jurisdicionais brasileiras:

> Deste modo, percebe-se que a referência ao processo e julgamento de crimes militares praticados em águas territoriais (mar territorial) ficou confusa – sem sentido, pois não existem mais nem a Auditoria especializada e nem o Estado ao qual o artigo se refere.

Ainda em relação a essa **controvérsia**, Jorge César de Assis (2012, p. 89) faz referência ao entendimento de Amin e Coldibelli, no qual se deveria utilizar a regra do **§ 1º do art. 7º do CPM**, "considerando-se o navio ou embarcação como extensão do território de sua matrícula". Entretanto, diverge dos referidos autores, entendendo que a interpretação autêntica do citado dispositivo aplicar-se-ia às hipóteses em que o navio se encontre fora do mar territorial brasileiro, o que não seria o caso em questão.

Ricardo Giuliani (2007, p. 96) sustenta que, em relação à hipótese supramencionada, seria competente a 11ª CJM para processar e julgar esse crime. Todavia, por se tratar de crime ocorrido no território nacional, não parece aplicável a regra do **art. 91 do CPPM**, que trata de delitos praticados fora do território nacional.

Jurisprudência do STM: em situação congênere, entendeu a Corte Militar que **se encontra derrogada a parte final do art. 89 do CPPM**. Portanto, na ausência de norma específica, sendo o crime praticado por militar a bordo de navio, deve ser **aplicada** a regra do **art. 96 do CPPM**, sendo competente para processar e julgar o crime o **juízo** com jurisdição sobre o **local (sede) da unidade**, do navio, força ou órgão onde estiver servindo o militar infrator, *verbis*:

> CONFLITO NEGATIVO DE COMPETÊNCIA. DELITO COMETIDO A BORDO DE NAVIO EM ÁGUAS TERRI-

TORIAIS. DERROGAÇÃO DE PARTE FINAL DO ART. 89 DO CPPM. COMPETÊNCIA FIRMADA PELO LUGAR DO SERVIÇO. Sendo o delito cometido a bordo de navio em águas territoriais brasileiras, determina o art. 89, parte final, do CPPM, ser competente para julgar o feito a 1ª Auditoria de Marinha, com sede no Estado da Guanabara. Porém, com a edição da nova Lei de Organização da Justiça Militar (Lei nº 8.457/1997), foram extintas as Auditorias especializadas, que eram previstas na antiga LOJM (Decreto-lei nº 1.003/1969), assim como não mais existe o "Estado da Guanabara". Logo, **encontra-se derrogada a parte final do art. 89, do CPPM.** Existindo **lacuna na Lei Processual castrense** sobre competência para julgar o feito, deve ser adotado o estabelecido no **art. 96 do referido Diploma**, que determina o local da unidade, navio, força ou órgão onde estiver servindo o militar infrator como competente. No presente caso, os delitos foram cometidos a bordo de navio, que, embora tenha origem no Estado do Rio de Janeiro, transportava os Fuzileiros Navais do Grupamento de Rio Grande-RS, o que determinou a competência para a 2ª Auditoria da 3ª CJM, localizada em Bagé-RS. Conflito Negativo de Competência conhecido e deferido. Decisão majoritária (STM. Conflito de Competência nº 2001.01.000309/RJ. Rel. Min. José Luiz Lopes da Silva. Julgado em 25.09.2001 – grifos nossos).

Renato Brasileiro de Lima (2019, p. 552-553) ao comentar o dispositivo (art. 89), relembra que os crimes praticados a **bordo de navio** ou aeronaves (**crimes não militares**) são da competência da **Justiça Federal**, na forma do art. 109, inciso IX, da CF/1988, destacando que se aplicaria a regra da prevenção na hipótese de crimes ocorridos na divisa de duas ou mais Comarcas.

Observação

Em se tratando de **crime militar** praticado **por civil** a bordo de embarcação militar em mar territorial, cremos ser aplicável as regras do art. 96 do CPPM, que se revelaram mais eficiente para fins investigatórios, consoante aresto do STM colacionado, ou então do art. 93 do CPPM (domicílio do acusado), mais técnica.

4.6.1.2 A bordo de aeronave (art. 90)

Os crimes militares ocorridos durante os voos de aeronaves militares ou militarmente ocupadas, dentro dos limites territoriais do espaço aéreo brasileiro, serão processados e julgados pela Auditoria da CJM com jurisdição sobre o local onde a referida aeronave pousar, após o crime.

> **Art. 90.** Os crimes cometidos a bordo de aeronave militar ou militarmente ocupada, dentro do espaço aéreo correspondente ao território nacional, serão processados pela Auditoria da Circunscrição em cujo território se verificar o pouso após o crime; e se este se efetuar em lugar remoto ou em tal distância que torne difíceis as diligências, a competência será da Auditoria da Circunscrição de onde houver partido a aeronave, salvo se ocorrerem os mesmos óbices, caso em que a competência será da Auditoria mais próxima da 1ª, se na Circunscrição houver mais de uma.

Exemplo: Jorge César de Assis (2012, p. 91) apresenta a situação de aeronave militar que parte do aeroporto internacional Afonso Pena, em Curitiba/PR, o crime é cometido sobre o Estado de Santa Catarina, vindo a aeronave a pousar na Base Aérea de Camobi/RS. Logo, a competência será da 3ª Auditoria da 3ª CJM, sediada em Santa Maria/RS.

O referido dispositivo legal, a pretexto de otimização da persecução penal, permite que em caso de a aeronave pousar em lugar que torne difícil a realização de diligências, a competência para processar e julgar o crime militar passaria a ser da Auditoria Militar da CJM de onde tenha partido a aeronave, ou da auditoria mais próxima do lugar onde a aeronave tenha efetuado o pouso, em caso de permanecerem as dificuldades de realização de diligências investigatórias.

4.6.1.3 Crimes fora do território nacional (art. 91)

O CPM, na forma do seu art. 7°, adotou a extraterritorialidade como regra para a aplicação da lei penal militar, rezando o art. 91 do CPPM, que os crimes militares praticados fora do território nacional serão processados e julgados por uma das Auditorias da 11ª CJM.

Exemplo: um Soldado Fuzileiro Naval, da dotação do Grupamento de Fuzileiros Navais do Rio de Janeiro, atuando em missão de paz ou em manobra ou exercício militar com nação amiga, que praticar crime militar fora do território brasileiro, será processado e julgado na 1ª ou 2ª Auditoria da 11ª CJM, sediadas em Brasília/DF.

> **Art. 91.** Os crimes militares cometidos fora do território nacional serão, de regra, processados em Auditoria da Capital da União, observado, entretanto, o disposto no artigo seguinte.

4.6.1.4 Crimes praticados em parte no território nacional (art. 92)

Consoante já comentamos, em relação ao **local do crime**, o **CPM** (art. 6°) adotou **sistema misto**: para os delitos **comissivos** (teoria **mista** ou da **ubiquidade**); para os crimes **comissivos** (teoria da **ação** ou da **atividade**).

> **Art. 6°** Considera-se praticado o fato, no lugar em que se desenvolveu a atividade criminosa, no todo ou em parte, e ainda que sob forma de participação, bem como onde se produziu ou deveria produzir-se o resultado. Nos crimes omissivos, o fato considera-se praticado no lugar em que deveria realizar-se a ação omitida.

Giuliani (2007, p. 95) aduz que não existe conflito entre a regra do art. 6º do CPM e aquela adotada pelo art. 88 do CPPM, tendo em vista que a teoria mista aplicar-se-ia aos crimes a distância "aqueles cujo início da execução se deu em um país estrangeiro e a consumação se deu no Brasil, ou o início da execução se deu no Brasil e a consumação se deu no estrangeiro".

Nesse sentido, a regra do art. 92 do CPPM destina-se a fixação da competência em relação aos denominados crimes a distância ou de espaço máximo.

> **Art. 92.** No caso de crime militar somente em parte cometido no território nacional, a competência do foro militar se determina de acordo com as seguintes regras:
>
> a) se, iniciada a execução em território estrangeiro, o crime se consumar no Brasil, será competente a Auditoria da Circunscrição em que o crime tenha produzido ou devia produzir o resultado;
>
> b) se, iniciada a execução no território nacional, o crime se consumar fora dele, será competente a Auditoria da Circunscrição em que se houver praticado o último ato ou execução.

Exemplo (art. 92, *a*, do CPPM): se um Suboficial, que trabalha na Comissão Brasileira do Exército em Londres, com ânimo de estelionato, obtém de um colega de farda vantagem ilícita: R$ 1.500,00 em depósito na conta de seu irmão, que reside no Rio de Janeiro/RJ, sob o pretexto ardiloso de enviar medicamentos para o Brasil, o que nunca foi cumprido, será competente para processar e julgar o crime, tentado ou consumado, umas das Auditorias da 1ª CJM, sediada na capital Fluminense.

Exemplo (art. 92, *b*, do CPPM): se um Sargento da FAB encaminhar, por uma agência do correio localizada na cidade de São Paulo, uma correspondência, contendo substância altamente tóxica, com o intuito de causar a morte de seu ex-chefe, um Tenente-Coronel que serve na Missão Técnica Aeronáutica Brasileira na Itália (projeto AMX), será competente para processar e julgar o referido crime de homicídio, tentado ou consumado, uma das Auditorias da 2ª CJM, sediada na capital paulista.

Observação

Distinguem-se os **crimes** à **distância** dos **plurilocais**, pois aqueles são cometidos em parte fora do território nacional, enquanto esses são praticados integralmente dentro do território nacional, mas abrangendo a jurisdição de CJM diversas.

Jurisprudência do STM: tratando-se de **crimes plurilocais**, a competência do juízo militar será fixada pela **prevenção** (arts. 94 e 95 do CPPM), *verbis*:

> RECURSO INOMINADO. INDEFERIMENTO DE EXCE-ÇÃO DE INCOMPETÊNCIA. CRIME DE NATUREZA PLURILOCAL. QUADRO FÁTICO SOB JURISDIÇÕES DISTINTAS. TEORIA DA UBIQUIDADE. COMPETÊN-CIA QUE SE FIXA PELA PREVENÇÃO. Estelionato. Processo aberto no Juízo da Aud/10ª CJM. *Exceptio incompetentiae* requerida pelo Órgão Ministerial, com *declinatoria fori* para o Juízo da Aud/8ª CJM. Embora se constate a *imputatio facti* como danosa a uma Unidade do EB sediada na jurisdição da 10ª CJM, ocorre, que o acusado procedeu em estabelecimento bancário da cidade sujeita à jurisdição da 8ª CJM, o saque propriamente dito do valor considerado como ilicitamente auferido, entendendo o MPM, que, sob o prisma exato momento consumativo tipicidade, caberia o feito respectivo à última CJM mencionada. Em conformidade com o Art. 6º do CP, que abriga a teoria da ubiquidade, seriam competentes, *in casu*, tanto a 10ª CJM como a 8ª CJM, no entanto fez-se prevento o Juízo da primeira delas, em virtude de haver conhecido antes a *quaestio*. Inteligência dos arts. 85, I, *c*, e 94 da Lei Adjetiva Castrense. Improvimento do recurso do *Parquet* Militar. Decisão por unanimidade (STM. Recurso Criminal nº 1999.01.006611-5/CE. Rel. Carlos Eduardo Cezar de Andrade. Julgado em 04.11.1999).

4.6.2 Residência ou domicílio do réu (art. 93)

Desconhecido o **lugar** onde ocorreu o crime militar, a competência do foro será firmada pela **residência** ou **domicílio do acusado**, quando este **não** for **militar da ativa** (civis e militares inativos), valendo-se o CPPM desse critério, subsidiariamente, em relação ao *locus delicti*, conforme prescrito no art. 85, I, *a*, e art. 93, todos do CPPM.

> **Art. 85.** A competência do foro militar será determinada:
>
> I – de modo geral:
>
> (...)
>
> b) pela residência ou domicílio do acusado;
>
> (...)
>
> **Art. 93.** Se não for conhecido o lugar da infração, a competência regular-se-á pela residência ou domicílio do acusado, salvo o disposto no art. 96.

4.6.3 Prevenção (arts. 94 e 95)

Ocorrerá a prevenção quando dois ou mais juízos dotados da mesma potestade territorial ou possuidores de jurisdição cumulativa forem competentes para conhecer, processar e julgar uma mesma causa e um desses juízos anteceder aos outros na prática de algum ato de cunho decisório (interlocutório).

A **prevenção** poderá ocorrer no curso do processo ou mesmo antes do oferecimento da denúncia (fase pré-processual), como é a hipótese da decretação de medidas constritivas de direito ou de liberdade, tais quais a prisão, a busca e apreensão, a quebra de sigilo telefônico ou telemático, requisição de prontuário médico etc., conforme previsto no art. 94 do CPPM.

> **Art. 94.** A competência firmar-se-á por prevenção, sempre que, concorrendo dois ou mais juízes igualmente competentes ou com competência cumulativa, um deles tiver antecedido aos outros na prática de algum ato do processo ou de

132 Direito Processual Penal Militar

medida a este relativa, ainda que anterior ao oferecimento da denúncia.

Observação

Ressalta-se que o instituto da **prevenção** é utilizado como um **critério subsidiário** para o fim de fixação da competência do foro militar, ante a impossibilidade de utilização dos critérios anteriormente mencionados, podendo ocorrer nas hipóteses enumeradas pelo art. 95 do CPPM.

> **Art. 95.** A competência pela prevenção pode ocorrer:
>
> a) quando incerto o lugar da infração, por ter sido praticado na divisa de duas ou mais jurisdições;
>
> b) quando incerto o limite territorial entre duas ou mais jurisdições;
>
> c) quando se tratar de infração continuada ou permanente, praticada em território de duas ou mais jurisdições;
>
> d) quando o acusado tiver mais de uma residência ou não tiver nenhuma, ou forem vários os acusados e com diferentes residências.

Ressalvada a hipótese da alínea *d*, considerada de difícil ocorrência, na prática; nas três primeiras não haveria "dúvidas quanto ao lugar da infração, mas, sim, quanto aos limites da jurisdição de cada juiz envolvido" (ASSIS, 2012, p. 191).

Na alínea *a*, a dúvida decorreria do fato de o crime militar ocorrer na divisa entre as jurisdições; alínea *b*, por conta da incerteza sobre a delimitação dos marcos territoriais, entre elas; e alínea *c*, tendo em vista a dinâmica, específica dos crimes continuado e permanente.

4.6.4 Sede do lugar de serviço (art. 96)

O art. 96 do CPPM traz **regra específica** para os **militares da ativa**, quando o lugar da infração não puder ser determinado.

Nesses casos, a competência do foro será firmada pela sede da organização ou órgão onde estiver servindo o acusado, não se aplicando em tal hipótese o critério da prevenção, salvo entre Auditorias de mesma sede.

> **Art. 96.** Para o militar em situação de atividade ou assemelhado na mesma situação, ou para o **funcionário** lotado em repartição militar, o **lugar da infração**, quando este **não puder ser determinado**, será o da **unidade, navio, força ou órgão onde estiver servindo**, não lhe sendo aplicável o critério da prevenção, salvo entre Auditorias da mesma sede e atendida a respectiva especialização. (Grifos nossos.)

Observação

Como vimos **no item 4.6.1.1. (A bordo de navio ou embarcação militarmente ocupada)**, esse critério foi utilizado pelo STM, em razão da lacuna legal da parte final do art. 89 do CPPM.

4.6.5 Distribuição (art. 98)

Conforme comentado, para tornar mais efetiva a prestação jurisdicional, as Auditorias Militares, em tempo de paz, estão distribuídas pelo território nacional, em 12 Circunscrições Judiciária Militar (art. 2º da Lei nº 8.457/1992).

Nas 1ª CJM, 2ª CJM e 11ª CJM, há mais de uma Auditoria Militar, na mesma sede, sendo possível no âmbito destas aplicar o critério de **distribuição**, por meio de sorteio paritário, para a fixação de competência de suas respectivas Auditorias:

> **Art. 98.** Quando, na sede de Circunscrição, houver **mais de uma Auditoria** com a mesma competência, esta se fixará pela **distribuição**.

Parágrafo único. A **distribuição** realizada em virtude de **ato anterior à fase judicial** do processo **prevenirá o juízo**. (Grifos nossos.)

4.6.6 Regras de modificação da competência em geral (arts. 87 e 99 a 110)

A competência fixada com base nos critérios anteriores pode sofrer modificação, nas seguintes hipóteses:

Art. 87. Não prevalecem os critérios de competência indicados nos artigos anteriores, em caso de:

a) conexão ou continência;

b) prerrogativa de posto ou função;

c) desaforamento.

A forma de tratamento dispensada a tais institutos, pelo CPPM, não se distancia em nada daquela do art. 76 do CPP comum. Aury Lopes Jr. (2012, p. 491) sustenta que o fundamento desses institutos residiria na "necessidade de reunir os diversos delitos conexos ou os diferentes agentes num mesmo processo, para julgamento simultâneo". Na **conexão** (art. 99), dada a vinculação existente entre os delitos, haveria interesse probatório; na **continência** (art. 100), buscar-se-ia evitar o tratamento diferenciado, que poderia ocorrer se os autores de um mesmo fato fossem julgados, em processos separados.

Uma vez constatada a **conexão** ou a **continência**, os imputados serão, em regra, processados e julgados em um **mesmo processo**, pelo mesmo órgão jurisdicional, ocorrendo nessas hipóteses a **prorrogação do foro** (*prorrogatio fori*), nos termos do art. 103 do CPPM.

Na **reunião dos processos** (art. 104), o juízo prevalente continuará competente (*perpetuatio fori*) para processar e julgar todas as infrações, mesmo aquelas que a princípio não seriam da sua competência geral.

Do Processo Penal Militar **135**

Importante!

Depreende-se do art. 102 do CPPM, que **não haverá** a prorrogação da competência e **unidade de processo**, ocorrendo o concurso entre a jurisdição especial militar com a jurisdição comum ou com o juízo da infância e da juventude (menores de 18 anos são inimputáveis e submetidos a medidas socioeducativas, nos termos da Lei n° 8.069/1990).

Observação

Na ocorrência de concurso entre a jurisdição especial militar e a jurisdição comum civil, **não importará** na **quebra da conexão**, pra os fins de processamento e julgamento do militar da ativa, no foro militar, quando este praticar em concurso, crime militar e crime comum (parágrafo único do art. 102 do CPPM).

4.6.7 Conexão

Os casos de conexão estão previstos no art. 99 do CPPM, ressaltando que para a existência de conexão é indispensável que exista mais de um crime, independentemente do número de agentes.

Art. 99. Haverá conexão:

a) se, ocorridas duas ou mais infrações, tiverem sido praticadas, ao mesmo tempo, por várias pessoas reunidas ou por várias pessoas em concurso, embora diverso o tempo e o lugar, ou por várias pessoas, umas contra as outras;

b) se, no mesmo caso, umas infrações tiverem sido praticadas para facilitar ou ocultar as outras, ou para conseguir impunidade ou vantagem em relação a qualquer delas;

c) quando a prova de uma infração ou de qualquer de suas circunstâncias elementares influir na prova de outra infração.

136 Direito Processual Penal Militar

4.6.7.1 *Conexão intersubjetiva*

A conexão que se refere a prática de crimes, necessariamente, por duas ou mais pessoas, denomina-se de conexão intersubjetiva, hipótese da alínea *a*, do referido art. 99, que pode englobar três situações ou subespécies de conexão intersubjetiva.

a) **Conexão intersubjetiva por simultaneidade ou ocasional**

Dois ou mais crimes são praticados, na mesma circunstância de tempo e lugar, por várias pessoas reunidas, sem que haja entre elas um ajuste ou um vínculo de intenções para a prática dos referidos crimes.

Exemplo: grupo de manifestantes protesta contra o aumento de passagem de ônibus, alguns participantes arremessam pedras nos coletivos. A polícia que acompanhava a manifestação, antes pacífica, responde com gás de pimenta para dispersão da turba. Em decorrência, o grupo desorganiza-se e, em espalhados pela cidade, passam a destruir bens públicos e particulares e a praticar violências contra terceiros, consumando, sem ajuste prévio, crimes de dano, lesões corporais etc.

b) **Conexão intersubjetiva por concurso**

Dois ou mais crimes são praticados por mais de uma pessoa, ainda que em circunstâncias de tempo e lugar distintas, permanece entre os agentes desses crimes um liame subjetivo, ajuste prévio, normalmente com dinâmicas de condutas delituosas, previamente ajustadas.

Exemplo: são os crimes praticados por quadrilhas, bandos e organizações criminosas, nos quais há ajustes e delimitação de tarefas para a prática de crimes, como tráfico de drogas e roubo em quartéis, de armas e munições etc.

c) **Conexão intersubjetiva por reciprocidade**

Dois ou mais crimes são praticados por várias pessoas, uma contra as outras, ressaltando-se que o crime de rixa não se inclui na espécie, pelo fato de a conexão exigir a prática de mais de um crime.

Exemplo: briga entre torcidas organizadas de futebol ou entre integrantes de organizações político-partidárias rivais que eventualmente entrem em embates por ocasião das campanhas eleitorais. Célio Lobão (2009, p. 217) exemplifica a conexão intersubjetiva nos "assassinatos sucessivos em represália a outros anteriormente cometidos, embora separados no tempo e no espaço".

De fato, não há a necessidade de que os crimes sejam praticados dentro de uma mesma moldura temporal, podendo passar dias e vários meses entre eles, desde que comprovada a relação de reciprocidade dos segundos em relação aos primeiros.

4.6.7.2 *Conexão objetiva*

As hipóteses de conexão previstas **na alínea *b* do art. 99** não dependem, necessariamente, de que os crimes sejam praticados por mais de uma pessoa. O vínculo entre os crimes reside na motivação da prática deles, denominada **conexão objetiva, que se subdivide em duas subespécies**.

a) **Conexão objetiva teleológica**

Dois ou mais crimes são praticados, sendo um realizado para assegurar a execução de outro.

Exemplo: mata-se a sentinela para roubar sua arma, invadir o quartel e roubar o paiol de armamento.

b) **Conexão objetiva consequencial**

Dois ou mais crimes são praticados por uma ou mais pessoas, sendo que um é praticado para assegurar a ocultação, a vantagem ou a impunidade do outro.

Exemplo: um soldado entra no paiol de combustível da Unidade Militar, onde se encontra destacado, para roubar gasolina, ocasião em que é surpreendido por outro soldado que se encontrava no local. Com receio de ser delatado, mata o colega militar a golpes de martelo.

4.6.7.3 *Conexão instrumental ou probatória*

A hipótese de conexão da alínea *c*, diz respeito ao vínculo instrumental ou probatório entre os crimes praticados, ou seja, a prova de um crime influi na prova do outro ou a existência de um depende da prévia existência do outro.

Dois ou mais delitos são praticados por uma ou mais pessoas, sendo que a prova de um delito ou de qualquer de suas circunstâncias elementares influi na prova de outro delito.

Exemplo: são os crimes de furto e receptação e os crimes de lavagem ou ocultação de bens, direitos e valores. Segundo Aury Lopes Jr. (2012, p. 493-494) seria essa a hipótese de conexão mais ampla, tendo em vista que "uma mesma prova poderia servir para o esclarecimento de ambos os crimes", justificando "reunir tudo para julgamento (e instrução) único".

4.6.8 Continência

Os casos de continência estão previstos no art. 100, do CPPM, que diferentemente da conexão não há a necessidade de pluralidade de crimes, embora tal situação possa ocorrer, como é o caso da alínea b, do referido artigo.

> **Art. 100.** Haverá continência:
>
> a) quando duas ou mais pessoas forem acusadas da mesma infração;
>
> b) na hipótese de uma única pessoa praticar várias infrações em concurso.

4.6.8.1 Continência subjetiva (art. 100, alínea a, do CPPM)

Quando um crime é praticado por duas ou mais pessoas, em concurso, e os autores ou partícipes responderão por esses crimes no mesmo processo.

Exemplo: vários militares participam de crime de rixa, ressaltando-se que diferentemente da hipótese da conexão intersubjetiva por concurso, na continência **não há pluralidade de crimes.**

4.6.8.2 Continência objetiva (art. 100, alínea b, do CPPM)

Nessa hipótese, "existe uma unidade delitiva por ficção normativa, *v.g.*, no concurso formal, *aberratio ictus* e *aberratio criminis*" (LOPES JR., 2012, p. 493-494).

Exemplo: militar embriagado assume a direção de uma viatura militar e atropela, de uma só vez, várias pessoas (concurso formal).

Exemplo: um Soldado efetua disparo de fuzil, objetivando causar a morte do Sargento, que o admoestou, mas, por falta de destreza, atinge outro militar que passava próximo ao local do disparo (*aberratio ictus* – **erro na execução, atingindo vítima diferente da pretendida**).

Exemplo: um Soldado arremessa pedra, objetivando romper o vidro do carro do seu Comandante, que se encontrava no estacionamento do quartel, mas, por excesso de força, atinge também militar que passava ao lado do veículo. Responderá pelo dano e lesão corporal culposa (*aberratio delicti* – **erro na execução com a ocorrência de resultado diverso do pretendido**).

4.6.9 Regras para determinação de competência em caso de conexão e continência

> **Art. 101.** Na determinação da **competência** por **conexão** ou **continência**, serão observadas as seguintes regras:

I – no concurso entre a **jurisdição especializada** e a cumulativa, preponderará aquela;

II – no concurso de **jurisdições cumulativas**:

a) prevalecerá a do lugar da infração, para a qual é cominada **pena mais grave**;

b) prevalecerá a do lugar onde houver ocorrido o **maior número de infrações**, se as respectivas penas forem de igual gravidade;

c) firmar-se-á a competência pela **prevenção**, nos demais casos, salvo disposição especial deste Código;

III – no concurso de **jurisdição de diversas categorias**, predominará a de maior graduação. (Grifos nossos.)

4.6.9.1 *Concurso entre a jurisdição especializada e a cumulativa (arts. 97 e 101, inc. I)*

Importante!

Consoante já mencionado, a atual LOJMU extinguiu as auditorias especializadas.

A competência das **Auditorias da 11ª CJM**, sediadas em Brasília/DF, para conhecer dos crimes militares praticados no **exterior** enquadra-se na competência cumulativa pelo **lugar da infração** (art. 91 do CPPM) e não por especialidade.

Portanto, não há mais eventual concurso entre a jurisdição especializada e a cumulativa.

4.6.9.2 *Concurso de jurisdições cumulativas ou mistas (art. 101, inc. II)*

Atualmente **todas** as Auditorias Militares são de **jurisdição mista** ou **cumulativa**, razão pela qual em havendo concurso entre elas, por meio da **conexão** ou **continência**, será competente:

a) **Do lugar onde foi praticado o crime cuja pena cominada for a mais grave**

Exemplo: um Soldado Fuzileiro Naval, servindo no Batalhão de Artilharia do Rio Janeiro, furta o relógio de outro soldado do mesmo Batalhão, vendendo-o, posteriormente, a um colega do Grupamento de Fuzileiros Navais de Brasília, que tinha conhecimento de que o relógio era produto de crime. Nesse contexto será competente para processar e julgar o crime, uma das Auditorias da 1ª CJM, com sede no Rio de Janeiro, tendo em vista que a pena abstratamente cominada ao crime de **furto** (reclusão, até seis anos) é mais gravosa do que a pena cominada ao crime de **receptação** (reclusão, até cinco anos), praticado na área de jurisdição da 11ª CJM.

b) **Do lugar onde for praticado o maior número de crimes, caso as penas cominadas sejam de igual gravidade**

Exemplo: um Cabo Fuzileiro Naval, servindo no Batalhão de Artilharia do Rio Janeiro, na qualidade de responsável pelo transporte de munições e explosivos, desloca-se até o Comando do 5º Distrito Naval, em Rio Grande/RS. Contudo, na cidade de Carapicuíba/SP, promove o desvio de 200 munições de fuzil; e nas cidades de Campina Grande do Sul/PR e Palhoça/SC, ele desvia 100 munições de pistola, em cada local. Nesse contexto, será competente a Auditorias da 5ª CJM, sediada em Curitiba/PR, tendo em vista o número maior de crimes de furto ocorrido na área de jurisdição dessa CJM.

Observação

Nos casos em que não seja possível estabelecer a competência pelas regras anteriores, será aplicada a regra subsidiária da **prevenção**.

4.6.10 Separação de processos e julgamento (arts. 105 e 106)

Os arts. 105 e 106 do CPPM tratam de hipóteses em que será facultado ao Juiz separar os processos ou julgamentos, objetivando uma prestação jurisdicional mais efetiva e célere, nas hipóteses seguintes:

Separação de julgamento

Art. 105. Separar-se-ão somente **os julgamentos**:

a) se, de vários acusados, algum estiver foragido e não puder ser julgado à revelia;

b) se os defensores de dois ou mais acusados não acordarem na suspeição de juiz de Conselho de Justiça, superveniente para compô-lo, por ocasião do julgamento.

Separação de processos

Art. 106. O juiz poderá **separar os processos**:

a) quando as infrações houverem sido praticadas em situações de tempo e lugar diferentes;

b) quando for excessivo o número de acusados, para não lhes prolongar a prisão;

c) quando ocorrer qualquer outro motivo que ele próprio repute relevante.

Recurso de ofício

§ 1º Da decisão de auditor ou de Conselho de Justiça em qualquer desses casos, haverá **recurso de ofício para o Superior Tribunal Militar.**

§ 2º O recurso a que se refere o parágrafo anterior subirá em traslado com as cópias autênticas das peças necessárias, e não terá efeito suspensivo, prosseguindo-se a ação penal em todos os seus termos. (Grifos nossos.)

Jurisprudência do STM: separação de processos e recurso de ofício.

EMENTA: **RECURSO** EM SENTIDO ESTRITO INTERPOSTO, **DE OFÍCIO**, PELO ÓRGÃO JULGADOR. SEPARAÇÃO DE PROCESSO COM BASE NA ALÍNEA *C* DO ART. 106 DO CPPM. MANUTENÇÃO DA DECISÃO RE-

CORRIDA. Conselho Permanente de Justiça que procedeu **separação do processo** devido à dificuldade de se localizar grande parte dos Acusados, para fins de citação, por meio de Carta Precatória Citatória. Verifica-se nos autos que os Acusados, ainda, não foram sequer citados, dado que não localizados nos seus endereços, mesmo após várias tentativas. Por isso, a permanência deles na Ação Penal Militar só retardará a continuidade da apuração quanto ao Réu já citado, inclusive ferindo o princípio da duração razoável do processo, nos termos do art. 5º, LXXVIII, da Constituição Federal de 1988. A **separação do processo** em relação ao réu já citado é medida que guarda consonância com o princípio da celeridade processual e tem o condão de evitar a perda da pretensão punitiva pela prescrição. **Recurso de ofício** desprovido. Decisão unânime (STM. Recurso em Sentido Estrito nº 252-69.2017.7.11.0111/DF. Rel. Min. Lúcio Mário de Barros Góes. Julgado em 20.02.2018 – grifos nossos).

Importante!

No Processo Penal Militar **não há a previsão** de suspensão do curso do processo pela revelia do réu, como previsto no **art. 366 do CPP**. Por isso, a revelia não é motivo de suspensão nem de separação do processo ou do julgamento na JMU.

Dica!

Recomendamos analisar o teor do aresto do STM: **Agravo Interno nº 7000187-66.2018.7.00.0000** à luz das regras de conexão e continência e separação do processo no CPPM.

4.6.11 Avocação de processo (art. 107)

Segundo o art. 107 do CPPM, ocorrido a conexão ou continência e tendo sido instaurados processos distintos, a autoridade de jurisdição prevalente deverá avocar para si os processos que tramitem perante outros juízes, caso não tenha sido proferida sentença de mérito nesses processos. Uma vez prolatada a sentença de mérito, recorrível ou não, a unificação dos processos se dará, posteriormente, para efeitos de soma ou unificação das penas.

> AGRAVO REGIMENTAL. DECISÃO MONOCRÁTICA QUE NEGOU SEGUIMENTO AOS *HABEAS CORPUS*. PRELIMINAR DE PERDA DO OBJETO. **REUNIÃO DOS PROCESSOS.** INCIDÊNCIA DA **CONEXÃO PROBATÓRIA.** SENTENÇA DEFINITIVA. IMPOSSIBILIDADE. Na forma do art. 107 do CPPM, não é permitida a reunião dos processos por motivo de conexão ou de continência quando, em uma das lides, existir sentença definitiva de mérito, a qual, para efeito de soma ou de unificação das penas, poderá ocorrer na execução da pena. Agravo prejudicado. Decisão unânime (STM. Agravo Interno nº 7000480-36.2018.7.00.0000. Rel. Min. Alvaro Luiz Pinto. Julgado em 21.08.2018 – grifos nossos).

4.6.12 Competência em razão do posto e da função (art. 108)

Depreende-se da redação do art. 108 do CPPM que se poderá determinar a competência do órgão jurisdicional, no âmbito da JMU, em razão da prerrogativa do posto ou da função.

> **Art. 108.** A competência por prerrogativa do posto ou da função decorre da sua própria natureza e não da natureza da infração, e regula-se estritamente pelas normas expressas neste Código.

A hipótese de competência por **prerrogativa do posto** está definida pela norma do art. 6º, I, *a*, da Lei nº 8.457/1992, segundo a qual os oficiais-generais (Almirantes, Generais e Brigadeiros), da ativa e da reserva, somente poderão ser processados e julgados pela prática de crime militar perante o STM. Nos demais delitos (não militares), aplicam-se as regras do juízo ordinário competente.

A denúncia em desfavor dos oficiais-generais somente poderá ser oferecida pelo Procurador-Geral da Justiça Militar e dirigida ao Presidente do STM, na forma do art. 489 do CPPM c/c o art. 108, *caput* e parágrafos, do Regimento Interno do STM (RISTM), que deverá sortear, como **relator, um ministro civil** para apreciação e eventual **recebimento monocrático** da exordial acusatória.

Exemplo: um Capitão de Mar e Guerra cometeu crime militar, no ano de 2018, enquanto na função adido naval no Chile. Tal fato começou a ser investigado pela Procuradoria de Justiça Militar em Brasília/DF, em meados de 2019. Contudo, o referido oficial superior foi **promovido** ao posto de **Contra-Almirante** em 31.03.2020. Portanto, a ascensão desse oficial ao generalato **alterou** as regras de fixação de **competência em favor** do **Superior Tribunal Militar**. Logo, a autoridade ministerial com atribuições para prosseguir nessas investigações e oferecimento de eventual denúncia será o Procurador-Geral de Justiça Militar. A hipótese de **competência** por **prerrogativa da função** está prevista no parágrafo único do art. 95 da Lei nº 8.457/1992, segundo o qual, em **tempo de guerra**, o **Comandante do Teatro de Operações Militares** será julgado pelo STM, estando condicionado o oferecimento da denúncia do MPM à requisição do Presidente da República.

Atenção!

Observar que a fixação da competência por prerrogativa de **posto** possui regramento e hipótese distintos da competência por prerrogativa de **função**.

Importante!

Embora não tenha previsão constitucional, a fixação da competência por **prerrogativa** de **posto** (de oficial-general) e por **função**, com base apenas na Lei de Organização da Justiça Militar da União (Lei nº 8.457/1992), recebe críticas doutrinárias quanto a sua (in)constitucionalidade. Entretanto, Mario Porto[9] entende que o **STF**, ao apreciar a ADI nº 2.797/DF, admite que as **competências** das Justiças Especializadas sejam **fixadas por** meio de **lei**, quando o constituinte, expressamente, tenha feito reserva nesse sentido, como ocorre no caso da Justiça Militar da União, em seu art. 124, parágrafo único, da nossa Lei Maior.

Precedente do STM: no concurso entre **oficial-general**, oficial ou civis deve-se desmembrar o feito:

> AGRAVO INTERNO. AÇÃO PENAL ORIGINÁRIA. RÉUS NÃO DETENTORES DE PRERROGATIVA DE FORO. PRINCÍPIO DO JUIZ NATURAL. DESMEMBRAMENTO DO FEITO POR DECISÃO DO MINISTRO-RELATOR. INCONFORMISMO DO MPM. AGRAVO REJEITADO. UNÂNIME. A jurisprudência do Supremo Tribunal Federal fixou o entendimento de que o **desmembramento do feito**, em relação aos **Denunciados** que **não possuem prerrogativa de foro**, é a regra a prevalecer, admitindo-se, apenas, excepcionalmente, a atração do julgamento de corréus, em ação penal originária, quando a separação puder causar prejuízo relevante à tramitação do processo. Nesse diapasão, cumpre enfatizar que o desmembramento do feito traz a força normativa da Constituição Federal de 1988 (Konrad Hesse), pois, aplicando ao caso o **princípio do Juiz Natural**, consequentemente, dar-se-á relevância aos princípios constitucionais do duplo grau de jurisdição, bem como do contraditório e o da ampla defesa. Enfatize-se que, embora não se trate de caso complexo e com grande número de denunciados, o desmembramento é medida que se impõe, à luz de juízo de **ponderação de valores**, com espeque no princípio

---

9. A competência originária do Superior Tribunal Militar para processar e julgar os oficiais generais nos crimes militares e sua compatibilidade com a Constituição da República de 1988. Disponível em: www.jusmilitaris.com.br/sistema/arquivos/doutrinas/compgenstm.pdf./. Acesso em: 11 maio 2020.

constitucional do Juiz Natural, bem como pelo fato de que tal ato não trará qualquer prejuízo à instrução processual. Frise-se que a norma descrita no art. 100, *a*, c/c o art. 102, ambos do CPPM, que determina a **unidade do processo** nos casos de **conexão** e **continência**, sendo de **caráter infraconstitucional**, não se sobrepõe ao **princípio constitucional do Juiz Natural**. Agravo rejeitado. **Decisão unânime** (STM. Agravo Interno nº 7000187-66.2018.7.00.0000. Rel. Min. José Barroso Filho. Julgado em 04.04.2018 – grifos nossos).

Importante!

Assim como a requisição de IPM em desfavor de oficial-general é atribuição exclusiva do Procurador-Geral de Justiça Militar, o recebimento e análise de Notícia de Fato (*notitia criminis*) e, também, a instauração e condução de Procedimento Investigatório Criminal (PIC) são feitos originários do Chefe do *Parquet* castrense. Tais feitos extrajudiciais, quando arquivados por decisão do PGJM, são finalizados na própria Procuradoria-Geral de Justiça Militar.

Exemplo: o objeto da **Notícia de Fato** (originária) nº **100.2019.000037** aferiu se a Ordem de Operações 1, subscrita em 12.02.2019, pelo Comandante da 1ª Divisão de Exército e Guarnição da Vila Militar, nos termos em que editada, transbordava ou não "os contornos da segurança das instalações militares e de pessoal militar", sem análise de casos concretos. Constou da resposta da autoridade militar que os pontos de controle previstos na Ordem de Operações "Muquiço", que cobriam todo o itinerário das áreas de patrulhamento, estavam localizados dentro do raio de 1.320 metros, e de acordo com os limites legais justificados no Parecer nº 00484/2019/CONJUR-MD/CGU/AGU. A decisão de arquivamento proferida pelo Procurador-Geral de Justiça Militar, em 19 de agosto de 2019, no sentido da ausência de excessos nos comandos contidos na Ordem de Operações 1, está devidamente fundamentada, sem que haja necessidade de qualquer complementação ou esclarecimento. Publique-se e arquive-se.

148 Direito Processual Penal Militar

> **Dica!**
>
> Pesquisar o teor do **Parecer nº 00484/2019/CONJUR-MD/CGU/AGU** para compreender a forte influência do Direito Administrativo Militar no Direito Penal e Processual Penal Militar.

4.6.13 Desaforamento (art. 109)

As hipóteses autorizadoras do pedido de desaforamento no CPPM guardam semelhança com as previstas no art. 424 do CPP, destinado, exclusivamente, aos processos de competência do Tribunal do Júri.

Caso de desaforamento

Art. 109. O desaforamento do processo poderá ocorrer:

a) no interesse da ordem pública, da Justiça ou da disciplina militar;

b) em benefício da segurança pessoal do acusado;

c) pela impossibilidade de se constituir o Conselho de Justiça ou quando a dificuldade de constituí-lo ou mantê-lo retarde demasiadamente o curso do processo.

Competência do Superior Tribunal Militar

§ 1º O pedido de desaforamento poderá ser feito ao Superior Tribunal Militar:

Autoridades que podem pedir

a) pelos Ministros da Marinha, do Exército ou da Aeronáutica;

b) pelos comandantes de Região Militar, Distrito Naval ou Zona Aérea, ou autoridades que lhe forem superiores, conforme a respectiva jurisdição;

c) pelos Conselhos de Justiça ou pelo auditor;

d) mediante representação do Ministério Público ou do acusado.

Justificação do pedido e audiência do procurador-geral

§ 2º Em qualquer dos casos, o pedido deverá ser justificado e sobre ele ouvido o procurador-geral, se não provier de representação deste.

Audiência a autoridades

§ 3º Nos casos das alíneas *c* e *d*, o Superior Tribunal Militar, antes da audiência ao procurador-geral ou a pedido deste, poderá ouvir autoridades a que se refere a alínea *b*.

Auditoria onde correrá o processo

§ 4º Se deferir o pedido, o Superior Tribunal Militar designará a Auditoria onde deva ter curso o processo.

Renovação do pedido

Art. 110. O pedido de desaforamento, embora denegado, poderá ser renovado se o justificar motivo superveniente.

Tal qual no CPP, as hipóteses para seu manejo devem ser interpretadas de forma restritiva, ressaltando que no âmbito da JMU a hipótese da alínea *c* do art. 109 do CPPM é recorrente, em relação ao Conselho Especial de Justiça, nas localidades em que há escassez de oficiais em número suficiente para a formação do referido CEJ, mormente quando o denunciado tiver posto e patente elevada.

Ressalvada a hipótese que o pedido seja formulado pelo MPM, o Procurador-Geral da Justiça Militar será sempre ouvido, podendo o pedido em caso de indeferimento ser renovado em caso de situação, superveniente, que o justifique.

> DESAFORAMENTO. PLEITO DO JUÍZO DA AUDITORIA DA 4ª CJM. IMPOSSIBILIDADE DE CONSTITUIR O CONSELHO ESPECIAL DE JUSTIÇA. DEFERIMENTO. UNÂNIME. O desaforamento é medida excepcional de mudança de competência que não ofende o princípio do Juiz Natural, porquanto previsto em lei. *In casu*, é possível o julgamento dos Réus em outra Auditoria, consoante a hipótese

estampada no art. 109, *c*, do CPPM, ante a impossibilidade de se constituir o Conselho de Justiça. Mostra-se plausível o pleito de desaforamento, tendo em vista que o Juízo *a quo* justificou a impossibilidade de formação do Conselho Especial de Justiça, ante a insuficiência de oficiais superiores aos Denunciados hábeis a compor o Conselho. Pedido deferido, para que seja processado perante uma das Auditorias da 1ª CJM. Decisão unânime (STM. Desaforamento nº 7000431-92.2018.7.00.0000. Rel. Min. José Barroso Filho. Julgado em 28.06.2018).

5

Conflito de competência, questões prejudiciais e incidentes

5.1 Dos conflitos de competências (arts. 111 a 121)

Em que pese a existência de regras para o fim de delimitação da competência dos órgãos judiciais, é recorrente a existência de conflitos relacionados a essa matéria, que poderão ser **suscitados** pelas partes, por **requerimento**, ou pelos próprios órgãos jurisdicionais, por **representação**, conforme o art. 114 do CPPM.

Conflito de competência é a divergência quanto ao limite do exercício de jurisdição (competência) entre autoridades judiciárias, que se declaram competentes ou incompetentes para conhecer da mesma causa, o que pode ocorrer no mesmo processo ou distintos (NUCCI, 2019, p. 339-340).

As questões atinentes à competência resolvem-se pela **exceção própria** (arts. 143 a 147), bem como pelo **conflito positivo** ou **conflito negativo** (arts. 111 a 121).

De acordo com o **princípio da hierarquia das jurisdições**, compete ao **STM** decidir sobre os conflitos de competência entre os órgãos jurisdicionais da Justiça Militar da União de hierarquia inferior, cuja decisão é irrecorrível (art. 119). Não existe conflito de competência entre o STM e os órgãos da JMU de hierarquia inferior, também em decorrência do princípio da hierarquia jurisdicional.

Por isso, o **STM**, mediante **avocatória**, restabelecerá sua competência sempre que invadida por juiz de instância inferior, sendo também competente para dirimir os conflitos de competência entre os **órgãos judiciais** e **administrativos**, pertencentes à estrutura da JMU (art. 121 do CPPM; e art. 6°, inciso II, alínea *g*, da LOJMU).

O **conflito negativo** de competência poderá ser suscitado nos próprios autos do processo; e no caso de **conflito positivo**, o relator do feito poderá ordenar, desde logo, que se **suspenda** o andamento do **processo**, até a decisão final (art. 115).

Observação

Poderá ocorrer **conflito de competência**, quando houver divergência quanto à unidade do Juízo e a **reunião** ou **separação** do **processo** (art. 112, II).

Os requerimentos e representações deverão ser fundamentados e acompanhados de documentos e alegações, de fato e de direito, que sirvam à sua comprovação.

O **Supremo Tribunal Federal** é competente para dirimir os conflitos de competência entre o **STM** e qualquer **outro Juízo ou Tribunal**, inclusive o STJ, nos termos do art. 102, I, *o*, da CF/1988. **Ex.**: STM e Juiz Federal ou TJM-SP.

Atenção!

O art. 121 do CPPM não foi recepcionado pela CF/1988.

O **Superior Tribunal de Justiça** é competente para dirimir os conflitos de competência entre os órgãos judiciais de **1ª ins-**

tância da JMU com quaisquer outros órgãos jurisdicionais (exceto Tribunais Superiores), não pertencentes a essa Justiça Especializada nos termos do art. 105, I, *d*, da CF/1988.

Exemplo: havendo conflitos de competência entre Juiz Federal, Juiz do Juízo Militar Estadual ou Conselhos de Justiça da JME, Juiz Federal da Justiça Militar ou Conselhos de Justiça da JMU, por serem órgãos judiciais vinculados a Tribunais diferentes, será o **STJ** competente para dirimi-los.

Observação

Nos Estados em que não há Tribunal de Justiça Militar, o conflito entre o Juiz de Direito da Vara da Auditoria Militar e o Juiz de Direito será dirimido pelo próprio **Tribunal de Justiça** daquele **Estado**. Contudo, nos Estados dotados de Tribunais de Justiça Militar (SP, MG e RS), os conflitos entre o juízo militar e o juízo comum, por se tratar de juízos subordinados a Tribunais distintos, será o **STJ** competente para dirimi--los (LIMA, 2019, p. 1396).

Importante!

O advento da **Lei n° 13.774/2018** ampliou competência ao Juiz Federal da Justiça Militar para processar e julgar, monocraticamente, os **civis**, por prática de crime militar. Então, surgiu a controvérsia a respeito de qual seria o órgão jurisdicional castrense competente para julgar os ex-militares (civis) que praticaram crime militar ao tempo em que eram militares da ativa.

Após intensos debates e ponderações, com a participação de representantes da DPU, da OAB, da AGU, da PGJM, dentre outros, o **STM decidiu**, em sede do primeiro Incidente de Resolução de Demandas Repetitivas (IRDR) julgado na JMU, pela fixação da tese que: "Compete aos Conselhos Especial e Permanente de Justiça o julgamento de civis [ex-militares] que praticaram crimes militares na condição de militares das Forças Armadas".

Jurisprudência do STM:

INCIDENTE DE RESOLUÇÃO DE DEMANDAS REPE-
TITIVAS (**IRDR**). PRELIMINAR DE INCONSTITUCIO-
NALIDADE DO IRDR. (...). REJEIÇÃO. PRELIMINAR
DE INADMISSIBILIDADE DO IRDR. (...). REJEIÇÃO.
MÉRITO. (...). PROTEÇÃO AOS PRINCÍPIOS DA HIE-
RARQUIA E DA DISCIPLINA. **JULGAMENTO DE CIVIS
PELA JUSTIÇA CASTRENSE.** ALTERAÇÃO ADEQUA-
DA À REALIDADE FÁTICA ATUAL. DISCUSSÃO. **COM-
PETÊNCIA PARA PROCESSAR E JULGAR EX-MILITA-
RES QUE COMETERAM DELITOS CASTRENSES EM
ATIVIDADE.** (...). VI – Discussão referente ao julgamento
de ex-militares que cometeram delitos castrenses na qualida-
de de integrantes da ativa das Forças Armadas. VII – A Lei
nº 13.774/2018 modificou a Lei de Organização Judiciária
Militar da União (LOJM) – Lei nº 8.457/1992 – e estabeleceu
a competência do Juiz Federal da Justiça Militar, de forma
monocrática, para o julgamento de civis que pratiquem crimes militares. No entanto, **não visou o legislador a modificação da regra para o processamento de ex-militares que
cometeram delitos castrenses em atividade.** Inteligência da
Justificativa ao Projeto de Lei nº 7.683/2014. VIII – Interpretação da nova redação do inciso I-B do art. 30 da LOJM, que
menciona expressamente os incisos I e III do art. 9º do CPM,
e olvida propositadamente o inciso II, que dispõe acerca das
situações de crimes praticados somente por militares. Inserção por analogia importaria em ativismo judicial, eis que não
manifestada a vontade do legislador ordinário. IX – Adoção
do princípio *tempus regit actum*, o qual dispõe que a competência deve ser fixada na data do fato, sob pena de possibilitar
a criação de juízos de exceção, bem como a escolha do órgão
julgador pelo acusado. Obediência à garantia do juiz natural.
X – Fundamentação que encontra amparo no Direito Comparado, a exemplo de Chile, Espanha e Itália. No mesmo sentido **há previsão nas Justiças Militares Estaduais**. XI – Não

há que se falar em violação ao Pacto de São José da Costa Rica ou à jurisprudência da Corte Interamericana de Direitos Humanos. Situações que envolvem civis que cometeram delitos castrenses nessa qualidade e não como integrantes das Forças Armadas. Distinção em relação ao caso vertente. (...). XVII – Incidente de Resolução de Demandas Repetitivas procedente. Adoção da tese jurídica: "**Compete aos Conselhos Especial e Permanente de Justiça** o **julgamento de civis** que **praticaram** crimes militares **na condição de militares** das Forças Armadas". Decisão unânime (STM. IRDR nº 700042551.2019.7.00.000022. Rel. Min. Dr. Péricles Aurélio Lima de Queiroz. Julgado em 22.08.2019 – grifos nossos).

Embora o IRDR não estivesse previsto no CPPM; após esse IRDR, o STM tratou de regular a matéria, por analogia, nos arts. 151-A a 151-C do seu **Regimento Interno**.

Súmula do STM, verbete **nº 17,** de 06.12.2019 – Compete aos Conselhos Especial e Permanente de Justiça processar e julgar acusados que, em tese, praticaram crimes militares na condição de militares das Forças Armadas.

5.2 Questões prejudiciais

Prejudicial é a questão incidental com **valoração penal ou extrapenal** (cível, administrativa etc.) que deve ser enfrentada antes do julgamento do mérito principal. Portanto, além de ser resolvido antes do mérito principal, a este está ligada (**conectada**), condicionando o conteúdo das decisões a ele referente; afetando a própria tipicidade da conduta delituosa imputada. Por essas características, Renato Brasileiro de Lima (2019, p. 1127) filia-se à corrente dos professores Scarance Fernandes e Mirabete, no sentido de que a **questão prejudicial** é uma espécie de **conexão**, pois há necessário nexo ou vínculo entre a questão prejudicial e a prejudicada.

De acordo com os arts. 122 ao 127 do CPPM, o Juiz poderá suspender o curso do processo, sempre que houver **questões fáticas** de **direito material** que, por imperativo lógico, devem ser **analisadas antes** do julgamento da **questão do mérito**, discutido no processo principal, tendo em vista que as questões prejudiciais condicionam, por assim dizer, a decisão da questão de mérito do processo penal suspenso, que lhe é subordinada.

Por isso, justifica-se a **suspensão** do Processo Penal Militar (art. 124, *caput*, e alíneas), nos casos de: **a)** questão séria e fundada sobre o **estado civil de pessoa** envolvida no processo; **b)** questão de difícil solução que não esteja relacionada com o estado civil das pessoas, desde que tenha sido proposta ação civil para dirimi-la.

O **prazo de suspensão** será fixado pelo juiz dentro de parâmetros que considerem razoáveis, podendo ser prorrogado, desde que eventual demora na solução da prejudicial, pelo juízo cível, não seja provocada por culpa da parte. Caso expirado o prazo, sem que haja solução para a controvérsia, o processo prosseguirá, decidindo o juiz da JMU sobre toda e qualquer matéria a ele submetida.

As denominadas **questões prejudiciais** apresentam **características comuns**: são anteriores à questão de mérito discutida no processo principal; subordinam-se o exame da referida questão de mérito; possuem autonomia em relação ao processo principal, uma vez que podem ser objeto de processo autônomo, seja no próprio juízo penal, questões **prejudiciais homogêneas,** ou no cível, questões **prejudiciais heterogêneas**, quando, por exemplo, versarem sobre o estado civil de pessoas.

Nas **Auditorias Militares**, as questões prejudiciais, antes de instaurado o Conselho, serão resolvidas pelo Juiz Federal da Justiça Militar; no **STM**, se suscitadas pelas partes, antes de iniciado o julgamento, serão resolvidas pelo relator e, após seu início, pelo seu colegiado.

Observação

Embora as **questões prejudiciais** e os **processos incidentais** possuam a anterioridade lógica (**preliminares**) e subordinam o julgamento do mérito do processo principal, ambas possuem elementos distintivos. As **questões incidentais** dizem respeito aos pressupostos e condições do processo, versando sobre **matéria** eminentemente **processual**; enquanto as **questões prejudiciais** referem-se à **matéria de direito material** e, ao contrário daquelas, podem ser objeto de processo autônomo, inclusive, no juízo cível, como é o caso das questões prejudiciais heterogêneas, por se tratar de ramo de direito material diferente do Direito Penal.

5.3 Dos incidentes (arts. 128 a 169)

Na sistemática própria do CPPM são 03 as espécies de **incidentes processuais**: a) referentes às **exceções** (suspeição ou impedimento, incompetência do juízo, litispendência e coisa julgada); b) de **sanidade mental**; e c) de **falsidade documental**.

Como já vimos, as questões prejudiciais, que também são questões incidentais de conteúdo material, são tratadas no CPPM em título próprio, embora essa topografia processual não altere a sua natureza incidental e prejudicial do mérito.

5.3.1 Exceções em geral (art. 128)

As **exceções** são espécies de **questões incidentais**, que não se confundem com as questões prejudiciais, posto que aquelas, diferentes destas, dizem respeito à **matéria** eminentemente **processual**.

As exceções admitidas no Processo Penal Militar são análogas àquelas do art. 95 do CPP, salvo a exceção de ilegitimidade da parte, que não consta no CPPM, pelo fato de que, como já vimos, na Justiça Militar, não há hipótese de ação penal privada, exceto a ação privada subsidiária da pública (art. 5°, LIX, da CF/1988).

> **Art. 128.** Poderão ser opostas as exceções de:
>
> a) suspeição ou impedimento;
>
> b) incompetência de juízo;
>
> c) litispendência; e
>
> d) coisa julgada.

Antes do enfrentamento do mérito do processo, as partes poderão opor as exceções, que poderão resultar na extinção do processo sem o julgamento do mérito (exceções peremptórias) ou na suspensão do seu curso natural (exceções dilatórias).

5.3.2 Exceção de impedimento ou suspeição (arts. 129 a 142)

A arguição de suspeição ou impedimento precederá, quando não fundada em motivo superveniente, qualquer outra, em prestígio aos princípios do juiz natural e do devido processo legal.

As causas de suspeição e impedimento encontram-se elencadas, taxativamente, nos arts. 37 e 38 do CPPM.

Sendo reconhecida **de ofício**, o Juiz suspenderá a marcha do processo e mandará juntar aos autos o requerimento do recusante com os documentos que o instruam e, por despacho, se declarará suspeito, ordenando a remessa dos autos ao substituto.

Caso o juiz não se dê por suspeito ou impedido, de ofício, qualquer das partes poderá opô-la, em petição assinada por ela própria ou seu representante legal, ou por procurador com poderes especiais, aduzindo as razões, acompanhadas de prova documental ou do rol de testemunhas, que não poderão exceder a duas.

O MPM poderá opor as exceções, por ocasião do oferecimento da denúncia, ou no momento da instalação do Conselho, em relação aos juízes militares; e o réu poderá opor exceções de impe-

Conflito de competência, questões prejudiciais e incidentes **159**

dimento e suspeição, por ocasião de sua defesa. Caso a suspeição ou o impedimento seja superveniente, as partes se manifestarão, nos autos, no primeiro momento em que puderem.

Caso o juiz se enquadre em uma das situações de suspeição, previstas no art. 38 do CPPM e não se declare suspeito, mandará autuar em separado o requerimento de arguição e dará a sua resposta dentro em três dias, podendo instruí-la e oferecer testemunhas, determinando a remessa dos autos apartados, dentro em vinte e quatro horas, ao STM, que processará e decidirá a arguição.

As considerações acima expendidas aplicam-se aos juízes membros dos Conselhos de Justiça e aos Ministros do STM. No caso de a arguição ser julgada procedente, ficarão nulos os atos processuais.

Segundo o CPPM, além dos juízes e ministros do STM, os membros do MPM, peritos, intérpretes e os auxiliares da justiça podem dar-se por suspeitos ou impedidos, ou terem sua suspeição ou impedimento arguidos, por qualquer das partes.

A imparcialidade é imprescindível ao Processo Penal como instrumento de contenção do poder estatal, efetivação da justiça e de respeito às liberdades e garantias individuais.

Observação

Não se poderá opor suspeição ao **encarregado do IPM**, mas deverá este declarar-se suspeito quando ocorrer motivo legal, que lhe seja aplicável (art. 142).

5.3.3 Exceção de incompetência (arts. 143 a 147)

A arguição de exceção de **incompetência** pode ser oposta oralmente, quando será tomado por termo nos autos, ou por escrito, logo após a qualificação do réu.

Direito Processual Penal Militar

Importante!

O CPPM estabelece como momento dessa arguição: a **qualificação** do acusado; e não o do interrogatório, que passou a ser ao final da instrução criminal, nos termos do art. 400 do CPP comum, por analogia.

Em caso de a exceção provir do MPM, deverá ser oposta antes do oferecimento da denúncia, em qualquer situação será dada vista a parte contrária, quando identificável, para que se manifeste sobre o pedido dentro de 48 horas.

O magistrado da JMU ou JME poderá (art. 147), *ex officio*, declarar-se incompetente nos próprios autos, em qualquer fase do feito, remetendo-os ao juízo competente, que na hipótese de não se considerar, igualmente, competente poderá encaminhar os autos para outro juízo ou suscitar **conflito negativo** de competência, a ser decidido pelo Tribunal competente, nos termos da CF/1988.

Observação

No âmbito da JME, a regra do referido art. 147 é mitigada pela **Súmula nº 33 do STJ**: a incompetência relativa não pode ser declarada de ofício.

A arguição de incompetência em **1ª instância** será apreciada pelo Juiz Federal ou Juiz de Direito da Justiça Militar. Declarando-se competente, o Juiz continuará no feito, cabendo recurso dessa decisão, que seguirá em autos apartados para o STM. Caso o STM decida pela procedência do recurso, tornará nulos os atos praticados pelo juiz declarado incompetente, devendo os autos do recurso ser anexados aos do processo principal.

No caso de processos de **competência originária** do STM, será apreciada pelo seu relator, contra tais decisões caberá recurso para o Plenário daquele Tribunal.

O **conflito positivo** e **negativo** de competência já foi abordado neste Capítulo (arts. 111 a 121).

5.3.4 Exceção de litispendência (arts. 148 a 152)

Em resguardo ao princípio do *non bis in idem*, ninguém pode ser processado mais de uma vez pelo mesmo fato, sob pena de duplicidade de punições e possibilitar o surgimento de decisões contraditórias para uma mesma situação, o que geraria insegurança jurídica ou excesso em matéria de responsabilização penal.

Assim, se o Juiz togado ou o Conselho de Justiça reconhecer que o litígio proposto a seu julgamento já pende de decisão em outro processo, na mesma Auditoria, mandará juntar os novos autos aos anteriores. Ocorrendo o primeiro processo em outra Auditoria, para ela serão remetidos os novos autos.

A exceção de litispendência poderá ser arguida, por escrito, por qualquer das partes, além de reconhecida de ofício pelo Juiz, monocraticamente, ou pelo Conselho de Justiça, consoante a fase e natureza do feito.

A arguição de litispendência deverá ser instruída com a certidão passada por cartório do juízo ou pela Secretaria do STM, mas se o arguente não puder apresentar a prova da alegação, o juiz poderá conceder-lhe prazo para que o faça, podendo, a seu critério, suspender a marcha do processo.

5.3.5 Exceção de coisa julgada

A coisa julgada integra o rol das **cláusulas pétreas** (art. 5°, XXXVI, CF/1988).

A doutrina considera a coisa julgada uma qualidade dos efeitos da decisão definitiva, caracterizada por sua imutabilidade e irrecorribilidade, nesse sentido se posiciona Jorge César de Assis (2012, p. 251) apontando a diferença entre a coisa julgada e a litispendência ao afirmar que "nesta há um processo em curso e, naquela, já se apresenta uma sentença final irrecorrível, ou seja, uma lide já composta".

Assim, o Juiz rejeitará a denúncia caso reconheça que o feito sob seu julgamento já foi, quanto ao fato principal, definitivamente julgado por sentença irrecorrível, sendo certo que a coisa julgada opera efeitos, somente em relação às partes no processo.

Caso não reconhecida de ofício, quaisquer das partes poderá argui-la, fazendo juntada de certidão que a comprove. Após ouvido o MPM, a arguição da coisa julgada será decidida pelo Juiz, que recorrerá de ofício ao STM, caso a reconheça.

Observação

No processo e julgamento do **recurso de ofício** será adotado o rito do Recurso em Sentido Estrito (art. 116, § 3°, RISTM).

A sentença absolutória irrecorrível é absoluta. Contudo, essa **característica imutável** torna-se **relativa** em relação à sentença penal **condenatória** transitada em julgado, uma vez que, a qualquer tempo, o próprio condenado, o seu procurador ou, no caso de morte, seu cônjuge, ascendente, descendente ou irmão, poderão requerer a revisão das sentenças condenatórias transitadas em julgado, por meio da **Revisão Criminal** (arts. 551 a 562).

Importante!

Embora a jurisprudência dos Tribunais Superiores e o art. 90-A da Lei n° 9.099/1995 prescrevam que os institutos da Lei do Juizado Especial Criminal (*v.g.*, transação penal) não se apliquem no âmbito das Justiças Militares da União e dos Estados, eventual sentença transitada em julgado nesse Juízo (absolutamente incompetente) fará coisa julgada material.

Jurisprudência do STM:

RECURSO EM SENTIDO ESTRITO. **RECURSO DE OFÍCIO**. EXTINÇÃO DE AÇÃO PENAL MILITAR SEM JULGAMENTO DO MÉRITO. ARQUIVAMENTO. **COISA JULGADA MATERIAL**. OCORRÊNCIA. ENUNCIADO N° 35 DA SÚMULA VINCULANTE DE JURISPRUDÊN-

CIA DO SUPREMO TRIBUNAL FEDERAL. INAPLICA-
BILIDADE. NEGADO PROVIMENTO. UNANIMIDADE.
Cumpridas as condições estabelecidas na **sentença homo-
logatória** da **transação penal** prevista no art. 76 da **Lei
nº 9.099/1995**, e declarada a extinção da punibilidade, ope-
ra-se a **coisa julgada material**, tornando imutável o *Decisum*, não sendo mais possível a esta Justiça Especializada
reapreciar a matéria encerrada em definitivo, ainda que por
Juízo incompetente. Nessas circunstâncias, é **inaplicável** o
Enunciado nº 35 da **Súmula Vinculante** de Jurisprudência
do **Supremo Tribunal Federal**. Recurso em Sentido Estrito a que se nega provimento. Unanimidade (STM. Recurso
em Sentido Estrito nº 7000059-46.2018.7.00.0000. Rel. Min.
Cleonilson Nicácio Silva. Julgado em 27.03.2018 – grifos
nossos).

5.3.6 Incidente de insanidade mental

A **imputabilidade** do acusado é indispensável à apuração
de sua responsabilidade penal, razão pela qual, havendo dúvidas
acerca de sua saúde mental, inclusive, durante o IPM, dever-se-á
submetê-lo a regular perícia médica para dirimi-la, nesse sentido é
a redação do art. 156 do CPPM.

Segundo o CPPM, a perícia poderá ser determinada, de ofício, pelo juiz ou a requerimento do Ministério Público, do defensor,
do curador, ou do cônjuge, ascendente, descendente ou irmão do
acusado, em qualquer fase do processo, bem como, no IPM, por
iniciativa do seu encarregado ou em atendimento a requerimento
das pessoas supramencionadas, conforme preceituado nos §§ 1° e
2° do art. 156 do CPPM.

O art. 158 do CPPM aduz que o juiz determinará a **suspensão do processo** quando a presença do acusado seja indispensável
à realização do exame pericial. O prazo para conclusão do Incidente
de insanidade mental é de **45 dias**.

164 Direito Processual Penal Militar

5.3.7 Incidente de falsidade de documento (arts. 163 a 169 do CPPM)

O incidente de falsidade documental segue a mesma principiologia e elementos da doutrina e jurisprudência do processo penal comum. Poderá ser instaurado *ex officio* pelo Juiz ou Conselho de Justiça ou, ainda, a requerimento das partes. Será realizado por meio de perito(s) oficial(ais) ou compromissado(s), em autos apartados.

O juiz poderá suspender o processo até a apuração da falsidade, se imprescindível para a condenação ou absolvição do acusado, sem prejuízo, entretanto, de outras diligências que não dependam daquela apuração.

Embora os arts. 163, *d*, e 169 do CPPM possibilitem o entendimento de que o juiz, ao término do incidente de falsidade documental, decidirá reconhecimento (ou não) da falsidade, tal decisão ocorrerá somente por ocasião do julgamento do mérito do processo.

Dica!

Recomendamos realizar a leitura dos arts. 314 a 346 e 371 a 381 do CPPM e demais dispositivos que permitam estabelecer o rito completo da autuação e desenvolvimento do incidente de falsidade documental.

6

Prisão, liberdade provisória e menagem

6.1 Considerações gerais sobre a prisão

A prisão de qualquer pessoa, na ambiência do Estado Democrático de Direito, seja militar ou civil, somente se justifica em situações, expressamente, previstas na lei e que guardem respeito aos princípios e garantias constitucionais previstos na CF/1988.

A prisão poderá ocorrer em razão de sentença penal condenatória transitada em julgado, quando o Estado-Juiz, no âmbito do devido processo legal, tenha definido a certeza processual da culpa do imputado, impondo-lhe uma pena privativa de liberdade, nos limites definidos na lei penal, inclusive no que se refira aos critérios utilizados para a sua dosimetria. Tais critérios e demais regramentos relacionados, digamos assim, da "prisão-pena" estão disciplinados no CPM.

Além da **"prisão-pena"**, a CF/1988 autoriza, também, que o Estado possa efetuar a prisão de pessoas, sem que haja uma sentença penal condenatória transitada em julgado, nos termos do seu art. 5º, LXI.

LXI – ninguém será preso senão em flagrante delito ou por ordem escrita e fundamentada de autoridade judiciária competente, salvo nos casos de transgressão militar ou crime propriamente militar, definidos em lei.

Depreende-se do referido texto constitucional que, além da prisão-pena, se admite no âmbito do Estado brasileiro, as seguintes prisões:

a) **disciplinar**;

b) em flagrante delito;

c) cautelar (**prisão provisória**, na dicção do CPPM);

d) por **crime propriamente militar**; e

e) civil por dívida alimentar.

A **prisão civil** em decorrência de **dívida alimentar** não será abordada, embora caiba destacar que por força do Estatuto dos Militares, todo militar (da ativa, reserva remunerada ou reformado) tem o direito e prerrogativa de permanecer preso em estabelecimento militar, enquanto ostentar essa condição ou qualidade funcional. Embora a **prisão disciplinar** não se enquadre em tema processual penal militar, dada a imbricação da disciplina e hierarquia militares, em relação a hipótese de decretação da prisão preventiva, constante da alínea *e*, do art. 255 do CPPM, iremos abordá-la, por questão didática.

O CPPM estabelece regras gerais referentes a prisões cautelares, nos arts. 220 a 242, as quais devem ser interpretadas em conformidade com a CF/1988:

■ **Prisão provisória ou cautelar** (art. 220 do CPPM): são todas as prisões que ocorrem durante o IPM, ou no curso do processo ou do recurso, e antes da sentença condenatória transitada em julgado.

■ **Necessidade de ordem escrita de autoridade competente** (art. 221 do CPPM c/c art. 5º, LXI, da CF/1988): toda prisão deverá ser necessariamente precedida de ordem escrita e fundamentada da autoridade judicial competente, excetuando-se a prisão em flagrante e, no nosso entender, a prisão por crime propriamente militar.

■ **Necessidade de comunicação ao juiz, à família do preso ou pessoa por ele indicada** (arts. 222 e 224 do CPPM; e art. 5°, LXII, da CF/1988): toda prisão, exceto a prisão disciplinar, deverá ser imediatamente levada ao conhecimento da autoridade judiciária competente da Justiça Militar, ressaltando que a família ou a pessoa indicada pelo preso deverá ser comunicada sobre o local onde se encontra e os motivos da sua prisão, inclusive, em relação ao preso disciplinar.

A comunicação da prisão ao juiz permite que a autoridade judicial exerça o controle sobre a legalidade e conveniência da prisão, podendo relaxá-la em caso de sua ilegalidade ou revogá-la sendo ela legal, mas mostrar-se desnecessária.

Da mesma forma, **dever-se-á comunicar ao Ministério Público** (Militar), nos termos da Lei Organização do Ministério Público da União (LC n° 75/1993), *in verbis*:

> **Art. 10.** A prisão de qualquer pessoa, por parte de autoridade federal ou do Distrito Federal e Territórios, deverá ser comunicada imediatamente ao Ministério Público competente, com indicação do lugar onde se encontra o preso e cópia dos documentos comprobatórios da legalidade da prisão.

Ressalta-se que em resguardo aos princípios da presunção da inocência e da dignidade da pessoa humana, a realização de **Audiência de Custódia**, prevista no art. 310 do CPP, passou a ser obrigatória no âmbito da Justiça Militar, para tornar efetivo o controle de legalidade e conveniência da prisão.

Importante!

A **Resolução STM n° 228**, de 26.10.2016, disciplina os procedimentos a serem adotados para a realização de **Audiência de Custódia** no âmbito da **JMU** e dá outras providências.

- **Prisão de militar** (arts. 223 e 243 do CPPM): a prisão do militar deverá ser feita por outro militar de posto ou graduação superior ou, se de igual posto ou graduação, mais antigo que o imputado. Sendo certo que a referida regra deve ser flexibilizada em relação à prisão em flagrante delito, posto que qualquer militar da ativa está obrigado a prender quem seja encontrado em flagrante delito.
- **Formalidade do mandado de prisão** (art. 225 do CPPM; e art. 5°, XXXV, LXIII, LXIV, LXV e LXVI, da CF/1988): a formalidade da ordem e do instrumento utilizado, para a sua concretização é necessária ao controle da legalidade da prisão pelo judiciário e ao exercício do contraditório e da ampla defesa, permitindo ao acusado ter o conhecimento dos fatos e os motivos que levaram à sua prisão, bem como a identificação das autoridades que a efetuaram, inclusive, para os fins de responsabilização em caso de eventuais excessos.
- **Formalidade da captura** (art. 230 do CPPM): ato contínuo à voz de prisão deverá ser entregue ao preso uma das vias do mandado de prisão, que lhe passará recibo, que em caso de impossibilidade ou recusar em fazê-lo, deverá ser assinado pelo executor e duas testemunhas que presenciarem a prisão.

  No caso de flagrante delito, a prisão será efetivada pela voz de prisão, sendo, posteriormente, lavrado o Auto de Prisão em Flagrante (APF), observadas as formalidades correspondentes.
- **Uso moderado da força e uso de algemas** (art. 234, *caput* e §§ 1° e 2°, do CPPM; e Súmula Vinculante n° 11 do STF): se indispensável o emprego da força para se efetivar a prisão, se utilizará os meios necessários e compatíveis para a sua efetivação e salvaguarda da integridade do preso e dos agentes responsáveis pela execução da prisão, bem como o uso de algemas em caso, absolutamente, necessário à garantia da incolumidade dos executores da prisão.
- **Tramitação de ordem de prisão** (arts. 227, 228 e 229, 235 e 236): para fins de otimizar o cumprimento do mandado de prisão é autorizado o uso dos meios e canais de comunicação mais

expeditos disponíveis, desde que permitam a confirmação de sua autenticidade. Para tanto, as cartas precatórias expedidas pelos órgãos judiciais e os ofícios "precatórios" expedidos pelas autoridades de PJM poderão ser transmitidos, por *e-mail* ou outros meios disponíveis; mormente pelo fato de, atualmente, se fazer pleno uso do processo eletrônico (sistema *e-proc*), no âmbito da JMU.

Em caso de o capturando encontrar-se no estrangeiro (art. 229), dever-se-á solicitar a intervenção do Ministério de Relações Exteriores e da Justiça para as providências protocolares, em observância à soberania dos Estados.

- ■ **Limitações em relação ao lugar e o horário da prisão** (arts. 226, 232 e 233 do CPPM; e art. 5°, LXI, da CF/1988): em regra, a prisão pode ocorrer em qualquer hora ou lugar, respeitadas as garantias relativas à inviolabilidade do domicílio, devendo ser observados alguns cuidados, tais como:

  - ☐ **Encontrando-se o capturando em uma casa "durante o dia"**, o executor do mandado deverá apresentá-lo ao dono da casa, determinando-lhe que permita a captura do preso, no interior de sua residência; em caso de recusa, a prisão será efetivada mesmo sem o consentimento, observada as formalidades do art. 232 do CPPM.

  - ☐ **Encontrando-se o capturando em uma casa "durante a noite"**, o executor do mandado deverá apresentá-lo ao dono da casa, determinando-lhe que permita a captura do preso, no interior de sua residência; em caso de recusa, a prisão será efetivada, somente durante o dia seguinte, observada as formalidades do art. 232.

Importante!

Em caso de **prisão em flagrante delito** (art. 233 do CPPM), a prisão poderá ser efetuada mesmo sem o consentimento do dono da casa, seja noite ou dia, observadas as formalidades do art. 232 do CPPM.

- **Formalidades devidas a entrega do preso** (art. 237 do CPPM): o preso provisório deverá ser acautelado em lugar separado dos presos condenados, em local apropriado e compatível com o seu posto e graduação, em nenhuma hipótese será colocado em situação incomunicável, e mesmo em situação que requeira seu isolamento em relação a outros presos, por razões de segurança, disciplina ou interesse público, sempre lhe será facultado entrevistar-se, comunicar-se e receber a visita de seu advogado ou de defensor público que o assista.

Antes de ser recolhido ao estabelecimento prisional, deverá o **preso** ser submetido a inspeção médica (**exame de corpo de delito**), para fins de comprovação de seu estado de higidez físico e mental.

Ninguém será recolhido à prisão sem que ao responsável pela custódia seja entregue cópia do respectivo mandado, assinada pelo executor, ou apresentada guia expedida pela autoridade competente, devendo ser passado **recibo da entrega do preso**, com declaração do dia, hora e lugar da prisão, formalidades que deverão ser observadas, também, em caso de transferência do preso.

6.2 Prisão disciplinar (somente nas Forças Armadas)

Importante!

Cabe renovar que a **Lei nº 13.967/2019**, que alterava o art. 18 do Decreto-lei nº 667/1969, que reorganiza as Polícias Militares e os Corpos de Bombeiros Militares, e **vedava** a imposição de **medida privativa e restritiva de liberdade** para os militares estaduais e do Distrito Federal, foi declarada inconstitucional – formal e materialmente – em decisão do Plenário do STF, na Sessão Virtual de 13 a 20 de maio de 2022 (ADI nº 6.595).

Contudo, permanece a possibilidade de as autoridades militares das Forças Armadas aplicarem prisão disciplinar aos seus subordinados, independente de ordem judicial, conforme autorização expressa na CF/1988, Estatuto dos Militares (Lei nº 6.880/1980) e Regulamentos Disciplinares da Marinha, do Exército e da Aeronáutica.

Os militares das Forças Armadas, por imperativo constitucional e legal, estejam na ativa ou na inatividade, encontram-se vinculados a um regime disciplinar diferenciado dos demais servidores do Estado, que prestigia os valores da obediência, da subordinação, do respeito à autoridade e da coesão das instituições militares, nos termos do art. 142 da CF/1988 e art. 14, § 3º, da Lei nº 6.880/1980.

> **Art. 142.** As Forças Armadas, constituídas pela Marinha, pelo Exército e pela Aeronáutica, são instituições nacionais permanentes e regulares, organizadas com base na **hierarquia e na disciplina**, sob a autoridade suprema do Presidente da República, e destinam-se à defesa da Pátria, à garantia dos poderes constitucionais e, por iniciativa de qualquer destes, da lei e da ordem.
>
> **Art. 14.** A **hierarquia e a disciplina** são a base institucional das Forças Armadas. A autoridade e a responsabilidade crescem com o grau hierárquico.
>
> (...)
>
> **§ 3º** A **disciplina** e o **respeito à hierarquia** devem ser mantidos em todas as circunstâncias da vida entre militares da ativa, da reserva remunerada e reformados. (Grifos nossos.)

A **hierarquia** e a **disciplina militar** são as bases constitucionais e institucionais das Forças Armadas, merecedoras da tutela administrativa disciplinar e da tutela penal militar, essa, no âmbito da JMU, aquela, no âmbito interno de cada Força Singular, pelos chefes e comandantes militares.

A CF/1988, a despeito de sua inspiração garantista, consagrou uma série de limites ao exercício de direitos fundamentais pelos membros das Forças Armadas, destacando-se a impossibilidade do manejo da ação constitucional do *habeas corpus*, para a impugnação de prisão disciplinar, nos termos do art. 142:

§ 2º **Não** caberá *habeas corpus* em relação a punições disciplinares militares. (Grifos nossos.)

A **proibição** da ação constitucional **refere-se** somente ao **mérito** da punição disciplinar e não aos aspectos formais (contraditório e ampla defesa, autoridade competente, punição cabível) por parte da autoridade militar sancionadora.

Jurisprudência do STF:

> RECURSO EXTRAORDINÁRIO. MATÉRIA CRIMINAL. **PUNIÇÃO DISCIPLINAR** MILITAR. **Não há** que se falar em **violação** ao art. 142, § 2º, da CF, se a concessão de *habeas corpus*, **impetrado contra punição disciplinar militar**, volta-se tão somente para os **pressupostos de sua legalidade**, excluindo a apreciação de questões referentes ao mérito. Concessão de ordem que se pautou pela apreciação dos aspectos fáticos da medida punitiva militar, invadindo seu mérito. A punição disciplinar militar atendeu aos pressupostos de legalidade, quais sejam, a hierarquia, o poder disciplinar, o ato ligado à função e a pena susceptível de ser aplicada disciplinarmente, tornando, portanto, incabível a apreciação do *habeas corpus*. Recurso conhecido e provido (STF. RE 338.840. Rel. Min. Ellen Gracie, 2ª Turma. Julgado em 19.08.2003 – grifos nossos).

No âmbito Federal (militares das Forças Armadas), eventual ilegalidade, desproporcionalidade ou falta de razoabilidade na aplicação do ato disciplinar, a Justiça Federal será competente para conhecer e julgar o *habeas corpus*:

> **Art. 109.** Aos juízes federais compete processar e julgar:
>
> (...)
>
> VII – os *habeas corpus*, em matéria criminal de sua competência ou quando o constrangimento provier de autoridade cujos atos não estejam diretamente sujeitos a outra jurisdição;

Prisão, liberdade provisória e menagem **173**

O tratamento constitucional e legal dispensado aos militares e às Forças Armadas são compatíveis com a relevância e a natureza especial dessas instituições e de seus membros, para a preservação do próprio Estado Democrático de Direito.

Observação

Em consonância com a norma constitucional, o Estatuto dos Militares[1] determina que a especificação, classificação, amplitude e aplicação das penas disciplinares serão especificados nos regulamentos disciplinares de cada Força Singular. O **máximo** de restrição à liberdade do militar em sede disciplinar é de **30 (trinta) dias:**

> **Art. 47.** Os regulamentos disciplinares das Forças Armadas especificarão e classificarão as contravenções ou transgressões disciplinares e estabelecerão as normas relativas à amplitude e aplicação das penas disciplinares, à classificação do comportamento militar e à interposição de recursos contra as penas disciplinares.
>
> § 1º As penas disciplinares de impedimento, detenção ou prisão não podem ultrapassar 30 (trinta) dias.

A despeito de a Constituição e a legislação ordinária possibilitarem aos comandantes corrigirem eventuais desvios de seus subordinados, independente de ordem judicial, por meio da pena de prisão disciplinar, devem esses atos de comando, guardarem respeito aos limites constitucionais e à legislação, sob pena de **responsabilização** civil, administrativa e **penal militar**.

Feitas essas considerações sobre a prisão disciplinar, passaremos a abordar as espécies de prisões tratadas pelo CPPM, sob a rubrica *Das providências que recaem sobre pessoas (arts. 220 a 261).*

[1.] Lei nº 6.880, de 09 de dezembro de 1980, dispõe sobre o Estatuto dos Militares. Disponível em: http://www.planalto.gov.br/ccivil_03/leis/L6880cons.htm. Acesso em: 10 dez. 2019.

6.3 Prisão em flagrante delito

Há na doutrina divergência quanto à **natureza da prisão em flagrante delito**, para alguns se trataria de uma **prisão precautelar** (prescinde de determinação judicial, sendo aplicada antes da instauração do processo, não se prestando à sua garantia); para outros uma **prisão administrativa** (não emana de decisão judicial, objetivando a detenção do autor do fato para que o Juiz, posteriormente, decida ou não pela prisão). Contudo, prevalece o entendimento que é **espécie de prisão cautelar** (LIMA, 2019, p. 956-957), posição com a qual concordamos, por entender que toda e qualquer prisão relacionada a prática de ilícito penal, antes do trânsito em julgado, é espécie de prisão cautelar.

A explicação etimológica do vocábulo "flagrante" derivado do latim, *flagrare* (queimar) e *flagrantis* (ardente, visível, manifesto) é compartilhada pela doutrina de forma unânime, que se prestaria a autodefesa da sociedade, dada a evidência visual objetiva da prática criminosa (LIMA, 2019, p. 953).

Paulo Rangel (2007, p. 585) entende que para a configuração da prisão em flagrante, a "atualidade" e a "visibilidade" seriam "dois elementos imprescindíveis". Considera que o sentido jurídico de flagrante seria:

> O delito no momento do seu cometimento, no instante em que o sujeito percorre os elementos objetivos (descritivos e normativos) e subjetivos do tipo penal. É o delito patente, visível, irrecusável do ponto de vista de sua ocorrência.

Observação

O CPPM disciplina a prisão em flagrante de modo bastante semelhante ao adotado no CPP, tanto no que concerne a classificação das espécies de flagrante, as formalidades para a lavratura do APF quanto nas providências decorrentes à salvaguarda das garantias constitucionais do preso.

Importante!

O art. 243 do CPPM sugere a classificação de **flagrante compulsório e facultativo**, dependendo de quem constate a situação de flagrante delito, seja militar ou civil:

> **Art. 243.** Qualquer pessoa poderá e os militares deverão prender quem for insubmisso ou desertor, ou seja, encontrado em flagrante delito.

Tal dispositivo é relevante para aqueles que entendem que a deserção e insubmissão não são crimes permanentes, mas sim delitos instantâneos de efeito permanente. Tal discussão de natureza penal tem consequências processuais diretos. Contudo, a prisão do desertor e do insubmisso possui normatização própria como será analisada no estudo dos arts. 452 e 463, § 1º, do CPPM.

Claudio Amin Miguel e Nelson Coldibelli (2000, p. 108) defendem a corrente doutrinária de que, portanto, o desertor e o insubmisso seriam presos *ex vi legis*, na forma do referido artigo, por serem hipóteses de **crimes propriamente militares** e não pelo estado de flagrante delito. Portanto, essa seria uma modalidade de prisão processual legal.

De outra sorte, a jurisprudência do STM e STF entendem que o **crime** de deserção é **permanente**, *verbis*:

> *HABEAS CORPUS.* CONSTITUCIONAL. **DESERÇÃO** (ART. 187 DO CÓDIGO PENAL MILITAR). ALEGAÇÃO DE PRESCRIÇÃO DA PRETENSÃO PUNITIVA. **CRIME PERMANENTE.** ANULAÇÃO DO RECEBIMENTO DA DENÚNCIA PELO SUPERIOR TRIBUNAL MILITAR. DECURSO DO PRAZO PRESCRICIONAL CONSIDERADA A CESSAÇÃO DA PERMANÊNCIA DO CRIME DE DESERÇÃO. 1. O **Supremo Tribunal Federal** assentou que o **crime de deserção é permanente.** Prazo prescricional que começou a fluir do momento em que cessada a permanência

pela apresentação voluntária do Paciente (art. 125, § 2º, *c*, do Código Penal Militar). 2. Paciente com mais de 21 anos na data dessa apresentação. Inaplicabilidade do art. 129 do Código Penal Militar, que dispõe sobre a redução pela metade do prazo prescricional. 3. Considerada a pena máxima de dois anos ao delito de deserção tipificado no art. 187 do Código Penal Militar, o prazo prescricional pela pena em abstrato é de quatro anos (art. 125, VI, do Código Penal Militar). 4. Anulação do processo em primeira instância a partir da denúncia pelo Superior Tribunal Militar. Não havendo recebimento da denúncia até o presente momento, nem, por consequência, qualquer condenação, há que se considerar apenas a data da cessação da permanência do primeiro crime de deserção. Decurso do prazo de quatro anos dessa data. 5. Ordem concedida para declarar extinta a punibilidade quanto ao primeiro crime de deserção imputado ao ora Paciente, em razão da prescrição da pretensão punitiva (STF. HC nº 113.891. Rel. Min. Cármen Lúcia, 2ª Turma. Julgado em 18.12.2012 – grifos nossos).

Jurisprudência do STF: há entendimento consolidado na Suprema Corte (HC nºs 112.487/PR e 89.645/PA) de que o art. 453 do CPPM não deve ser interpretado no sentido de manter o desertor preso *ex vi legis* pelo prazo obrigatório de 60 dias.

Habeas Corpus. 1. No caso concreto, alega-se falta de fundamentação de acórdão do Superior Tribunal Militar (STM) que revogou a liberdade provisória do paciente por ausência de indicação de elementos concretos aptos a lastrear a custódia cautelar. 2. Crime militar de **deserção** (CPM, art. 187). 3. **Interpretação do STM** quanto ao **art. 453 do CPPM** ("Art. 453. O desertor que não for julgado dentro de sessenta dias, a contar do dia de sua apresentação voluntária ou captura, será posto em liberdade, salvo se tiver dado causa ao retardamento do processo"). O acórdão impugnado aplicou a **tese de que o art. 453 do CPPM estabelece o prazo de 60 (ses-**

senta) dias como obrigatório para a custódia cautelar nos crimes de deserção. 4. Segundo o Ministério Público Federal (MPF), a concessão da liberdade provisória, antes de ultimados os 60 (sessenta) dias, previstos no art. 453 do CPPM, não implica qualquer violação legal. O Parquet ressalta, também, que o decreto condenatório superveniente, proferido pela Auditoria da 8ª CJM, concedeu ao paciente o direito de apelar em liberdade, por ser primário e de bons antecedentes, não havendo qualquer razão para que o mesmo seja submetido a nova prisão. 5. (...) **A decretação judicial da custódia cautelar deve atender, mesmo na Justiça castrense, aos requisitos previstos para a prisão preventiva nos termos do art. 312 do CPP.** Precedente citado: HC nº 84.983/SP, Rel. Min. Gilmar Mendes, 2ª Turma, unânime, *DJ* 11.03.2005. Ao reformar a decisão do Conselho Permanente de Justiça do Exército, o STM não indicou quaisquer elementos fático-jurídicos. Isto é, **o acórdão impugnado limitou-se a fixar,** *in abstracto,* **a tese de que "é incabível a concessão de liberdade ao réu, em processo de deserção, antes de exaurido o prazo previsto no art. 453 do CPPM".** É dizer, o acórdão impugnado não conferiu base empírica idônea apta a fundamentar, de modo concreto, a constrição provisória da liberdade do ora paciente (CF, art. 93, IX). Precedente citado: HC nº 65.111/RJ, julgado em 29.05.1987, Rel. Min. Célio Borja, Segunda Turma, unânime, *DJ* 21.08.1987). 7. **Ordem deferida** para que seja expedido alvará de soltura em favor do ora paciente (STF. HC nº 89.645/PA. Rel. Min. Gilmar Mendes. 2ª Turma. Julgado em 11.09.2007 – grifos nossos).

As situações que justificam ou caracterizam o flagrante delito de crime militar são:

Art. 244. Considera-se em **flagrante delito** aquele que:

a) está cometendo o crime;

b) acaba de cometê-lo;

c) é perseguido logo após o fato delituoso em situação que faça acreditar ser ele o seu autor;

d) é encontrado, logo depois, com instrumentos, objetos, material ou papéis que façam presumir a sua participação no fato delituoso.

Parágrafo único. Nas **infrações permanentes**, considera-se o agente em flagrante delito enquanto não cessar a permanência. (Grifos nossos.)

6.3.1 Espécies de flagrante delito

■ **Flagrante propriamente dito, próprio, real ou verdadeiro**, caracterizado quando o agente está cometendo o fato delituoso ou acaba de cometê-lo, situações que se amoldam às hipóteses das alíneas *a* e *b* do art. 244 do CPPM.

■ **Flagrante impróprio, irreal ou quase flagrante**, caracterizado quando o agente é perseguido logo após cometer o fato delituoso em situação que faça acreditar ser ele o autor da infração penal, amoldando-se à hipótese da alínea *c* do art. 244 do CPPM.

■ **Flagrante presumido, ficto ou assimilado**, caracterizado quando o agente é encontrado, logo depois, com instrumentos, objetos, material, instrumentos, armas, ou papéis que façam presumir a sua participação no fato delituoso.

■ **Flagrante facultativo**, caracterizado pela ausência do dever legal de efetuar a prisão em flagrante, conforme prescreve a 1ª parte do art. 243 do CPPM.

■ **Flagrante obrigatório**, caracterizado pela ausência de discricionariedade dos militares da ativa que têm o dever legal de efetuar a prisão em flagrante, conforme prescreve a 2ª parte do art. 243 do CPPM.

■ **Flagrante preparado ou provocado**, na verdade não se trata de flagrante, mas de uma situação forjada, provocada de forma ardilosa. Também denominado de crime de ensaio, putativo, crime impossível ou por obra do agente provocador, no qual o indivíduo é induzido a praticar um crime e quando realiza a prática do ato é preso "em flagrante". A matéria é tratada pela **Súmula n° 145 do STF.**

> FURTO (CPM, ART. 240, §§ 2°, 6°, II, e 7°). PRELIMINAR DE NULIDADE. *CUSTOS LEGIS.* FALTA DE ALEGAÇÕES ESCRITAS. AUSÊNCIA DE PREJUÍZO. **FLAGRANTE PRE-PARADO. DELITO PUTATIVO. ATIPICIDADE. 1.** (...). 2. O Relato dos autos retrata um flagrante preparado, sendo a hipótese classificada pela doutrina de **crime putativo**, tornando a **conduta atípica.** 3. Preliminar rejeitada. Decisão majoritária. 4. No mérito, apelo provido para **absolver o Apelante** com fulcro no art. 439, *b*, do CPPM. Unânime (STM. Apelação n° 23.56.2014.7.10.0010/CE. Rel. Min. Lúcio Mário de Barros Góes. Julgado em 08.04.2015 – grifos nossos).

■ **Flagrante esperado,** diferentemente da hipótese anterior, não há nenhuma intervenção, provocação ou iniciativa para que o crime venha a ocorrer, mas sabendo da possibilidade da ocorrência do crime, os agentes, as autoridades policiais ou mesmo particulares, aguardam o desenrolar da prática delitiva, efetuando a prisão do autor desse fato, no momento de sua realização, sendo considerada válida a prisão em tal situação.

> PROCESSO PENAL. AGRAVO REGIMENTAL NO AGRA-VO EM RECURSO ESPECIAL. TRÁFICO DE ENTOR-PECENTES E ASSOCIAÇÃO PARA O TRÁFICO. **FLA-GRANTE ESPERADO. SÚMULA N° 7 DO STJ.** ESCUTA TELEFÔNICA. CONSENTIMENTO DE UM DOS INTER-LOCUTORES. AUSÊNCIA DE ILEGALIDADE. CONDE-NAÇÃO BASEADA NAS PROVAS PRODUZIDAS NOS AUTOS. RESTITUIÇÃO DE VEÍCULO APREENDIDO. NÃO COMPROVAÇÃO DA ORIGEM LÍCITA DO BEM. IMPOSSIBILIDADE. AGRAVO DESPROVIDO. 1. Não se constata a alegada ilegalidade do flagrante, cumprindo registrar que, "no **flagrante preparado**, a polícia provoca o

agente a praticar o delito e, ao mesmo tempo, impede a sua consumação, cuidando-se, assim, de crime impossível; ao passo que no **flagrante forjado** a conduta do agente é criada pela polícia, tratando-se de fato atípico. Hipótese **totalmente diversa** é a do **flagrante esperado**, em que **a polícia** tem notícias de que uma infração penal será cometida e **aguarda o momento** de sua **consumação** para **executar a prisão"** (STJ. HC nº 307.775/GO, Rel. Min. Jorge Mussi. 5ª Turma. Julgado em 03.03.2015 – grifos nossos).

■ **Flagrante prorrogado, diferido ou retardado**, encontra respaldo no art. 8°, *caput* e § 1°, da Lei n° 12.850/2013 – que trata do Crime de Organização Criminosa.

> **Art. 8°** Consiste a **ação controlada** em **retardar a intervenção policial** ou administrativa relativa à ação praticada por **organização criminosa** ou a ela vinculada, desde que mantida sob observação e acompanhamento para que a **medida** legal **se concretize** no **momento mais eficaz** à formação de **provas** e obtenção de **informações.**
>
> § 1° O retardamento da intervenção policial ou administrativa será previamente comunicado ao juiz competente que, se for o caso, estabelecerá os seus limites e comunicará ao Ministério Público. (Grifos nossos.)

Por razões de Política Criminal, o **flagrante diferido**, também, é tratado no inciso II do art. 53 da **Lei n° 11.343/2006**, na parte que trata da repressão ao tráfico de drogas, dada a gravidade desses crimes e a complexidade das dinâmicas criminosas envolvidas. Contudo, essa norma exige que o flagrante diferido dependa de **prévia autorização judicial.**

Observação

O advento da **Lei n° 13.491/2017** estendeu à **JMU** o processamento e julgamento de militares e até civis pela prática do crime de **organização** criminosa e tráfico de drogas internacional, razão pela qual será, igualmente, possível, conforme o caso, o flagrante prorrogado ou diferido.

6.3.2 Providências decorrentes

Efetuada a prisão em flagrante, deverá ser o preso apresentado à autoridade militar para as providências decorrentes, previstas nos arts. 245 e seguintes do CPPM, especialmente, para os fins de formalizar a autuação da prisão em flagrante, devendo ser, formalmente, consignado no APF a narrativa dos fatos e circunstâncias que a justifiquem.

Ressalta-se que se deverá resguardar ao indiciado todos os direitos constitucionais, dentre os quais os previstos nos incisos LXI, LXII, LXIII, LXIV do art. 5° da CF/1988.

O auto de prisão será assinado pela autoridade militar; pelo escrivão nomeado para o ato; pelo preso e as testemunhas e havendo por parte do preso a recusa ou a impossibilidade de assinar, será tal situação, formalmente, consignada no referido APF e atestada por duas testemunhas, que acompanharão e atestarão a leitura do depoimento e da nota de culpa na presença do preso.

Tratando-se de indiciado oficial, o APF deverá ser presidido por oficial mais antigo, devendo ser nomeado um oficial, ao menos no posto de segundo-tenente, como escrivão. Tratando-se de praça ou civil, **flagranteado**, poderá ser nomeado um sargento ou suboficial como escrivão.

Ocorrendo o flagrante em lugar não sujeito a administração militar, deverá o preso ser levado à Delegacia de Polícia Judiciária da circunscrição do lugar onde houver ocorrido a prisão ou à autoridade militar do lugar mais próximo daquele em que ocorrer a prisão.

Se a conduta típica for perpetrada por **menor de 18 anos**, deverá ser, formal e imediatamente, apresentado ao "juiz de menores" (art. 245, § 1°), que na atualidade corresponde à Delegacia da Criança e Adolescente.

Importante!

Na sistemática do CPPM, após a lavratura do APF, o preso passará imediatamente à disposição do Juiz Federal ou Juiz de Direito do Juízo Militar. Contudo, o § 2°, do art. 247, contempla uma única previsão legal em que será possível que, também, a autoridade de PJM possa "relaxar" a prisão em flagrante:

> **Art. 247.** (...)
>
> **§ 2°** Se, ao contrário da hipótese prevista no art. 246 [fundadas suspeitas contra a pessoa conduzida], a **autoridade militar** ou judiciária **verificar a manifesta inexistência de infração penal militar** ou a **não participação da pessoa conduzida**, **relaxará** a prisão. Em se tratando de infração penal comum, remeterá o preso à autoridade civil competente. (Grifos nossos.)

Exemplo: o agente conduzido em "suposto" flagrante realmente não era o autor do fato, mas alguém assustado que se encontrava próximo ao local do crime; o objeto do suposto crime (a suposta droga apreendida era um comprimido de cor branca amassado e deu negativo no teste preliminar) era inidôneo.

Observação

Em tais hipóteses não se justifica a prisão pela absoluta inexistência de crime e/ou de autoria, devendo ser lavrado "**auto circunstanciado de não recolhimento à prisão**" (nome dado pela doutrina), justificando a medida liberatória do conduzido, que será encaminhado ao **Judiciário**.

Até dentro de 24 horas após a prisão, será dada ao preso a nota de culpa, assinada pela autoridade, com o motivo da prisão, o nome do condutor e os das testemunhas, cujo recebimento será firmado pelo preso, que em caso de recusa será assinado por duas testemunhas, quando ele não souber, não puder ou não quiser assinar.

Deverá, também, a autoridade militar adotar as providências necessárias para que o preso informe a seus familiares e a seu advogado sobre a prisão, devendo o preso ser submetido a exame de saúde, de modo a comprovar a sua integridade física e mental, antes de recolhê-lo à prisão.

Os originais dos APF serão encaminhados, no prazo máximo de 24 horas à Autoridade Judiciária da JMU ou JME competente, e as respectivas cópias ao MPM e, se for o caso de **flagranteado** hipossuficiente, para a DPU.

Observação

Contudo, com o advento do processo eletrônico (*e-proc* na JMU), os autos são inseridos no sistema eletrônico com assinatura digital do Comandante ou da autoridade delegada para tanto, mas as comunicações diretas para o plantão dos mencionados órgãos permanecem. Os objetos (instrumento e proveito) do crime e documentos originais serão encaminhados para serem acautelados na Secretaria da Auditoria Militar.

6.4 Prisão por crime propriamente militar

A possibilidade de prisão por prática de crime propriamente militar independente de estado de flagrante delito e de ordem judicial. Talvez seja a mais emblemática e controvertida das exceções à prisão-pena, autorizadas pela CF/1988.

Há quem entenda que, embora autorizada pela CF/1988, ela não teria aplicabilidade, ante a ausência de lei penal específica que defina o que seja, de fato, crime propriamente militar ou quais são os crimes militares próprios, em espécie.

A prisão por crime propriamente militar é reservada às autoridades militares, que ao decretá-la **deverão imediatamente comunicá-la** ao Juiz da JMU ou JME, com jurisdição sobre o local onde a prisão foi efetuada, para o fim de ratificá-la, haja vista tratar-se de prisão processual decorrente da prática de crime em tese.

Acerca dos sujeitos ativo e passivo dessa modalidade de prisão, leciona Célio Lobão (2009, p. 71):

> (...) a Lei Fundamental ainda em vigor, apesar das mutilações acertadas ou não, exige a qualidade de militar do agente do crime propriamente militar. Realmente, ao autorizar a prisão sem flagrante delito e sem ordem de autoridade judiciária, no crime propriamente militar, evidentemente a norma expressa no art. 5º, LXI, da Constituição dirige-se ao militar e somente a ele, cujo recolhimento ao estabelecimento prisional castrense, no caso da prática do delito acima referido, pode ser determinado pela autoridade de polícia judiciária militar. A excepcionalidade da sujeição do civil à jurisdição penal militar, obviamente não comporta essa restrição à sua liberdade individual. Sua prisão somente pode ocorrer em flagrante delito ou por decisão judicial.

6.4.1 Requisitos necessários à decretação da prisão por crime propriamente militar

O militar da ativa que incidir na prática de crime propriamente militar poderá ser preso pela autoridade militar, independente de se encontrar em uma das situações de flagrante do art. 244 do CPPM, observados os seguintes requisitos:

a) Prática de crime propriamente militar definido em lei

A referida autorização constitucional de prisão refere-se, exclusivamente, a prática de crime, propriamente militar, definido em lei, razão pela qual é imprescindível que tal espécie de crime militar se encontre previsto na legislação castrense, como tal.

Tal situação, por mais óbvia que pareça, tem dado margem a controvérsia, tendo em vista que há quem sustente que a autorização constitucional prevista no inciso LXI do art. 5º da CF/1988, carece de concretização legislativa, tendo em vista que a lei penal militar não define o que seria crime propriamente militar. Sob tal perspectiva somente a situação de flagrante delito, justificaria a prisão por prática de crime militar sem a necessidade de prévia ordem judicial.

Outros sustentam que desde os primórdios do direito romano, já se entendia crime propriamente militar como aquele que diz respeito às relações inerentes à vida na caserna, cuja tutela penal estaria voltada para a manutenção dos valores, dos bens e interesses essenciais a subsistência das instituições militares.

Assim, os crimes propriamente militares definidos em lei seriam aqueles previstos no com, que somente o militar da ativa poderia praticar e cuja tutela está voltada à preservação, em *ultima ratio*, da hierarquia e da disciplina, ou que nas palavras de Célio Lobão (2009, p. 69) seria

> a infração penal, prevista no Código Penal Militar, específica e funcional do ocupante do cargo militar, que lesiona bens e interesses das instituições militares, no aspecto particular da disciplina, da hierarquia, do serviço e do dever militar.

São exemplos de crimes propriamente miliares definidos pelo CPM aqueles constantes dos arts. 150, 157, 160, 161, 163, 187, 190 etc.

Parece também compartilhar desse entendimento a doutrina de Jorge César de Assis (2012, p. 64-65) e de Claudio Amin Miguel e Nelson Coldibelli (2000, p. 36-37).

b) Atribuição de autoridade de Polícia Judiciária Militar

Somente as autoridades militares, no exercício de atribuição de Polícia Judiciária Militar, estão autorizadas a decretar essa prisão, considerando como tais aquelas elencadas no art. 7º do CPPM,[2] podendo ser delegada, nos termos do seu § 1º.

Portanto, após a constatação da prática de crime propriamente militar será imediatamente instaurado o **IPM**, por meio de portaria específica da autoridade de PJM, podendo esta ou o Encarregado do IPM determinar a prisão do militar imputado da prática do crime propriamente militar.

c) Prazo máximo e improrrogável

Questão complexa circunscreve-se ao limite dessa modalidade de prisão.

Célio Lobão entende que deve ser aplicado o prazo de 30 dias, previsto no art. 18 do CPPM, com a possibilidade deste prazo ser prorrogado pela própria autoridade de PJM, que deveria em tal hipótese participar essa prorrogação ao Juiz Federal da Justiça Militar que, após ouvido o MPM, poderia manter ou relaxar a prisão (LOBÃO, 2009, p. 63).

> **Art. 18.** Independentemente de flagrante delito, o indiciado poderá ficar detido, durante as investigações policiais, até trinta dias, comunicando-se a detenção à autoridade judiciá-

---

[2] "Art. 7º A polícia judiciária militar é exercida nos termos do art. 8º, pelas seguintes autoridades, conforme as respectivas jurisdições: a) pelos ministros da Marinha, do Exército e da Aeronáutica, em todo o território nacional e fora dele, em relação as forças e órgãos que constituem seus Ministérios, bem como a militares que, neste caráter, desempenhem missão oficial, permanente ou transitória, em país estrangeiro; b) pelo chefe do Estado-Maior das Forças Armadas, em relação a entidades que, por disposição legal, estejam sob sua jurisdição; c) pelos chefes de Estado-Maior e pelo secretário-geral da Marinha, nos órgãos, forças e unidades que lhes são subordinados; d) pelos comandantes de Exército e pelo comandante-chefe da Esquadra, nos órgãos, forças e unidades compreendidos no âmbito da respectiva ação de comando; e) pelos comandantes de Região Militar, Distrito Naval ou Zona Aérea, nos órgãos e unidades dos respectivos territórios; f) pelo secretário do Ministério do Exército e pelo chefe de Gabinete do Ministério da Aeronáutica, nos órgãos e serviços que lhes são subordinados; g) pelos diretores e chefes de órgãos, repartições, estabelecimentos ou serviços previstos nas leis de organização básica da Marinha, do Exército e da Aeronáutica; h) pelos comandantes de forças, unidades ou navios; § 1º Obedecidas as normas regulamentares de jurisdição, hierarquia e comando, as atribuições enumeradas neste artigo poderão ser delegadas a oficiais da ativa, para fins especificados e por tempo limitado."

ria competente. Esse prazo poderá ser prorrogado, por mais vinte dias, pelo comandante da Região, Distrito Naval ou Zona Aérea, mediante solicitação fundamentada do encarregado do inquérito e por via hierárquica.

Claudio Amin Miguel e Nelson Coldibelli (2000, p. 36) entendem que prazo máximo e improrrogável dessa prisão será de **20 dias**, que se refere ao prazo limite de conclusão IPM, quando houver indiciado preso. Afinal, ao término desse prazo, a autoridade de PJM teria exaurido suas atribuições, passando o feito (e o preso) à disposição do juízo militar.

José César de Assis (2012, p. 64-65) entende que a "detenção cautelar não sofre os limites do art. 20 [prazos para a terminação do inquérito] deste Código, já que é a própria Constituição Federal que ressalva a prisão decorrente de crimes militares próprios (art. 5°, LXI)".

> **Art. 20.** O inquérito deverá terminar dentro em vinte dias, se o indiciado estiver preso, contado esse prazo a partir do dia em que se executar a ordem de prisão; ou no prazo de quarenta dias, quando o indiciado estiver solto, contados a partir da data em que se instaurar o inquérito.

Contudo, filiamo-nos ao entendimento de Renato Brasileiro de Lima (2019, p. 902-903), no sentido de que:

> (...) no tocante à prisão do militar por crime propriamente militar, conquanto sua captura seja possível em um primeiro momento sem autorização judicial (e, portanto, um simples ato administrativo), uma vez efetivada a captura do militar, deve a autoridade judiciária militar ser comunicada acerca da prisão, a fim de que delibere sobre a necessidade (ou não) da manutenção da prisão do militar. **Assemelha-se**, nesse ponto, à prisão do militar por crime propriamente militar, **à prisão em flagrante**. (Grifos nossos.)

188 Direito Processual Penal Militar

Portanto, não há fundamento legal para discussão do limite temporal dessa prisão pelo Encarregado do IPM ou cabimento de eventual prorrogação, como se a autoridade judiciária militar e o MPM fossem meros expectadores dessa modalidade de prisão.

d) Incidência restrita a militar da ativa

Conforme já abordado neste trabalho, somente o **militar da ativa** (art. 22 do CPM; e art. 3º da Lei nº 6.880/1980) pode ser sujeito ativo do crime propriamente militar, sendo assim, por razões lógicas, a autoridade de PJM não está autorizada a decretar a prisão de civil, sob pena de incorrer em flagrante inconstitucionalidade, tendo em vista que a autorização de prisão prevista no inciso LXI, do art. 5º não alcança aos civis.

e) Preservação da disciplina e da hierarquia

O decreto de prisão, pela autoridade de PJM, não pode ser aleatório, somente se justifica em situações fáticas devidamente demonstradas nos autos do IPM como imprescindíveis para a **preservação da disciplina e hierarquia militar**, e sem isso não se mostrará legítima.

Não deve essa modalidade de prisão funcionar como regra condicionada, exclusivamente, à consumação ou a tentativa de crime propriamente militar, haja vista que a excepcionalidade constitucional foi dotar a autoridade de PJM de instrumentos de força legítima para manter a disciplina e a hierarquia, enquanto bases estruturantes das Forças Armadas.

Importante!

Há necessidade de que a autoridade de PJM registre de forma objetiva no "**auto de prisão**" de **crime propriamente militar** – que terá por base e parâmetro, no que couber, os elementos e procedimentos que integram o APF – os motivos de fato e de direito que justificaram a decisão de prisão com fins de preservação da disciplina e hierarquia militar.

6.4.2 Providências decorrentes

Uma vez que a autoridade de PJM resolva pela prisão do militar deverá resguardar-lhe todos os direitos constitucionais, lavrando o respectivo termo de autuação, que deverá observar as mesmas formalidades prescritas no CPPM, relativas ao APF.

Assim, também, deverão ser adotadas providências para que os familiares do preso, seus advogados ou a Defensoria Pública, sejam avisados sobre a prisão, devendo o preso ser submetido a exame de saúde, de modo a testar sua integridade física e mental, antes de recolhê-lo preso.

Da mesma forma, o Juiz Federal da Justiça Militar, da CJM, com jurisdição sobre o lugar onde ocorreu o crime propriamente militar, bem como o MPM e a DPU, deverão, imediatamente, ser informados da prisão, pelo meio mais expedito disponível, sem prejuízo da realização da audiência de custódia, prevista no art. 310 do CPP.

Deverão ser encaminhadas para os órgãos supramencionados, com a maior prontidão possível, cópias fiéis do auto de prisão, do recibo da autoridade, cujas ordens o preso estará custodiado e dos demais documentos que esclareçam os motivos da prisão, o local, data e hora que a mesma ocorreu, e a identificação dos responsáveis, tanto pela decretação da prisão quanto pela custódia do preso.

Ressalta-se que com o advento do *e-proc* não se envia os autos físicos, apenas insere-se a cópia digital no sistema eletrônico com assinatura digital do Comandante ou da autoridade que tenha delegação para tal, devendo as perícias, mídias e objetos produzidos ou apreendidos ficarem acautelados na Secretaria da Auditoria Militar.

Tais providências são indispensáveis a permitir o controle judicial da decisão administrativa da autoridade de PJM, competindo ao Juiz Federal da Justiça Militar manter a prisão ou relaxá-la, caso entenda pela sua ilegalidade, ou revogá-la, caso entenda por sua desnecessidade, tendo em vista, como afirmam Claudio Amin Miguel e Nelson Coldibelli (2000, p. 36):

> Que a apreciação quanto à necessidade da detenção não será exclusiva da autoridade militar, pois ao comunicá-la, imediatamente, ao Juiz-Auditor, este deverá apreciá-la sob os aspectos da legalidade, bem como da oportunidade e da conveniência de sua manutenção.

6.5 Prisão preventiva (arts. 254 a 261)

A **prisão preventiva** é **espécie** de **prisão cautelar**. Na sistemática do **CPPM**, a prisão cautelar é denominada de **prisão provisória** (Título XIII, Capítulo III, Seção I) e integra as espécies de medidas preventivas e assecuratórias que recaem sobre a pessoa.

A **prisão preventiva** pode ser decretada antes da condenação definitiva (art. 220), pela autoridade judiciária militar ou Conselhos de Justiça, *ex officio*, ou a requerimento do MPM ou por representação do Encarregado do IPM. A partir da sua instalação os **Conselhos de Justiças** serão competentes para decretar, revogar e restabelecer a prisão preventiva nos **processos** de sua competência (réu militar sem coautoria com civil), conforme prevê o inciso I do art. 28 da Lei nº 8.457/1992.

> **Art. 254.** A **prisão preventiva** pode ser decretada pelo auditor ou pelo Conselho de Justiça, de ofício, a requerimento do Ministério Público ou mediante representação da autoridade encarregada do inquérito policial-militar, em qualquer fase deste ou do processo, concorrendo os **requisitos** seguintes:
>
> a) **prova do fato** delituoso;
>
> b) **indícios** suficientes **de autoria**.
>
> Parágrafo único. Durante a instrução de processo originário do Superior Tribunal Militar, a decretação compete ao relator. (...)

Art. 256. O despacho que decretar ou denegar a prisão preventiva será sempre fundamentado; e, da mesma forma, o seu pedido ou requisição, que deverá **preencher as condições** previstas nas letras *a* e *b,* do **art. 254**. (Grifos nossos.)

Há entendimento doutrinário no sentido de que se o MPM requerer a **prisão preventiva** deveria, necessariamente, **oferecer a denúncia** contra o indiciado, tendo em vista que os requisitos do art. 254 do CPPM, "prova do fato delituoso e indícios suficientes de autoria", indispensáveis a referida prisão cautelar, teriam maior grau de verossimilhança do que aqueles do art. 30 do CPPM, exigíveis para o oferecimento da denúncia (MIGUEL; COLDIBELLI, 2000, p. 116).

Jurisprudência do STM:

(...) **1.** Para que seja possível a decretação da prisão preventiva, as duas condicionantes do art. 254 do CPPM devem coexistir, no mínimo, com uma das hipóteses previstas no art. 255 do CPPM. **2.** O pedido de prisão preventiva não procede se diversas diligências estão em curso, todas sem apontar para a efetiva presença dos seus requisitos legais. 3. **Os arts. 30 e 254 do CPPM** revelam que o preenchimento dos **requisitos,** para o oferecimento da **Denúncia** são **menos exigentes** do **que** os estabelecidos para **a decretação da prisão preventiva.** 4. (…). 8. Recurso ministerial não provido. 9. Decisão por unanimidade (STM. Recurso em Sentido Estrito nº 7001155-62.2019.7.00.0000. Rel. Min. Marco Antônio de Farias. Julgado em 03.12.2019 – grifos nossos).

Além da **prova do fato delituoso e dos indícios suficientes de autoria**, para a decretação da referida prisão, exige-se, também, a presença de um dos **requisitos do art. 255.**

Art. 255. A prisão preventiva, além dos requisitos do artigo anterior, deverá fundar-se em um dos seguintes casos:

a) garantia da ordem pública;

b) conveniência da instrução criminal;

c) periculosidade do indiciado ou acusado;

d) segurança da aplicação da lei penal militar;

e) exigência da manutenção das normas ou princípios de hierarquia e disciplina militares, quando ficarem ameaçados ou atingidos com a liberdade do indiciado ou acusado.

A presença das situações fáticas descritas nos citados arts. 254 e 255 caracterizam, respectivamente, o *fumus commissi delicti* e o *periculum libertatis*, que justificariam a prisão preventiva.

> *HABEAS CORPUS*. INOBSERVÂNCIA DE LEI, REGULAMENTO OU INSTRUÇÃO. **HOMICÍDIO QUALIFICADO**. PRISÃO EM FLAGRANTE CONVERTIDA EM PREVENTIVA. FUNDAMENTAÇÃO. **OFENSA AOS PRINCÍPIOS DA HIERARQUIA E DA DISCIPLINA MILITARES**. DESNECESSIDADE DA MANUTENÇÃO DA CUSTÓDIA PROVISÓRIA. CONCESSÃO DA ORDEM. DECISÃO POR MAIORIA. Na fase atual do **processo**, ficou demonstrado que o requisito de que se valeu a autoridade judiciária, "considerando o desrespeito às ordens de engajamento e a mácula dos preceitos das normas ou dos princípios de hierarquia e de disciplina", não mais se revela presente. Observa-se, também, que os demais requisitos do art. 255 do CPPM, de igual modo, não se fazem presentes, no sentido de que os pacientes, soltos, poderiam atrapalhar a investigação, de modo a perturbar ou a colocar em perigo a ordem pública, a ordem econômica, a instrução criminal ou a aplicação da lei penal. Não há registro que macule seus antecedentes. Além disso, todos possuem residência fixa e encontram-se no exercício regular de seus deveres militares. Superados os objetivos determinantes, em razão dos quais se fundamentou a Decisão impugnada, **não mais se justificam as custódias** dos Pacientes, **para garantir** a manutenção das normas ou dos **princípios da hierarquia e da disciplina militares**. Ordem concedida. Decisão por maioria (STM. HC nº 7000375-25.2019.7.00.0000/RJ. Rel. Min. Lúcio Mário de Barros Góes. Julgado em 23.05.2019 – grifos nossos).

Prisão, liberdade provisória e menagem   **193**

Observação

Semelhante ao CPP comum, o CPPM também prevê hipóteses pela **desnecessidade** ou **vedação** da prisão preventiva:

Art. 257. O juiz deixará de decretar a prisão preventiva, quando, por qualquer circunstância evidente dos autos, ou pela profissão, condições de vida ou interesse do indiciado ou acusado, presumir que este não fuja, nem exerça influência em testemunha ou perito, nem impeça ou perturbe, de qualquer modo, a ação da justiça.

Art. 258. A prisão preventiva em **nenhum caso será decretada** se o juiz verificar, pelas provas constantes dos autos, ter o agente praticado o fato nas condições dos arts. 35 [erro de direito], 38 [coação irresistível e obediência hierárquica], observado o disposto no art. 40 [coação física ou moral], e dos arts. 39 [estado de necessidade, como excludente da culpabilidade] e 42 [estado de necessidade, como excludente da antijuridicidade], do Código Penal Militar. (Grifos nossos.)

Dada a **natureza cautelar** da **prisão preventiva**, a depender das circunstâncias fáticas que se apresentem poderá **ser revogada** ou **novamente decretada, conforme presentes** ou **não** os requisitos do *fumus commissi delicti* e o *periculum libertatis*.

Art. 259. O juiz poderá revogar a prisão preventiva se, no curso do processo, verificar a falta de motivos para que subsista, bem como de novo decretá-la, se sobrevierem razões que a justifiquem.

Jurisprudência do STM: a lógica constitucional da liberdade como regra deve ser observada nos processos em que a **pena máxima** aplicável não produzirá o encarceramento (*sursis* etc.), *verbis*:

HABEAS CORPUS. **POSSE IRREGULAR DE ARMA DE FOGO E PECULATO.** PRISÕES PREVENTIVAS. GRA-

VIDADE ABSTRATA DA CONDUTA. IMPROCEDÊN-
CIA. GARANTIA DA ORDEM PÚBLICA E EXIGÊNCIA
DA MANUTENÇÃO DAS NORMAS OU DOS PRINCÍ-
PIOS DE HIERARQUIA E DE DISCIPLINA MILITARES.
IMPROCEDÊNCIA. PRESUNÇÃO DE INOCÊNCIA.
**AGENTE SEM REGISTRO DE ANTECEDENTES CRI-
MINAI**S. DESNECESSIDADE DA MANUTENÇÃO DA
CUSTÓDIA PROVISÓRIA. CONCESSÃO DA ORDEM.
DECISÃO POR UNANIMIDADE. O crime, em tese, ti-
pificado no artigo 12 da Lei nº 10.826/2003 (Estatuto do
Desarmamento), cuja **pena prevista** é de **1 (um) a 3 (três)
anos de detenção, comporta a concessão da suspensão
condicional da pena.** Nesse caso, sendo o Paciente **primário** e de **bons antecedentes**, a constrição da liberdade
não se justifica, sob pena de se manter preso, durante o
processo, **alguém que, se condenado, não seria preso.** O
início do processo, com a formalização do recebimento da
Denúncia, indica não haver risco para a conveniência da
instrução criminal a soltura do paciente. O **segundo delito**
atribuído ao Paciente ocorreu dentro de um mesmo contexto, sendo certo que as condições pessoais do acusado
permanecem inalteradas – primário, de bons antecedentes
e com residência fixa – além de não mais exercer a função
anteriormente ocupada na Organização Militar, tendo sido,
inclusive, movimentado para outra Guarnição. Ordem concedida. Decisão por unanimidade (STM. HC nº 7000481-
84.2019.7.00.0000. Rel. Min. Lúcio Mário de Barros Góes.
Julgado em 06.06.2019 – grifos nossos).

As maiores controvérsias a respeito da necessidade da prisão preventiva residem na confirmação dos requisitos do citado **art.
255**, devido ao grau de subjetivismo dos mesmos, especialmente,
em relação a conveniência da ordem pública e a periculosidade do
indiciado ou acusado, lembrando que presente apenas um dos requisitos legais do referido art. 255 estará configurado o *periculum
libertatis*, que serão examinados a seguir:

a) Garantia da ordem pública

Trata-se de conceito subjetivo, que permite interpretações das mais variadas possíveis, sendo utilizada em larga escala, principalmente, em sede processual penal comum, havendo quem questione sua constitucionalidade, ante a sua indeterminação conceitual.

Na prática, é alegada em relação a crimes praticados com **violência** ou **grave ameaça**, por indivíduo **reincidente** ou detentor de **maus antecedentes**, sob o argumento de que a liberdade do imputado põe em risco a sociedade.

> *HABEAS CORPUS.* IPM. **PRISÃO PREVENTIVA.** FUNDAMENTAÇÃO NA GARANTIA DA **ORDEM PÚBLICA** E NA APLICAÇÃO DA LEI PENAL MILITAR. INEXISTÊNCIA DE CORRELAÇÃO COM OS FATORES CONCRETOS. CONCESSÃO DA ORDEM. UNANIMIDADE. Para que se coadune com o requisito subjetivo autorizador da prisão preventiva com o fito de **garantir a ordem pública**, urge a presença de crime gravíssimo ou possível constatação de comprovada intranquilidade no seio da comunidade. Não é a hipótese. Além de não se tratar de crime grave, quer quanto à pena, quer quanto ao meio de execução, trata-se de pessoa cujos antecedentes criminais não registram conduta voltada ao crime, porquanto difícil vislumbrar possível afronta à tranquilidade social. Da mesma forma, não se vislumbra o receio da inaplicabilidade da lei penal, diante da ausência de indícios veementes de preparação de fuga. O agente detém profissão definida, possui residência certa e emprego fixo, de modo que o risco de o Estado não conseguir aplicar pena ao condenado, após a sentença, não parece factível. Com efeito, os autos afiguram inexistir correlação entre os fundamentos que levaram a medida excepcional e os fatores concretos autorizadores. Concessão da ordem. Decisão por unanimidade (STM. HC nº 7000518-14.2019.7.00.0000. Rel. Min. Francisco Joseli Parente Camelo. Julgado em 25.06.2019 – grifos nossos).

b) Conveniência da instrução criminal

Tal justificativa pode ser usada até o término da instrução processual (sentença de mérito recorrível), uma vez que se destina a impedir que o indiciado ou acusado interfira na persecução penal e instrução do processo, destruindo provas, ameaçando testemunhas ou empreendendo quaisquer outras ações, que objetive interferir, ilegalmente, no curso das investigações ou na produção de provas em juízo.

> *HABEAS CORPUS.* DESVIO DE ARMAMENTO DE GROSSO CALIBRE E MUITA MUNIÇÃO DE GUERRA. CRIME COMETIDO EM SERVIÇO, DENTRO DO QUARTEL. DECRETAÇÃO DE **PRISÃO PREVENTIVA**. GRAVIDADE CONCRETA DA CONDUTA. MANUTENÇÃO DA CONSTRIÇÃO DA LIBERDADE. **NECESSIDADE** DE GARANTIR A APLICAÇÃO DA LEI PENAL E **CONVENIÊNCIA DA INSTRUÇÃO CRIMINAL**. ORDEM DENEGADA.
>
> Cabo armeiro que adulterava documentação referente ao número de **fuzis** e de **munições**, no intuito de **desviar** esse **material bélico** da Unidade Militar onde servia e **vendê-lo para criminosos**. Mesmo que não cause clamor público e que o crime seja cometido sem violência à pessoa, ainda assim, é plenamente cabível a prisão preventiva, pois, além da comprovada gravidade do ato praticado, não se sabe, ao certo, se o Paciente está envolvido com traficantes de armas, com traficantes de drogas ou com ambos. E, se está envolvido, não se apurou, ainda, qual é o grau de comprometimento dele com as facções criminosas. Quanto à **conveniência da instrução criminal**, ao contrário do que foi alegado, há **grande probabilidade** de que o Paciente seja tentado ou forçado por traficantes a **continuar delinquindo no transcorrer da persecução criminal**, principalmente após ele ter confessado toda a senda criminosa às autoridades. (…).
>
> (...) [trecho seguinte extraído do corpo do aresto – p. 5] (…)

Quanto à **conveniência da instrução criminal**, ao contrário do que foi alegado, há sim, **grande probabilidade** de que o Paciente seja tentado ou forçado – por traficantes ou pelas facções criminosas – a continuar delinquindo no transcorrer da persecução criminal, nem que seja **impedindo a produção de provas** ou **atrapalhando**, de qualquer outra forma, a **instrução processual**, principalmente após ele ter confessado toda a senda criminosa às autoridades. Assim, no intuito de garantir o cumprimento de todo o rito processual, a prudência manda que, nesse momento, seja mantida a prisão cautelar do Paciente, conforme entendeu a Juíza de Direito [da Justiça Estadual], depois a Juíza Federal da Justiça Militar e, por fim, o Parecer da Procuradoria-Geral da Justiça Militar. (...) (STM. HC nº 7000057-42.2019.7.00.0000 Rel. Min. Odilson Sampaio Benzi. Julgado em 28.02.2019 – grifos nossos).

c) Periculosidade do indiciado ou acusado

Em que pese tal condição seja admitida, isoladamente, para o efeito de decretação da prisão preventiva, revela-se verdadeiro desdobramento da garantia da ordem pública, na medida em que se justifica com base na violência da conduta, na gravidade dos crimes praticados e na reincidência e maus antecedentes do acusado, que apontariam, em tese, para a reiteração criminosa.

HABEAS CORPUS. HOMICÍDIO TENTADO. NULIDADE DA AUDIÊNCIA DE CUSTÓDIA. CONVERSÃO EM PREVENTIVA DA PRISÃO EM FLAGRANTE. PREJUDICIALIDADE. AUSÊNCIA DE FUNDAMENTAÇÃO. NÃO CONFIGURAÇÃO. EXCESSO DE PRAZO. INSTRUÇÃO CRIMINAL CONCLUÍDA. APLICAÇÃO DA SÚMULA Nº 52 STJ. ORDEM DENEGADA. I – Na esteira da reiterada jurisprudência dos Tribunais Superiores, a conversão do flagrante em prisão preventiva torna prejudicada a alegação de eventual nulidade da Audiência de Custódia. Precedentes. II – Considera-se "idônea a prisão decretada com base em fatos concretos observados pelo juiz na instrução processual, notadamente a **periculosidade**, não só em razão da **gravidade do crime**, mas também do **modus operandi da conduta** delituosa" (STF – 2ª Turma. HC nº 124.562/RJ, Rel. Ministro Gilmar Mendes, *DJe* 24.04.2015). III – Já se encontrando o feito na fase de Alegações Escritas, resta superada a alegação de excesso de prazo para o deslinde da instrução criminal. Aplicação da Súmula nº 52 do STJ. IV – *Habeas Corpus* conhecido. Ordem denegada (STM. HC nº 7000960-14.2018.7.00.0000. Rel. Min. Péricles Aurélio Lima de Queiroz. Julgado em 12.12.2018 – grifos nossos).

d) Segurança da aplicação da lei penal militar

Em regra, é alegada como justificativa o risco iminente de o indiciado ou acusado, principalmente se não tiver residência ou ocupação lícita, evadir-se, inviabilizando a aplicação da lei penal militar.

> *HABEAS CORPUS*. DESERÇÃO. PRISÃO PROCESSUAL. LEGALIDADE. PRESENÇA DOS REQUISITOS DA CUSTÓDIA PREVENTIVA. CAUTELAR CONVERTIDA EM MENAGEM NA ORGANIZAÇÃO MILITAR. CONVENIÊNCIA DA INSTRUÇÃO CRIMINAL. **GARANTIA DE APLICAÇÃO DA LEI PENAL**. ACUSADO HABITUADO NA CONDUTA. AUSÊNCIA DA APRESENTAÇÃO ESPONTÂNEA. (...). A custódia encontra fundamento nos **artigos 254 e 255, *b* e *d***, ambos do CPPM, conforme demonstram os documentos anexados às informações prestadas pela autoridade coatora. Trata-se de **Paciente capturado em diligência** determinada pela autoridade judiciária, o **que revela o inequívoco interesse de se furtar à jurisdição penal**, como o fez em relação a deserção anterior, alcançada pela prescrição da pretensão executória. Conhecido o *habeas corpus*, porém denegada a ordem por falta de amparo legal. Decisão unânime (STM. HC nº 187-25.2017.7.00.0000/MG.

Rel. Min. William de Oliveira Barros. Julgado em 21.09.2017 – grifos nossos).

e) Exigência da manutenção das normas ou princípios de hierarquia e disciplina militares, quando ficarem ameaçados ou atingidos com a liberdade do indiciado ou acusado

Tal situação diz respeito aos reflexos negativos e diretos causados pela prática criminosa no contexto da moral, da ordem, da manutenção do comando e das regras de subordinação, no âmbito das organizações e instituições militares, de modo que a hierarquia e a disciplina sejam ameaçadas ou atingidas pela liberdade do indiciado ou do acusado.

Importante!

Esse requisito é **específico do CPPM**, tendo em vista a relevância da hierarquia e da disciplina para as instituições militares federais e estaduais, consoante previsão nos arts. 42, *caput*, e 142, *caput*, da CF/1988.

Observação

Embora o crime militar praticado por militares sempre afete, ainda que indiretamente, a esses princípios fundamentais, não será toda e qualquer conduta criminosa que justificará a decretação da prisão cautelar com base nesse dispositivo (art. 255, *e*), razão pela qual deverá ser demonstrada, de forma objetiva e fundamentada, a sua necessidade.

Jurisprudência do STM:

EMENTA: *HABEAS CORPUS*. PRISÃO EM FLAGRANTE. CONVERSÃO EM PRISÃO PREVENTIVA. FUNDAMENTO NO ART. 255, *E*, DO CPPM. NECESSIDADE DE QUE SEJA DEMONSTRADO, CONCRETAMENTE, QUE A HIERARQUIA E A DISCIPLINA ESTEJAM AMEAÇADAS

OU ATINGIDAS PELA LIBERDADE DO INDICIADO OU DO ACUSADO. *HABEAS CORPUS* CONHECIDO. LIMINAR CONFIRMADA. ORDEM CONCEDIDA. DECISÃO UNÂNIME. 1. A liberdade é um dos mais importantes, senão o mais importante, signo do Estado Democrático de Direito, inaugurado pela Constituição da República Federativa do Brasil de 1988, razão pela qual o cerceamento da liberdade ambulatorial de qualquer pessoa, civil ou militar, só se justifica, nos limites legais preconizados em nosso ordenamento jurídico, que tem na Constituição sua base e esteio. 2. A necessidade de constatação dos motivos autorizadores da custódia provisória, a despeito da gravidade abstrata do crime imputado, é condição indispensável à manutenção da prisão cautelar. 3. *In casu*, não restou demonstrada a existência do *periculum libertatis*, enquanto perigo decorrente da liberdade do Paciente para a Hierarquia e a Disciplina militares. 4. *Habeas Corpus* conhecido. Liminar confirmada. Ordem concedida. Decisão unânime (STM nº 7000798-48.2020.7.00.0000. Rel. Min. Celso Luiz Nazareth. Data de Julgamento: 10.12.2020, Data de Publicação: 04.02.2021).

HABEAS CORPUS. DESERÇÃO. LIBERDADE PROVISÓRIA. AUSÊNCIA DOS ELEMENTOS AUTORIZADORAS DA CUSTÓDIA PREVENTIVA. DEFERIMENTO DO *WRIT*. DECISÃO UNÂNIME. A constrição da liberdade do indivíduo é medida excepcional, que só pode ser levada a efeito por ordem escrita e fundamentada da autoridade judiciária competente, conforme estabelece o art. 5º, LXI, da Constituição Federal, e desde que presentes os requisitos ensejadores previstos na lei processual penal militar. A simples fundamentação da custódia nos princípios da hierarquia e da disciplina, alínea *e* do art. 255 do CPPM, não encontra amparo legal, ainda mais quando se adota o raciocínio de que a maioria dos crimes militares violam tais princípios. Não se mostra indispensável a constrição da liberdade do indiciado para assegurar a tramitação de futura ação penal no Juízo *a quo*, tanto que o Ministério Público e a Defesa convergiram no pedido da prisão preventiva cumulada com a concessão de menagem. Milita, ainda, a favor do acusado a demora injustificada para o oferecimento da denúncia, quase dois meses após a apresentação voluntária, o que não condiz com a celeridade que deve ser observada nos processos de deserção. Ordem concedida. Decisão por unanimidade (STM. HC nº 7000134-51.2019.7.00.0000/DF. Rel. Min. William de Oliveira Barros. Julgado em 16.04.2019).

Jurisprudência do STJ: no âmbito da JME, há análoga singularidade e necessidade de preservação da hierarquia e da disciplina militar, enquanto requisito autorizador da prisão preventiva, no Processo Penal Militar:

> *HABEAS CORPUS.* CRIMES MILITARES. HOMICÍDIO E AMEAÇA. PRISÃO EM FLAGRANTE. LIBERDADE PROVISÓRIA. PROVA DO FATO DELITUOSO E INDÍCIOS DE AUTORIA. **MANUTENÇÃO DAS NORMAS E PRINCÍPIOS DE HIERARQUIA DISCIPLINARES.** FUNDAMENTAÇÃO ESPECÍFICA. **ART. 255, *E*, DO CPPM.** ORDEM DENEGADA. 1. A **custódia cautelar** do paciente apresenta fundamentação idônea e mostra-se necessária para a **manutenção** das normas e princípios de **hierarquia e disciplina militares**, consoante dispõe o **art. 255, *e*, do Código de Processo Penal Militar**, mormente porque o paciente foi preso em flagrante por crime de **homicídio** cometido no local de trabalho, sendo a **vítima o comandante do batalhão da cidade**, além de ter sido denunciado também pelo crime de **ameaça praticado contra dois colegas de farda**. 2. As condições pessoais favoráveis do agente, tais como primariedade, ocupação lícita e residência fixa, não impedem a manutenção da segregação cautelar, quando presentes os requisitos legais. 3. Ordem denegada (STJ. HC nº 232.945/MS, Rel. Min. Marco Aurélio Bellizze. 5ª Turma. Julgado em 17.04.2012 – grifos nossos).

202 Direito Processual Penal Militar

PROCESSUAL PENAL. *HABEAS CORPUS* SUBSTITUTI-VO DE RECURSO ORDINÁRIO. ART. 254 DO CÓDIGO PENAL MILITAR. **PRISÃO PREVENTIVA.** FUNDAMEN-TAÇÃO. **ART. 255 DO CÓDIGO DE PROCESSO PENAL MILITAR.** Resta devidamente fundamentado o decreto prisional, com o reconhecimento da materialidade do delito e de indícios de autoria, e expressa menção à situação concreta que se consubstancia na exigência da **manutenção das normas ou princípios da hierarquia e disciplina militares**, uma vez que o **paciente** ao negar que estava portando arma de origem desconhecida, durante o interrogatório judicial, **faltou com a verdade**, demonstrando a **quebra da disciplina e da hierarquia militar**, *ex vi* do **art. 255, e**, do **CPPM** (Precedentes). *Writ* denegado (STJ. HC nº 60.623/PE. Rel. Min. Felix Fischer. 5ª Turma. Julgado em 14.11.2006 – grifos nossos).

Importante!

A prisão preventiva, com base na alínea *e* do art. 255 do CPPM, com base na sua teleologia, não deve ser aplicada a civis, uma vez que, mesmo os funcionários e servidores civis que ocupem cargos e/ou funções públicas no âmbito das instituições militares, não estão sujeitos às regras de disciplina e hierarquia dos militares; portanto, não produzem lesão nesses bens valores constitucionais. Todavia, eventual conduta que impacte fortemente a organização, preparo e emprego das instituições militares poderão ensejar a prisão do civil com base em outro dispositivo do art. 255.

6.6 Menagem (arts. 263 a 269)

A **menagem** é um **instituto** processual **tipicamente militar**, cuja natureza jurídica é múltipla e controvertida, pois há três espécies de menagem, consoante o local em que será cumprida: **a)** menagem-quartel; **b)** menagem-residência; e **c)** menagem-cidade. Dependendo a hipótese, poderá ser decretada em desfavor do militar (art. 264, § 1ª parte), do civil (art. 264, 2ª parte) e especificamente ao insubmisso (art. 266).

Poderá ser aplicada aos indiciados ou acusados, civis ou militares, por prática de crime militar, cujo máximo da pena privativa de liberdade não seja superior a quatro anos, atendido a natureza do crime e os antecedentes do acusado.

> **Art. 263.** A menagem poderá ser concedida pelo juiz, nos crimes cujo máximo da pena privativa da liberdade não exceda a quatro anos, tendo-se, porém, em atenção a natureza do crime e os antecedentes do acusado.

Observação

A clássica doutrina castrense entende que a **menagem** é espécie de "liberdade provisória sob condição, de natureza penal militar" (LOBÃO, 2009, p. 338). No final deste tópico apresentaremos algumas correntes doutrinárias acerca da natureza desse interessante e vanguardista instituto jurídico, à época do início da sua vigência.

O **STM** entende que a menagem – embora menos gravosa que a prisão preventiva – também seria uma **medida constritiva de liberdade de locomoção**, razão pela qual se exige para a sua decretação estarem presentes os requisitos autorizadores da preventiva o *fumus commissi delicti* e o *periculum libertatis*.

> *HABEAS CORPUS.* DESERÇÃO. AUDIÊNCIA DE CUSTÓDIA. CONVERSÃO DA PRISÃO EM **MENAGEM**. AUSÊNCIA DOS REQUISITOS AUTORIZADORES DA CUSTÓDIA CAUTELAR. CONCESSÃO DA ORDEM. UNANIMIDADE. O caráter extraordinário de que se reveste a custódia preventiva exige, para a sua efetivação, a necessária fundamentação, a qual deve apoiar-se em elementos concretos e ajustados aos pressupostos abstratos definidos pelos

arts. 254 e 255 do CPPM, sob pena de violação do Princípio da Presunção de Inocência, haja vista que a segregação cautelar presume pena não personificada. Em que pese a **menagem** configurar providência **menos gravosa do que o encarceramento**, ainda assim **constitui medida constritiva à liberdade de locomoção**. Concessão da ordem. Unanimidade (STM. HC nº 7000058-27.2019.7.00.0000. Rel. Min. Carlos Vuyk de Aquino. Julgado em 14.03.2019 – grifos nossos).

A menagem poderá ser concedida de ofício ou a requerimento das partes, devendo a autoridade judiciária intimar o MPM, quando não a tenha proposto, para que se manifeste a respeito, dentro de três dias.

Tal espécie de medida preventiva e assecuratória que recai sobre pessoa **é vedada** ao **reincidente** (art. 269), porém, não há restrição legal à concessão em relação aos indiciados e acusados detentores de maus antecedentes. Entretanto, o **limite da menagem** (cessação) será a prolação da sentença condenatória recorrível (art. 267).

Importante!

- A **menagem** concedida ao **militar** poderá ser conferida para cumprir em sua própria **residência** ou nas **dependências de organização militar**, respeitadas as prerrogativas do posto ou da graduação do imputado.

- A **menagem** concedida ao **civil** poderá ser conferida para cumprir no lugar da sede do juízo (cidade) ou nas **dependências de organização militar**, respeitadas as prerrogativas do posto ou da graduação do imputado.

> **Art. 264**. A **menagem a militar** poderá efetuar-se no lugar em que **residia** quando ocorreu o crime, ou seja, **sede do juízo** que o estiver apurando, ou, atendido o seu posto ou graduação, em **quartel**, navio, acampamento, ou em estabelecimento ou sede de **órgão militar**. A **menagem a civil** será

no lugar da **sede do juízo**, ou em **lugar sujeito à administração militar**, se assim o entender necessário a autoridade que a conceder. (Grifos nossos.)

■ Para a concessão da **menagem em lugar sujeito à administração militar** será **pedida informação** a respeito da sua **conveniência** ao respectivo comando, chefia ou direção (art. 264, § 2º).

Embora o CPPM não seja específico acerca do teor e natureza da consulta, na *práxis*, o Comandante manifesta-se acerca da viabilidade estrutural em prover a hospedagem e vigilância do destinatário da menagem "(ho) menageado"; e, nos casos do agente militar, procederá também acerca das razões de convicção da autoridade militar acerca dos aspectos pessoais, funcionais e disciplinares do agente militar que leve a concluir que não irá evadir-se do aquartelamento.

■ O **insubmisso** (art. 183 do CPM) terá o **quartel por menagem**, independentemente de decisão judicial, podendo, entretanto, ser cassada pela autoridade militar, por conveniência de disciplina (art. 266).

Contudo, cremos que na nova ordem constitucional, a leitura da parte final desse dispositivo restringe-se à cassação da **menagem legal**, ou seja, aquela que foi aplicada por força do CPPM e ainda não foi apreciada pela autoridade judiciária militar. Caso já haja manifestação da autoridade judiciária militar concedendo a menagem, a autoridade militar somente poderá comunicar ao juiz os fatos ensejadores da revogação.

Exemplo: o insubmisso que for capturado ou apresentar-se voluntariamente terá *ex vi legis* o quartel por menagem, ou seja, não será recolhido à cela. Contudo, se as circunstâncias levarem à presunção de que o insubmisso tentou ou tentará evadir-se, desrespeitou ou não respeitará a rotina do aquartelamento ou as ordens das autoridades militares, o Comandante poderá recolher o insubmisso à cela e comunicar imediatamente à autoridade judiciária militar.

Observação

Alguns autores entendem que o insubmisso é a única possibilidade legal (art. 264, § 2ª) para o civil ter o quartel como menagem.

A **menagem será cassada** daquele que se retirar do lugar para o qual foi ela concedida, ou faltar, sem causa justificada, a qualquer ato judicial para que tenha sido intimado ou a que deva comparecer independentemente de intimação especial (art. 265).

Importante!

A **menagem** concedida em **residência** ou **cidade** não será levada em conta no cumprimento da pena (art. 268). Ou seja, pela sistemática do CPPM, essas duas modalidades de menagem não teria a natureza de medida privativa de liberdade, mas tão somente restrição ao direito de locomoção; o que é muito questionável na atual ordem constitucional e no paralelismo com a principiologia processual penal comum.

Doutrina: não há consenso acerca da **natureza jurídica** da **menagem**.

> A **Menagem** tem **dupla natureza** jurídica. É **medida cautelar** quando tiver o caráter de prisão e é **medida de contracautela** quando tiver o caráter de liberdade. É, pois, medida processual. (...) A menagem, se for concedida em **cidade** ou **residência**, é uma forma de **liberdade provisória**, a qual prefiro denominar **menagem-liberdade**, ao passo que a menagem concedida em quartel, navio ou **estabelecimento delimitado** é uma forma de **prisão provisória**, sem os rigores do cárcere, a que prefiro denominar **menagem-prisão**. (...) A identificação da natureza do instituto é importante, pois, se menagem-prisão, terá reflexos no cômputo da pena. (ROTH, 2002, p. 167-168 – grifos nossos.)

A **menagem** consistente na **restrição** a uma **cidade** assemelha-se à **liberdade provisória**. (...) Já a **menagem** numa **residência** assemelha-se à **prisão domiciliar**, enquanto a **menagem** num navio ou no espaço inteiro de um **estabelecimento militar** assemelha-se à **prisão especial**. (PACHECO, 2005, p. 1079-1080 – grifos nossos.)

Com inteira razão, Homero Prates e Câmara Leal, pois, analisando todas as **modalidades de menagem** previstas no CPPM, poderemos dizer que ela se assemelha também a outros institutos. Assim, dentro de um quadro de afinidades aparentes, compararíamos a **menagem à liberdade provisória** com fiança, quando ela for concedida **em cidade** (art. 268 do CPPM); compararíamos à **prisão especial** (art. 242 do CPPM) quando concedida em **lugar sujeito à administração militar** (art. 264, § 2º, do CPPM), e, por último, compararíamos à **prisão domiciliar** (Lei nº 5.256/1967), quando concedida **em residência** (art. 268). (...) Fica claro que, para o CPPM, a menagem cumprida em lugar sujeito à administração militar é considerada **prisão provisória** e a menagem concedida em residência e em cidade são consideradas benefício, ou seja, **liberdade provisória**. Dessarte, é possível asseverar que o legislador do CPPM concebeu a menagem como instituto de **natureza híbrida**, ora com feição de **custódia**, razão por que o seu tempo entra no cômputo da pena, ora com perfil de **benefício**, daí o porquê de não a ter considerado para fins de detração. (...)

Em suma: a **menagem** concedida em **residência** e a menagem concedida em lugar sujeito à **administração militar** têm natureza de **prisão provisória**; a menagem concedida em **cidade** tem natureza de **liberdade provisória** (benefício). (FREYESLEBEN, 1997, p. 139-140 – grifos nossos.)

Pela própria localização topográfica da menagem no CPPM – Capítulo V do Título XIII –, ou seja, em **capítulo distinto** daqueles que versam sobre as **prisões cautelares** (Capítulo III do Título XIII) e **liberdade provisória** (Capítulo VI do Título XIII), **não** se pode considerar a menagem como espécie de prisão cautelar, **nem** como espécie de liberdade provisória. Cuida-se, na verdade, de **medida cautelar autônoma** a ser concedida pela autoridade judiciária competente, ou, no caso da **insubmissão**, por expressa disposição legal. (LIMA, 2019, p. 1122 – grifos nossos.)

Observação

Caberá **recurso em sentido estrito** (art. 516, *i*) da decisão que conceder, negar ou revogar a menagem.

6.7 Liberdade provisória

A liberdade é a regra na ambiência do Estado Democrático de Direito, razão pela qual o cerceamento da liberdade de locomoção de qualquer pessoa somente se justifica, como vimos, nas hipóteses de prisão-pena, prisão cautelar e, no caso específico dos militares, prisão por crime propriamente militar (decretada por autoridade administrativa militar) e prisão administrativa decorrente de transgressão militar; além da prisão civil[3] do devedor de alimentos.

Reforçando a regra da liberdade, o art. 5º, inciso LXVI, da CF/1988, aduz que "ninguém será levado à prisão ou nela mantido, quando a lei admitir a liberdade provisória, com ou sem fiança". No CPPM, a prisão provisória é tratada, basicamente, em três artigos: 253, 270 e 271, não havendo na legislação processual penal militar a espécie de liberdade provisória condicionada à fiança.

[3.] A **prisão civil** do **depositário infiel** foi revogada pela Súmula Vinculante nº 25; e a do **falido** (Decreto-lei nº 7.661/1945 – antiga Lei de Falências), foi revogada pela Lei nº 11.101/2005, que passou a condicionar eventual medida restritiva de liberdade nos arts. 311 e 315 do CPP, ou seja, tornou-se espécie de prisão preventiva.

Contudo, com a nova ordem constitucional, a jurisprudência do STF, STM e STJ tem entendido que o instituto da liberdade provisória nas Justiças Militares deve receber interpretação em conformidade com a CF/1988 e, portanto, a aplicação, por **analogia do art. 310 do CPP**, também no que se refere à **audiência de custódia**, inclusive por meio de videoconferência, *verbis*:

> *HABEAS CORPUS.* DESERÇÃO. PRISÃO *EX LEGE.* AUDIÊNCIA DE CUSTÓDIA DISPENSADA. INEXISTÊNCIA DE CIRCUNSTÂNCIA COMPROVADAMENTE EXCEPCIONAL. APRESENTAÇÃO VOLUNTÁRIA. PRISÃO PREVENTIVA DECRETADA.
>
> NOVO TÍTULO PRISIONAL. CARÊNCIA DE FUNDAMENTAÇÃO. OFERECIMENTO DA DENÚNCIA. PRAZO DE 5 (CINCO) DIAS DESCUMPRIDO. CONSTRANGIMENTO ILEGAL. ORDEM CONCEDIDA.
>
> (...) 2. A **Audiência de Custódia**, visando a preservação do preso, constitui instrumento de controle de legalidade e de verificação da situação do agente quanto à necessidade de manutenção da constrição de sua liberdade. O detido, após a sua captura ou apresentação voluntária, deve ser conduzido, obrigatoriamente, pela autoridade policial ao Juiz, para a realização dessa medida profilática. 3. Quando a autoridade policial, mediante circunstância comprovadamente excepcional, não puder conduzir o preso até a presença do magistrado, a Audiência de Custódia poderá ser dispensada ou realizada por meio de **videoconferência**, nos termos do art. 5º, § 4º, da Resolução nº 228, de 26.10.2016, do STM. O Juiz, ao dispensar o referido ato, justificará a sua decisão com base nas aludidas razões impeditivas, as quais serão acostadas aos autos. 4. A oitiva do preso é fundamental para que o Juiz, mediante o contato pessoal, possa avaliar a regularidade da restrição da liberdade. **Com isso**, a **Autoridade Judiciária** colherá **dados concretos** para **fundamentar** a manutenção da **prisão** ou **conceder a liberdade provisória**. (...) Ordem

de *Habeas Corpus* concedida. Decisão unânime (*Habeas Corpus* nº 0000282.2017.7.00.0000. Rel. Min. Marco Antônio de Farias. Julgado em 12.12.2017 – grifos nossos).

Realizada a prisão em flagrante e, também, no nosso entender, na prisão por crime propriamente militar, já tratada neste capítulo, o preso será levado à audiência de custódia, ocasião em que a autoridade judiciária militar, após ouvir as partes, decidirá:

a) **Relaxar a prisão** – caso a prisão seja ilegal (art. 224 do CPPM).

b) **Decretar a prisão preventiva** (ou menagem) – se presentes os requisitos do *fumus commissi delicti* e do *periculum libertatis*, constantes dos arts. 254 e 255 do CPPM.

c) **Conceder obrigatoriamente a liberdade provisória** – nos termos do art. 270:

> **Casos de liberdade provisória**
>
> **Art. 270**. O indiciado ou acusado livrar-se-á solto no caso de infração a que **não** for cominada **pena privativa de liberdade**.
>
> Parágrafo único: **Poderá livrar-se solto**:
>
> a) no caso de **infração culposa**, salvo se compreendida entre as previstas no Livro I, Título I, da Parte Especial, do Código Penal Militar;
>
> b) no caso de infração punida com **pena de detenção não superior a dois anos**, salvo as previstas nos crimes dos arts. 157, 160 a 164, 166, 173, 176, 177, 178, 187, 192, 235, 299 e 302, todos do CPM. (Grifos nossos).

d) **Conceder a liberdade provisória** (art. 253) – se verificar que o preso praticou o fato delituoso, nas condições dos arts. 35 e 38, ressalvado o disposto no art. 40, e dos arts. 39 e 42, todos do CPM.

Observação

Apesar dos inúmeros dispositivos legais supramencionados (CPPM), restritivos à concessão da liberdade, a jurisprudência castrense está consolidada no sentido de que a **liberdade provisória** somente poderá ser negada se presentes os requisitos autorizadores da **prisão preventiva**, interpretação conforme a Constituição.

Jurisprudência do STM:

> *HABEAS CORPUS.* INGRESSO CLANDESTINO (CPM, ART. 302). PRISÃO EM FLAGRANTE CONVERTIDA EM PREVENTIVA. CONVENIÊNCIA DA INSTRUÇÃO CRIMINAL E SEGURANÇA DA APLICAÇÃO DA LEI PENAL (CPPM, ART. 255, *B, C* E *D*). FUNDAMENTAÇÃO GENÉRICA. PERICULOSIDADE DOS AGENTES NÃO DEMONSTRADA *IN CONCRETO.* **VEDAÇÃO DO ART. 270, PARÁGRAFO ÚNICO, LETRA *B*, DO CPPM. RESTRIÇÃO AFASTADA PELA JURISPRUDÊNCIA DESTA CORTE.** DISPENSA DA AUDIÊNCIA DE CUSTÓDIA NÃO JUSTIFICADA. CUSTÓDIA PROVISÓRIA. DESNECESSIDADE. AUSÊNCIA DE PRESSUPOSTOS AUTORIZADORES. ORDEM CONCEDIDA. (...) A despeito da restrição contida no **art. 270, parágrafo único, letra *b*,** do CPPM, a jurisprudência desta Corte admite a concessão de liberdade provisória a Acusados pela prática dos delitos relacionados no citado dispositivo, eis que **tal vedação não foi recepcionada pela Constituição Federal.** (...). Ordem de *Habeas Corpus* concedida. Decisão por unanimidade (STM. HC nº 7000870-06.2018.7.00.0000. Rel. Min. Lúcio Mario de Barros Góes. Julgado em 05.12.2018 – grifos nossos).

Renato Brasileiro de Lima (2019, p. 1120) aduz que a "doutrina e a jurisprudência sempre admitiram a possibilidade de se aplicar, subsidiariamente, o dispositivo do antigo parágrafo único do art. 310 do CPP, no âmbito da Justiça Militar".

Desde a vigência do **antigo art. 310** do CPP, o STM e o STJ têm mantido posição no sentido da excepcionalidade da decretação ou manutenção da prisão cautelar, ou seja, da predominância do princípio da presunção de inocência.

> *HABEAS CORPUS.* PORTE DE SUBSTÂNCIA PSICO-TRÓPICA (MACONHA). ART. 290 DO CPM. **PRISÃO PREVENTIVA**. O art. 270 do CPPM, que dispõe sobre os crimes em que é admitida a liberdade provisória, não inclui em seu texto o delito do art. 290 do CPM. Todavia, **em face do princípio da presunção de inocência**, a prisão antes do trânsito em julgado se apresenta como medida excepcional. Inocorrendo os requisitos que autorizam a prisão da prisão preventiva (art. 255 do CPPM), nada obsta a concessão da liberdade provisória mediante a **aplicação da lei processual comum** (art. 310, parágrafo único do CPP). Ordem concedida. Unânime (STM. HC nº 2006.01.034232-0. Rel. Min. Marcos Augusto Leal de Azevedo. Julgado em 05.09.2006 – grifos nossos).

Da mesma forma, a gravidade ou a natureza do crime não são suficientes, por si só, para justificar a decretação da prisão antes do trânsito em julgado, sendo a liberdade provisória, e não a prisão cautelar, a regra, na perspectiva do Estado Democrático de Direito, inaugurado pela CF/1988.

> **TRÁFICO DE ENTORPECENTE. COCAÍNA**. PRISÃO EM FLAGRANTE. MANUTENÇÃO DA CUSTÓDIA. **FUNDAMENTAÇÃO EXCLUSIVA NA GRAVIDADE DO DELITO**. IMPROCEDÊNCIA. PRECEDENTES DO EXCELSO PRETÓRIO. A simples alegação da gravidade do delito, por si só, não é suficiente para sustentar a prisão provisória de quem se encontra aguardando o desfecho da instrução criminal. Se a Carta Magna prevê a liberdade provisória como regra, **não pode a lei ordinária sobrepor-se ao ordenamento maior**, ainda mais se **não há previsão legal** para motivar a

prisão preventiva com base tão **somente na gravidade do delito**, conforme se pode verificar da redação do art. 255 do CPPM, e art. 312 do CPP. Tecnicamente, não consta no ordenamento processual penal castrense, ou mesmo no ordinário, o instituto da manutenção da prisão em flagrante. Diante do Auto de Prisão em Flagrante, é cabível, alternativamente, o relaxamento da custódia, a sua revogação ou a conversão em prisão preventiva, se presentes os seus elementos. Concedida a ordem assegurando ao paciente o direito de responder à ação penal em liberdade. Decisão uniforme (STM. HC nº 115-82.2010.7.00.0000/MG. Rel. Min. William de Oliveira Barros. Julgado em 26.08.2010 – grifos nossos).

Importante!

O CPPM contém nos **arts. 452** (efeitos do termo de deserção), **453 e 465** (efeitos do termo de insubmissão) **regras especiais** de eventual **vedação da concessão de liberdade**, que já foram abordadas. Tais dispositivos chegaram a ser consolidados na **Súmula nº 10[4] do STM**, que, após reiterado posicionamento contrário do **STF** (*v.g.*: HC nº 89.645/PA, de 2007), tal verbete restou **revogado** (*DJe* 13.06.2018).

Observação

Caberá **recurso em sentido estrito** (art. 516, *h*) da decisão que conceder, negar ou revogar a "prisão preventiva", ou seja, conceder a **liberdade provisória**.

---

4. STM, **Súmula nº 10**, de 24.12.1996 – "Não se concede liberdade provisória a preso por deserção antes de decorrido o prazo previsto no art. 453" (**Cancelada**, em 13.06.2018).

7

Atos de comunicação processual

7.1 Intimação e notificação (art. 288)

Antes de abordar as modalidades de **citação** (art. 277), faremos a distinção entre a citação e as outras duas espécies de comunicação processual: a **intimação** e a **notificação**. Enquanto a **citação** tem o réu por destinatário, inaugurando a tríade processual; a **intimação** e **notificação** destinam-se à comunicação de ato ou situação processual ou fática, tendo por destinatário não somente o réu, mais o MPM, testemunhas, peritos etc.

Em regra, a **intimação** destina-se a dar conhecimento de um ato processual ou situação fática já ocorrida, para fins meramente informativo, ou para que o(s) seu(s) destinatário(s) se manifeste(m) ou realize(m) algum ato em relação ao ocorrido no processo.

Por sua vez, a **notificação** refere-se a ato processual ou situação que, ainda, ocorrerá, destinando-se, por exemplo, para a convocação das partes para uma audiência. Fato é que não há muito rigor técnico na própria legislação processual que, muitas vezes, não delimita bem essas diferenças.

As **intimações e notificações** são realizadas pelo escrivão às partes, testemunhas e peritos, por meio de carta, telegrama ou comunicação telefônica, bem como pessoalmente, se estiverem presentes em juízo, o que será certificado nos autos. No caso de a pessoa residir fora da sede do juízo processante, será realizada por carta ou telegrama, com assinatura, inclusive eletrônica, da autoridade judiciária.

As intimações e notificações feitas aos advogados, defensores e curadores judiciais, suprem a do acusado, salvo se estiver preso, hipótese que será intimado ou notificado, pessoalmente, com o conhecimento do responsável pela sua guarda, que o fará apresentar em juízo, no dia e hora designados, salvo motivo de força maior, que será comunicado ao juiz.

Observação

Atualmente, os processos judiciais são eletrônicos (sistema *e-proc*), por meio do qual são feitas as comunicações processuais às partes. Ademais é possível a utilização de *e-mail* e outros tipos de mensagens eletrônicas, por analogia ao CPP comum.

A **intimação ou notificação de militar da ativa** ou de funcionário lotado em repartição militar será feita por intermédio da autoridade militar a que estiver subordinado. Estando preso, o oficial deverá ser apresentado, atendida a sua hierarquia, sob a guarda de outro oficial; e a praça, sob escolta, de acordo com os regulamentos militares.

As intimações, notificações e citações serão sempre feitas de dia e com a antecedência de 24 horas, pelo menos, do ato a que se referirem (art. 291).

A **falta** ou a nulidade da **citação**, da intimação ou notificação ficará sanada com o **comparecimento (espontâneo ou voluntário) do interessado** antes de o ato consumar-se, embora declare que o faz com o único fim de argui-la (art. 503).

7.2 Citação

A citação é o **ato processual** pelo qual o denunciado toma conhecimento formal da existência e do conteúdo de acusação formulada pelo MPM, para que exerça o direito de defesa e contraditório.

Após a **citação**, o denunciado passa à condição de **réu**, em sede de Processo Penal Militar, que se iniciou com o recebimento da denúncia, proposta pelo MPM; contudo, a efetivação da ação penal ocorre somente com a citação válida, cujos requisitos serão abordados adiante.

Diz-se **citação válida**, porque a sua falta acarreta a nulidade absoluta do processo, a qual poderá ser reconhecida, a qualquer tempo, inclusive de ofício, pelo órgão judicial, nos termos do art. 500, III, *c*, do CPPM.

> APELAÇÃO. DEFENSORIA PÚBLICA DA UNIÃO. FURTO. ART. 240 DO CÓDIGO PENAL MILITAR. CONDENAÇÃO EM PRIMEIRO GRAU. PRELIMINAR DE NULIDADE. **AUSÊNCIA DE CITAÇÃO VÁLIDA DO RÉU.** ARGUIÇÃO DE OFÍCIO. ART. 500, III, *C*, DO CÓDIGO E PROCESSO PENAL MILITAR. ACOLHIMENTO. UNANIMIDADE. Constitui nulidade a preterição da Citação do Acusado "(...) para ver-se processar e o seu interrogatório (...)", na forma da alínea *c* do inc. III do art. 500 do Código de Processo Penal Militar, devendo ser declarada de ofício. Preliminar acolhida. Decisão por Unanimidade (STM. Apelação nº 7000440-20.2019.7.00.0000. Rel. Min. Carlos Vuyk de Aquino. Julgado em 14.08.2019 – grifos nossos).

A citação feita no início do processo é pessoal, bastando, para os demais termos, a intimação ou notificação do seu defensor, salvo se o acusado estiver preso, caso em que será, da mesma forma, intimado ou notificado.

7.2.1 Formas de citação

A citação, para ser válida, deve obedecer impreterível e absolutamente às seguintes fórmulas processuais:

Art. 277. A citação far-se-á por oficial de justiça:

I – mediante **mandado**, quando o acusado estiver servindo ou residindo na sede do juízo em que se promove a ação penal;

II – mediante **precatória**, quando o acusado estiver servindo ou residindo fora dessa sede, mas no País;

III – mediante **requisição**, nos casos dos arts. 280 e 282;

IV – pelo **correio**, mediante expedição de carta;

V – por **edital**:

a) quando o acusado se ocultar ou opuser obstáculo para não ser citado;

b) quando estiver asilado em lugar que goze de extraterritorialidade de país estrangeiro;

c) quando não for encontrado;

d) quando estiver em lugar incerto ou não sabido;

e) quando incerta a pessoa que tiver de ser citada.

Parágrafo único. Nos casos das letras *a*, *c* e *d*, o oficial de justiça, depois de procurar o acusado por duas vezes, em dias diferentes, certificará, cada vez, a impossibilidade da citação pessoal e o motivo. No caso da letra *b*, o oficial de justiça certificará qual o lugar em que o acusado está asilado. (Grifos nossos.)

Segundo prevalece na doutrina, a citação será **real** quando o réu tomar conhecimento pessoalmente da denúncia; e **ficta** quando esse conhecimento é presumido, por razões de política criminal, diante de certas situações concretas – não provocadas pelo Estado – que não proporcionam a citação pessoal.

7.2.1.1 Citação mediante mandado

Esta modalidade destina-se à citação dos acusados, militares da reserva ou civis, residentes na sede ou na área de jurisdição do juízo processante, sendo cumprida por oficial de justiça. Também será utilizada para a citação de militares, que embora da ativa, encontrem-se de licença ou, por qualquer razão, temporariamente, afastados do serviço ativo.

O oficial de justiça deverá ler ao citando o mandado e entregar-lhe a **contrafé**, a qual poderá ser feita na primeira via do mandato, mencionando o dia e a hora do seu cumprimento.

Na hipótese de o citando recusar a ouvir a leitura do mandado, receber a contrafé ou declarar o seu recebimento, deverá o oficial de justiça consignar tudo no próprio mandado. Do mesmo modo, procederá se o citando, embora recebendo a contrafé, estiver impossibilitado de assinar (firmar ou apor sua firma, na dicção do CPPM).

7.2.1.2 *Citação mediante requisição*

Destina-se à citação dos acusados militares, em serviço ativo ou presos.

No caso de **militar da ativa**, a autoridade judiciária castrense dirigirá a requisição à autoridade sob cujo comando, chefia ou direção o militar se encontre subordinado, para que ouça a leitura do mandado e receba a contrafé. Na hipótese de **militar preso**, o Juiz encaminhará ofício ao diretor do estabelecimento prisional, requisitando a apresentação do preso ao oficial de justiça, para que este proceda a citação do preso, no próprio estabelecimento prisional (art. 282).

7.2.1.3 *Citação mediante carta precatória*

Esta modalidade destina-se à citação de **acusados** que **residam fora da sede** ou área de **jurisdição** do **juízo processante**, sendo efetivado, por meio de carta precatória do juízo (deprecante) ao juízo (deprecado) com jurisdição onde reside ou se encontra o acusado, para que este determine a realização da citação pessoal (arts. 283 e 284).

7.2.1.4 Citação mediante carta citatória

Destina-se à citação de **acusados que residam** ou se encontrem no **estrangeiro**, devendo a autoridade judiciária processante solicitar a colaboração do Ministério das Relações Exteriores ou Ministério Militar.

> **Art. 285.** Estando o acusado no estrangeiro, mas em lugar sabido, a citação far-se-á por meio de **carta citatória**, cuja remessa a autoridade judiciária solicitará ao Ministério das Relações Exteriores, para ser entregue ao citando, por intermédio de representante diplomático ou consular do Brasil, ou preposto de qualquer deles, com jurisdição no lugar onde aquele estiver.
>
> **Caso especial de militar em situação de atividade**
>
> § 1º Em se tratando de **militar em situação de atividade**, a remessa, para o mesmo fim, será solicitada ao Ministério em que servir. (Grifos nossos.)

Se o **citando não for encontrado** no lugar, ou **se ocultar** ou **opuser obstáculo** à citação por carta citatória, publicar-se-á **edital** para este fim. De igual modo, proceder-se-á ao **exilado** ou **foragido** em país estrangeiro, salvo se internado em lugar certo e determinado pelo Governo desse país. A **publicação do edital** somente será feita após certidão do oficial de justiça, afirmativa de estar o citando exilado ou foragido em lugar incerto e não sabido.

7.2.1.5 Citação mediante edital

Esta modalidade de citação ficta é exceção às modalidades de citação pessoal ou real, que restaram inviabilizas de concretização. São hipóteses autorizadoras da citação por edital:

a) Acusado se oculta ou opõe obstáculo para não ser citado

O oficial de justiça, depois de procurá-lo por **duas vezes**, em dias diferentes, certificará, cada vez, a impossibilidade e os motivos pelos quais não pode citá-lo, pessoalmente.

Frustrados todos os esforços para a citação pessoal, o Juiz mandará publicar o edital, de **uma a três** vezes, em jornal oficial do lugar (*Diário de Justiça*) ou, na falta deste, em jornal de circulação diária do lugar.

Constará no referido edital, além dos requisitos do art. 278, a declaração do **prazo de cinco dias**, que será contado do dia da respectiva publicação na imprensa, ou da sua afixação, ao final do qual o acusado será considerado citado.

b) Acusado não for encontrado

O Oficial de Justiça, depois de **procurá-lo** por **duas vezes**, em dias diferentes, certificará, cada vez, a impossibilidade e os motivos pelos quais não pode citá-lo, pessoalmente. Esgotados os esforços, para a citação pessoal, o edital será publicado, nos mesmos termos e procedimentos já referenciados, por **três vezes**, com **prazo de 15 dias**, ao final do qual o acusado será considerado citado.

c) Acusado se encontra em lugar incerto ou não sabido

O Oficial de Justiça, depois de **procurá-lo** por **duas vezes**, em dias diferentes, certificará, cada vez, a impossibilidade e os motivos pelos quais não pode citá-lo, pessoalmente. Esgotados os esforços para a citação pessoal, o edital será publicado, nos mesmos termos e procedimentos já referenciados, por **três vezes**, com **prazo de 20 dias**, ao final do qual o acusado será considerado citado.

d) Acusado encontra-se asilado em lugar que goze de extra-territorialidade de país estrangeiro

O Oficial de Justiça deve certificar qual o lugar em que o acusado está asilado. O edital será publicado nos mesmos termos e procedimentos acima referenciados, por **três vezes**, com **prazo de cinco dias**, ao final do qual o acusado será considerado citado.

e) Incerta a pessoa que tiver de ser citada

O edital será publicado nos mesmos termos e procedimentos já referenciados, por **três vezes**, com **prazo de 20 dias a 90 dias**, ao final do qual o acusado será considerado citado.

O **acusado citado, intimado ou notificado** para qualquer ato do processo, que deixar de comparecer, sem motivo justificado, será considerado **revel**, prosseguindo o processo em face dele até o seu curso final (art. 292). Ou seja, na Justiça Militar da União o **revel** pode ser condenado sem ter se manifestado, ao menos uma vez, no processo.

Ressalta-se que a regra do processo civil, de se presumirem verdadeiros fatos imputados ao réu revel, não se aplica ao processo penal comum ou militar, em homenagem ao princípio da verdade real.

> **Súmula nº 351, STF** – É nula a citação por edital de réu preso na mesma unidade da Federação em que o juiz exerce a sua jurisdição.

> **Súmula nº 366, STF** – Não é nula a citação por edital que indica o dispositivo da lei penal, embora não transcreva a denúncia ou queixa, ou não resuma os fatos em que se baseia.

Jurisprudência do STJ:

> PENAL E PROCESSO PENAL. RECURSO EM *HABEAS CORPUS*. SENTENÇA. **INTIMAÇÃO PELA VIA EDITALÍCIA**. NULIDADE. DILIGÊNCIAS NÃO REALIZADAS. RÉU PRESO DURANTE O PRAZO DE INTIMAÇÃO DO EDITAL. RECURSO ORDINÁRIO PROVIDO. ORDEM CONCEDIDA. 1. Imperioso o reconhecimento da nulidade **da intimação do acusado acerca da sentença condenatória**, porquanto **não realizadas diligências para sua localização**, além de que, restando posteriormente **custodiado**, necessária seria a sua **intimação pessoal** acerca do resultado da ação penal em andamento, em observância ao art. 5º, LV, da Constituição Federal. 2. A doutrina se orienta no entendimento de que, **preso o réu durante o prazo do edital,** deverá ser **intimado pessoalmente** do r. decreto condenatório, na forma do art. 392, I, CPP, **restando prejudicada a intima-**

ção editalícia, conforme leciona Júlio Fabbrini Mirabete (*in Processo Penal*, 10. ed., Atlas, fls. 470) (HC n° 15.481/SP, Rel. Min. Felix Fischer, Quinta Turma, *DJ* 10.09.2001). 3. Recurso ordinário provido, para declarar a nulidade da ação penal, desde a intimação do acusado da sentença condenatória (RHC n° 45.584/PR. Rel. Min. Néfi Cordeiro. Sexta Turma. Julgado em 03.05.2016 – grifos nossos).

7.3 A não aplicabilidade da regra do art. 366 do CPP

Segundo o art. 366 do CPP comum, se o acusado, citado por edital, não comparecer, nem constituir advogado, ficarão suspensos o processo e o curso do prazo prescricional.

Contudo, o **STM**[1] e o **STF** consideram inaplicável a regra do art. 366 do CPP comum na JMU, sob o argumento da especialização do CPPM e de ausência de lacuna legislativa que a justifique, aplicando-se a literalidade do art. 292 do CPPM.

> *HABEAS CORPUS*. CRIME MILITAR. USO DE DOCUMENTO FALSO (ART. 315 DO CPM). REVELIA DO ACUSADO. **APLICAÇÃO SUBSIDIÁRIA DO ART. 366 DO CÓDIGO DE PROCESSO PENAL COMUM. IMPOSSIBILIDADE.** RESOLUÇÃO DO CASO PELO **CRITÉRIO DA ESPECIALIDADE** DA LEGISLAÇÃO PROCESSUAL PENAL CASTRENSE. ORDEM DENEGADA. 1. O princípio da especialidade **impede a incidência do art. 366 do Código de Processo Penal comum**, no caso dos autos. O art. 412 do Código de Processo Penal Militar é o regramento específico do tema no âmbito da Justiça castrense. Somente a falta de um regramento específico em sentido contrário é que possibilitaria a aplicação da legislação comum. **Impossibilidade de se mesclar o regime processual penal comum e o**

---

[1]   STM. Apelação n° 7000440-20.2019.7.00.0000. Rel. Min. Carlos Vuyk de Aquino. Julgado em 14.08.2019.

regime processual penal especificamente militar, mediante a seleção das partes mais benéficas de cada um deles, pena de incidência em postura hermenêutica tipificadora de hibridismo ou promiscuidade regratória incompatível com o princípio da especialidade das leis. **Precedentes:** HCs nos 76.368, da Relatoria do Ministro Maurício Corrêa; e 91.225, da Relatoria do Ministro Eros Grau. 2. Ordem indeferida (STF. HC nº 105.925. Rel. Min. Ayres Britto. Segunda Turma. Julgado em 05.04.2011 – grifos nossos).

8

Atos probatórios

8.1 Conceito

A disciplina relativa às provas no CPPM (arts. 294 a 383) não difere do CPP comum, inclusive diversos regramentos são aplicados por analogia, haja vista que a produção de provas na legislação comum é mais abrangente e contemporânea.

Renato Brasileiro de Lima (2019, p. 605-606) leciona que, processualmente, o termo **provas** traduz "as ideias de verificação, inspeção, exames, aprovação ou confirmação. Dela derivaria o verbo provar, que significa verificar, examinar, reconhecer por experiência, estando relacionada com o vasto campo de operações do intelecto na busca da comunicação de conhecimento verdadeiro".

Em síntese, há três acepções para a **prova**:

- como **atividade probatória**, contém a produção dos meios e atos praticados no processo, objetivando o convencimento do órgão julgador, a respeito da veracidade ou não de uma alegação sobre um fato que interesse à solução da causa;
- como **resultado**, caracteriza-se pela formação da convicção do órgão julgador, no curso do processo, acerca das alegações das partes, permitindo-lhe decidir com base em um certo grau de certeza, uma vez que não seria possível um juízo de certeza, absoluta, sobre acontecimentos ocorridos no passado; e

226 Direito Processual Penal Militar

- como **meio**, abrange os instrumentos, idôneos e, portanto, autorizados para a formação da convicção do órgão julgador.

8.2 Considerações gerais (arts. 294 e 295)

Diversamente do sistema de prova legal, segundo o qual as provas e seus valores de certeza e credibilidade são preestabelecidos pelo legislador, na sistemática do CPPM, o juiz formará sua convicção pela livre apreciação do conjunto das provas colhidas em juízo, e de forma motivada (art. 297).

As provas no juízo penal militar, salvo quanto ao estado das pessoas,[1] não está sujeita às restrições estabelecidas na lei civil, desde que **não atente** contra a saúde, a moral, a segurança individual e coletiva ou contra a **hierarquia e a disciplina militares**.

Ninguém está obrigado ou poderá ser obrigado a produzir provas contra si, contra seu cônjuge, descendente, ascendente ou irmão, cabendo o ônus da prova dos fatos, em regra, a quem alega, sob pena de experimentar as consequências processuais adversas pela sua inação, podendo o juiz, sempre que julgue necessário, determinar, de ofício, diligências, para dirimir dúvidas sobre fatos que considere relevantes.

Considerando o **princípio da presunção da inocência**, o MPM deverá fazer prova da autoria e da materialidade do crime militar, incluindo a prova do dolo ou da culpa do imputado, cabendo a defesa fazer prova dos fatos impeditivos (excludentes de ilicitude), extintivos (causas de extinção da punibilidade) ou modificativos (desclassificação ou causas de diminuição da pena), por ela alegados.

Todos os atos do processo serão expressos em português, razão pela qual todos os documentos estrangeiros deverão ser traduzidos para o português, devendo ser disponibilizado intérprete

---

[1.] O reconhecimento da menoridade deve ser provado por documento hábil; e a extinção da punibilidade, pela morte do acusado, que dependerá da certidão de óbito.

para o acusado, testemunhas ou quem tenha de prestar esclarecimentos orais no processo, o que inclui os indígenas e deficientes auditivos, visuais etc.

8.3 Distinção entre elementos informativos e provas

A **prova** é produzida sob o crivo do contraditório, no curso do processo judicial; enquanto os **elementos de informações** são produzidos e colhidos, antes da instauração do processo, como, por exemplo, no curso da investigação criminal em sede de IPM, APF ou, ainda, PIC[2] (Procedimento de Investigação Criminal), realizado pelo MPM.

Importante!

O CPPM estabelece o conceito de **indício** (art. 382) e as hipóteses em que o **indício se constitua em prova** (art. 383). Para tanto, é **necessário** que: **a)** que a circunstância ou fato indicante tenha relação de causalidade, próxima ou remota, com a circunstância ou o fato indicado; e **b)** que a circunstância ou fato coincida com a prova resultante de outro ou outros indícios, ou com as provas diretas colhidas no processo.

O **STF** tem entendido pela impossibilidade de alguém ser condenado, exclusivamente, com base em elementos de informação.

A construção pretoriana em torno do tema serviu de inspiração à criação da Lei n° 11.690/2008, que deu nova redação ao art. 155 do CPP, vedando a possibilidade de condenação com base, apenas, em elementos de informação.

> **Art. 155.** O juiz formará sua convicção pela livre apreciação da prova produzida em contraditório judicial, não podendo fundamentar sua decisão exclusivamente nos elementos in-

---

2. Resolução n° 101, de 26.09.2018, do Conselho Superior do Ministério Público Militar.

formativos colhidos na investigação, ressalvadas as provas cautelares, não repetíveis e antecipadas.

Ressalta-se que a **colaboração premiada**, disciplinada pela Lei nº 12.850, de 02.08.2013, com as alterações trazidas pela Lei nº 13.964/2019, é meio de obtenção de prova, razão pela qual **não é suficiente, por si só, para fundamentar** a **decretação** de: **medidas cautelares** reais ou pessoais; **recebimento de denúncia** ou queixa--crime; e **sentença condenatória** (art. 4º, § 16, I, II e III).

Jurisprudência do STM: o posicionamento mais recente do STM tem admitido os institutos de delação e colaboração premiada no âmbito da JMU, *verbis*:

> APELAÇÕES. DPU. PRELIMINAR DE INCOMPETÊN-CIA. CIVIL. REJEIÇÃO. PRELIMINAR SUSCITADA DE OFÍCIO. INGRESSO CLANDESTINO. PRESCRIÇÃO. ACOLHIMENTO. MÉRITO DO APELO DO PRIMEIRO CORRÉU. PEDIDO DE ABSOLVIÇÃO POR FALTA DE PROVAS. SITUAÇÃO NÃO CONFIGURADA. CONCES-SÃO DO SURSIS. MÉRITO DO APELO DO SEGUNDO CORRÉU. **COLABORAÇÃO PREMIADA. POSSIBILIDA-DE DE INCIDÊNCIA NA JUSTIÇA MILITAR.** ATO JU-RÍDICO BILATERAL. AUSÊNCIA DE ACORDO MINIS-TERIAL. INEXISTÊNCIA DE DELITO ASSOCIATIVO DE AGENTES. CONTINUIDADE DELITIVA. IMPRESCIN-DIBILIDADE DE CRIMES DA MESMA ESPÉCIE. NÃO OCORRÊNCIA (Apelação nº 7000241-95.2019.7.00.0000. Rel. Min. Lúcio Mário de Barros Góes. Revisora e Rel. p/ o acórdão: Min. Maria Elizabeth Guimarães Teixeira Rocha. Julgado em 17.12.2019 – grifos nossos).

Importante!

Na Revisão Criminal nº 0000166-49.2017.7.00.0000, julgada em 11.10.2017, o Rel. Min. Péricles Aurélio Lima de Queiroz, consignou no corpo do aresto:

> (...) tenho simpatia pela possibilidade da aplicação dos institutos processuais **da colaboração premiada no âmbito da Justiça Militar da União** quando se tratar de persecução de crime militar praticado no contexto de delito associativo, desde que, obviamente, coadunados com o disposto no art. 3º, *a*, do CPPM e desde que preencham os requisitos da legislação de referência. Assinalo que o instituto processual deve ser utilizado com parcimônia, não tem amparo legal para ser utilizado em todo e qualquer delito castrense, reafirmo, apenas naqueles que demandem uma estrutura de associação, concurso de agentes etc. (Grifos nossos.)

8.4 Inadmissibilidade de provas ilícitas

As provas obtidas por meios ilícitos são inadmitidas no processo, conforme disposto no inciso LVI, do art. 5º, da CF/1988.

Esse tema já foi abordado, quando tratamos acerca dos princípios estruturantes do Processo Penal Militar (Capítulo 1), cabendo destacar que na Justiça Militar é seguida a mesma lógica e entendimento da doutrina e jurisprudência dos tribunais superiores, acerca das provas ilícitas, diretas ou por derivação, e seus efeitos e eventuais renovações.

8.5 Interrogatório (arts. 302 a 306)

O **interrogatório** é o ato processual, oral, personalíssimo, e privativo do Juiz, sendo, a um só tempo, **meio de prova e de defesa**, vez que oportuniza ao acusado, se assim o desejar, expor sua "verdade" ao Estado-Juiz, pessoalmente, sobre os fatos que lhe são imputados na denúncia. É chamada defesa pessoal. Havendo mais de um interrogando, serão ouvidos em separado (art. 304).

Nesse sentido, segundo o art. 5º, inciso LXIII, da CF/1988, o interrogando não está obrigado a responder às perguntas que lhe são formuladas pelo Juiz, não importando o seu silêncio, qualquer prejuízo para a sua defesa. Aliás, por quando do seu interrogatório deverá a autoridade judiciária alertá-lo sobre o direito de permanecer em silêncio.

Ressalta-se que **o direito ao silêncio não** se aplica às **testemunhas**, que estão obrigadas a responder às perguntas do Juiz e, sempre, dizerem a verdade, salvo se as respostas a tais questionamentos importarem em sua incriminação.

> RECURSO EM SENTIDO ESTRITO. ESTELIONATO PREVIDENCIÁRIO. **RÉUS INQUIRIDOS COMO TESTEMUNHAS.** DESENTRANHAMENTO DAS OITIVAS. JUSTA CAUSA. COMPROVAÇÃO. COGNIÇÃO SUPERFICIAL. REQUISITOS LEGAIS PRESENTES. RECEBIMENTO DA DENÚNCIA.
>
> Conquanto não constituam propriamente provas (porquanto foram produzidos no IPM), os aludidos **elementos de informação são ilícitos**, por afrontarem o inciso LXIII do art. 5º da CF. Trata-se de prova ilícita e deve ser expurgada dos autos, em face da violação das garantias constitucionais da vedação à autoincriminação e do direito ao silêncio. Nessa etapa processual, prevalece o *in dubio pro societate*. A instrução processual é direito subjetivo outorgado ao *dominus litis* quando satisfeitas as exigências legais. A análise, no ato de recebimento, das questões ora postas pelo douto magistrado na decisão impugnada, acaba por equivaler à verdadeira antecipação de mérito. Recebimento da denúncia. Recurso provido. Decisão unânime (STM. Recurso em Sentido Estrito nº 70000870-69.2019.7.00.0000. Rel. Min. Maria Elizabeth Guimarães Teixeira Rocha. Julgado em 19.11.2019 – grifos nossos).

Tratando-se de **militar**, processado pelos Conselhos de Justiça, os juízes-militares poderão formular perguntas ao interrogando, que será inquirido a respondê-las, por intermédio de seu presidente, o Juiz Federal da Justiça Militar. Considerando que o interrogatório, além de ser um meio de defesa, também é um meio de prova, na *práxis*, vários magistrados têm aplicado, por analogia, a regra do art. 188 do CPP comum.

> **Art. 188.** Após proceder ao interrogatório, o juiz indagará das partes se restou algum fato para ser esclarecido, formulando as perguntas correspondentes se o entender pertinente e relevante.

Ressalta-se que em respeito ao contraditório e a ampla defesa, caso o acusado não tenha advogado constituído, o juiz providenciará para que lhe seja designado um, para acompanhar o seu interrogatório, na forma do § 1º do art. 306 do CPPM. No âmbito da JMU, a **Defensoria Pública da União** (DPU) tem relevante e **intensa** atuação na defesa dos militares, ex-militares e civis **hipossuficientes.**

Na sistemática do CPPM, o interrogatório era o primeiro ato da instrução, sendo o acusado qualificado e interrogado, após o recebimento da denúncia e antes de ouvidas as testemunhas.

> **Art. 302.** O acusado será qualificado e interrogado num só ato, no lugar, dia e hora designados pelo juiz, após o recebimento da denúncia; e, se presente à instrução criminal ou preso, antes de ouvidas as testemunhas.

Tal sequência processual não prevalece mais, tendo em vista a decisão plenária do **STF** (HC nº 127.900), que determinou a aplicação da regra do art. 400 do CPP comum (redação dada pela Lei nº 11.719/2008), no âmbito do Processo Penal Militar, em adequação do **sistema acusatório democrático** aos preceitos constitucionais da Carta de República de 1988 e à **efetividade dos princípios do contraditório e da ampla defesa** (art. 5º, LV).

> *Habeas corpus.* Penal e processual penal militar. Posse de substância entorpecente em local sujeito à administração militar (CPM, art. 290). Crime praticado por militares em situação de atividade em lugar sujeito à administração mi-

litar. Competência da Justiça Castrense configurada (CF, art. 124 c/c CPM, art. 9º, I, *b*). Pacientes que não integram mais as fileiras das Forças Armadas. Irrelevância para fins de fixação da competência. **Interrogatório. Realização ao final da instrução (art. 400, CPP). Obrigatoriedade.** Aplicação às ações penais em trâmite na Justiça Militar dessa alteração introduzida pela Lei nº 11.719/2008, **em detrimento do art. 302 do Decreto-lei nº 1.002/1969.** Precedentes. **Adequação do sistema acusatório democrático aos preceitos constitucionais da Carta de República de 1988.** Máxima efetividade dos princípios do contraditório e da ampla defesa (art. 5º, LV). **Incidência da norma inscrita no art. 400 do Código de Processo Penal comum aos processos penais militares cuja instrução não se tenha encerrado,** o que não é o caso. Ordem denegada. Fixada orientação quanto a incidência da norma inscrita no art. 400 do Código de Processo Penal comum a partir da publicação da ata do presente julgamento, aos processos penais militares, aos processos penais eleitorais e a todos os procedimentos penais regidos por legislação especial, incidindo somente naquelas ações penais cuja instrução não se tenha encerrado (STF. HC nº 127.900/AM. Rel. Min. Dias Toffoli. Tribunal Pleno. Julgado em 03.03.2016 – grifos nossos).

Em razão da supracitada decisão do STF, foi **cancelada** a **Súmula nº 15,**[3] do **STM**, que negava a aplicação da inversão da ordem do interrogatório no âmbito da JMU.

Importante!

Resultando situações que inviabilizem o comparecimento do réu na sede

---

[3.] **Súmula nº 15 (Cancelada** – *DJe* 17.05.2016): "A alteração do art. 400 do CPP, trazida pela Lei nº 11.719, de 20 de junho de 2008, que passou a considerar o interrogatório como último ato da instrução criminal, não se aplica à Justiça Militar da União" (*DJe* 18.04.2013; republicada no *DJe* 02.09.2014).

do juízo, desde que seja ele assistido por advogado ou defensor, poderá o **ato** do **interrogatório** ser realizado, por precatória ou mesmo através de **videoconferência:**[4] Resoluções nºs 202/2014 e 224/2016, ambas do STM.

HABEAS CORPUS. **VIDEOCONFERÊNCIA.** REALIZAÇÃO EM LOCAL DIVERSO DO JUÍZO DEPRECADO. CONTRARIEDADE AO RITO DA PRECATÓRIA. ATO DE COLABORAÇÃO. AUSÊNCIA DO MAGISTRADO DEPRECADO E DE SERVENTUÁRIOS. MITIGAÇÃO DO JUIZ NATURAL. **AUDIÊNCIA VIRTUAL. INSTITUTO DIVERSO DA CARTA PRECATÓRIA.** PRESENÇA DAS PARTES E DO JULGADOR. PREVISÃO LEGAL DE OCORRÊNCIA ENTRE AUDITORIAS DA JMU E ORGANIZAÇÕES MILITARES. PRINCÍPIO DA CELERIDADE PROCESSUAL. OBSERVADAS AS GARANTIAS DA AMPLA DEFESA E DO CONTRADITÓRIO. Diversamente do rito de cumprimento de carta precatória, quando o juiz deprecado é quem colhe os depoimentos, no **procedimento da videoconferência**, utiliza-se daquele instrumento apenas para solicitar a intimação de quem participará da audiência virtual, a qual será presidida pelo juiz de origem, com a presença das partes. As **Resoluções nºs 202/2014 e 224/2016, ambas do STM,** autorizam a realização de videoconferência em conjunto com órgãos estranhos à Justiça Militar da União, como as Organizações Militares. O **sistema de videoconferência** permite que o interrogatório seja realizado com transmissão de imagem e de som em tempo real, a garantir plenamente o diálogo entre o interrogando e o juiz, o que minimiza a ausência física do indivíduo perante o magistrado, como também evita protelações no processo penal, harmonizando-se com o princípio constitucional da celeridade processual. Presentes a defesa técnica e a acusação no

---

4.   No mesmo sentido, é o entendimento da **1ª Turma do STF:** *Habeas Corpus* nº 115.189/AM. Rel. Min. Marco Aurélio. Julgado em 03.05.2016.

transcorrer da audiência, as garantias da ampla defesa e do contraditório estarão sempre salvaguardadas. Ordem denegada por unanimidade (STM. HC nº 15-83.2017.7.00.0000/AM. Rel. Min. Francisco Joseli Parente Camelo. Julgado em 16.02.2017 – grifos nossos).

8.6 Confissão

A **confissão** é ato personalíssimo do réu, que **admite retratação**, pelo qual assume a autoria ou a participação em fato delituoso, que segundo o art. 307 do CPPM, para que tenha valor de prova deverá ser feita perante a autoridade competente; ser livre, espontânea e expressa; **versar sobre o fato principal**; ser verossímil; e ter compatibilidade e concordância com as demais provas do processo.

A confissão é divisível podendo, ser declarada ou considerada em parte. O Juiz formará sua convicção sobre a veracidade da confissão, sempre no contexto com as demais provas constantes dos autos, sendo temerário qualquer condenação baseada, apenas, na confissão do acusado.

Dever-se-á guardar cautela com a denominada **confissão delatória**, quando o réu, por ocasião de seu interrogatório, assume ter participado de prática criminosa, imputando a autoria ou a participação, também, a terceiros, muitas vezes objetivando obter algum benefício processual.

A confissão, quando não realizada durante o interrogatório (confissão judicial), deverá ser lavrada a termo. A confissão prestada à autoridade militar (confissão extrajudicial), ainda que na fase inquisitorial formal, será posteriormente submetida, durante o processo, ao crivo do contraditório.

8.7 Perguntas ao ofendido

O **ofendido** é a vítima, o sujeito passivo do crime, que será sempre que possível qualificado e ouvido, sobre as circunstâncias

Atos probatórios **235**

do crime, quem seja ou presuma ser seu autor, as provas ou informações que possa indicar, a respeito do fato criminoso (art. 311).

Intimado pelo juiz, o **ofendido** não poderá furtar-se a comparecer, salvo se houver motivos idôneos que o justifique, podendo, inclusive, ser conduzido à presença da autoridade judiciária, sem que sua recusa importe em qualquer sanção (parágrafo único do art. 311).

Importante!

A natureza jurídica do ofendido para a doutrina majoritária é a de **meio de prova**.

O **ofendido** prestará **declarações** (sem o compromisso de dizer a verdade) na presença do acusado, salvo quando tal situação importar-lhe constrangimento, situação que, a critério do juiz, poderá justificar que seja ouvido somente na presença do advogado do acusado. Construção jurisprudencial que supre a lacuna do CPPM.

Jurisprudência do STM:

> CORREIÇÃO PARCIAL. AUDIÊNCIA. **OITIVA DO OFENDIDO. RETIRADA DOS ACUSADOS. POSSIBILIDADE. ANALOGIA.** AUSÊNCIA DE PREJUÍZO. NULIDADE NÃO CONSTATADA. CORREIÇÃO PARCIAL NÃO PROVIDA. DECISÃO UNÂNIME. I – O art. 312 do Código de Processo Penal Militar (CPPM) garante direito ao Acusado em presenciar a oitiva do Ofendido, sem prever a possibilidade ou não de sua retirada da sala de audiência. Prerrogativa que configura desdobramento dos princípios da ampla defesa e do contraditório. II – A **ausência de previsão quanto à remoção** caracteriza, na verdade, **lacuna da lei** a ser integrada nas formas autorizadas pelo art. 3º do CPPM. Omissão que se supre mediante **emprego de analogia** com os dispostos nos **arts. 358 e 389, ambos do CPPM, e no**

art. 217 do Código de Processo Penal comum (CPP). III –
Dessa forma, no feito regido pelo CPPM, estende-se ao Ofendido a prerrogativa de requerer a retirada do(s) Acusado(s)
da sala de audiência, quando pressentir humilhação, temor
ou sério constrangimento, devidamente fundamentados, que
possam influir na tomada do depoimento, com a garantia da
manutenção do Defensor no recinto. IV – No caso concreto,
alegou-se a presença de possível nulidade decorrente do ato
de retirada dos Acusados da sala de audiência, porém sem
esclarecer o prejuízo vivenciado, uma vez que o Advogado
permaneceu durante o ato, além de lhe ter sido facultado in-
terromper a oitiva para consultar seus representados quando entendesse necessário. V – Correição Parcial conhecida
e não provida. Decisão Unânime (STM. Correição Parcial
nº 7001028-27.2019.7.00.0000. Rel. Min. Péricles Aurélio
Lima de Queiroz. Julgado em 12.11.2019 – grifos nossos).

Jurisprudência do STM: o MPM pode formular, por intermédio do Juiz, perguntas ao ofendido.

CORREIÇÃO PARCIAL. AUDIÊNCIA DE OITIVA DO
OFENDIDO. PROCEDIMENTO. Nada impede que a audiência de oitiva do ofendido se proceda, por analogia, aplicando-se as regras que disciplinam a inquirição de testemunhas, afastados os óbices legais, e, em assim sendo, não há
vedação legal para que o representante do Ministério Público
formule perguntas ao ofendido, por intermédio do juiz, deferida a correição, com a determinação da renovação do ato de
oitiva do ofendido, por decisão majoritária (STM. Correição
Parcial nº 1996.01.00512-7/SP. Rel. Min. José Sampaio Maia.
Julgado em 29.08.1996).

Observação

O ofendido não está obrigado a responder perguntas que possam incriminá-
lo ou sejam estranhas ao processo, nem tem o dever de falar a verdade,

por isso não presta compromisso nem comete falso testemunho (arts. 312 e 313). Contudo, em caso em que tenha, deliberadamente, dado causa à instauração de ação penal contra pessoa que sabia inocente, responderá por denunciação caluniosa.

8.8 Perícias e exames (arts. 314 a 346)

"A prova pericial é considerada uma prova técnica, na medida em que exige o domínio de determinado saber técnico" (LOPES JR., 2012, p. 613), que tem por finalidade subministrar ao Juiz conhecimentos, sobre área específica do saber humano que o magistrado não conheça ou domine suficientemente para dispensar o auxílio técnico-científico de especialista da matéria.

Em que pese a importância das provas periciais, e do valor do conhecimento científico, Aury Lopes Jr. (2012, p. 613) adverte que a "prova pericial demonstra apenas um grau – maior ou menor – de probabilidade de um aspecto do delito, que não se confunde com a prova de toda complexidade que envolve o fato".

Nesse sentido, a despeito da importância da prova pericial, o Juiz não ficará restrito ao laudo pericial, podendo aceitá-lo ou rejeitá-lo, no todo ou em parte (art. 326).

O perito não é parte, mas "auxiliar da justiça", sendo a perícia uma espécie de prova, a qual deve ser considerada e valorada em conjunto com as demais. A perícia pode ser determinada pelo juiz ou pela autoridade de PJM, durante a ação penal ou o IPM, de ofício ou a requerimento do acusado, MP ou indiciado.

Além do juiz e do Encarregado do IPM, o MP, o réu e o indiciado poderão formular quesitos periciais, devendo ser objetivos e específicos, que não contenham implícita a resposta e nem sejam sugestivos.

Jurisprudência do STM: número de peritos oficiais e juramentados:

APELAÇÃO. DPU. PORTE DE SUBSTÂNCIA ENTORPE-CENTE POR MILITAR EM ÁREA SUJEITA À ADMINIS-TRAÇÃO MILITAR. PRELIMINAR. NULIDADE DO FEI-TO. **LAUDO ASSINADO POR SOMENTE UM PERITO OFICIAL**. REJEITADA. MÉRITO. PRINCÍPIO DA INSIG-NIFICÂNCIA. INAPLICABILIDADE. DIREITO ADMI-NISTRATIVO SANCIONADOR. IMPOSSIBILIDADE. RE-LAÇÃO JURÍDICA. APELO IMPROCEDENTE. DECISÃO UNÂNIME. 1. Preliminar suscitada pela Defesa de nulidade do Feito em razão de o **laudo** estar **assinado por somente um perito oficial**. A jurisprudência desta Corte Castrense, respaldada pelo Supremo Tribunal Federal, firmou-se no sentido de que o **laudo subscrito por um único perito oficial oriundo de Órgão Público não dá causa à nulidade. Rejeitada por unanimidade**. (...). Apelo desprovido. Decisão unânime (STM. Apelação nº 7000346-09.2018.7.00.0000. Rel. Min. Carlos Augusto de Sousa. Julgado em 05.02.2019 – grifos nossos).

Segundo o art. 328 do CPPM, o **exame de corpo de delito direto** ou **indireto** é indispensável à comprovação da **materialidade dos crimes** que deixam **vestígios**, os denominados crimes não transeuntes. Esses exames poderão ser realizados em qualquer dia e horário. Segundo o disposto, na alínea *b*, do inciso III, do art. 500 do CPPM, a não realização do referido exame de corpo de delito resultará em **nulidade.**

O exame de corpo de delito será **direto**, quando for periciado, examinado, propriamente os vestígios do crime, por exemplo, a lesão na pele da pessoa, que foi agredida; e a ruptura e as arranhaduras no equipamento danificado. "O conhecimento é dado sem intermediações entre o perito e o conjunto de vestígios deixados pelo crime" (LOPES JR., 2012, p. 619).

O exame de corpo delito **indireto**, que é excepcional, somente será admitido em não havendo mais a possibilidade de realizá-lo diretamente, em razão de ter desaparecido os vestígios do crime. Hipótese que será realizado com base em depoimentos de testemunhas, ou mediante a análise de documentação, fotos, imagens, desenhos etc.

Segundo Aury Lopes Jr. (2012, p. 618), o **exame de corpo de delito** não pode ser confundido com a perícia em geral, tendo em vista que tal exame seria "a perícia feita sobre os elementos que constituem a própria materialidade do crime", razão pela qual sua presença ou ausência afetaria a própria existência do crime, gerando nulidade no processo.

O art. 330 do CPPM elenca os exames que se destinam à comprovação da existência de crime contra a pessoa, sendo certo que as hipóteses relacionadas não devem ser interpretadas de forma restritiva, podendo os exames ser complementados, repetidos ou realizados por outros peritos, a critério da autoridade requisitante, em caso de razões justificáveis.

> RECURSO EM SENTIDO ESTRITO. LESÃO CORPORAL. REQUERIMENTO DE DILIGÊNCIAS. **EXAME DE CORPO DE DELITO.** AVERIGUAÇÃO DA COMPATIBILIDADE DA LESÃO SOFRIDA COM TIRO PROVENIENTE DE FUZIL. **IMPERIOSA NECESSIDADE PARA FORMAÇÃO DA** *OPINIO DELICTI.* BUSCA DA VERDADE REAL. A realização da **perícia**, mesmo decorrido o prazo de dois anos após a ocorrência do fato, poderá atestar a existência ou não de vestígios do ferimento na área atingida ou possível sequela decorrente do tiro do Fuzil PARAFAL 7,62 mm ou de estilhaços por ele provocado, ou, ainda, de outro armamento, já que o réu estava perseguindo um suposto traficante que também teria atirado. Quando o membro do Ministério Público, titular da ação penal, procura sanar uma imprecisão ocasionada por um testemunho realizado em juízo, cabe ao Estado, representado pelo juízo competente, colaborar para a **busca da verdade real do fato**, evitando a condenação de um inocente ou acertando na punição de um culpado. Deferido o pedido ministerial para realização de perícia na ofen-

240 Direito Processual Penal Militar

dida. Decisão unânime (STM. Recurso em Sentido Estrito nº 0000303-72.2011.7.01.0401. Rel. Min. William de Oliveira Barros. Julgado em 11.06.2014 – grifos nossos).

As autoridades judiciárias e de PJM podem requisitar aos Institutos Médico-Legais, dos laboratórios oficiais e de quaisquer repartições técnicas, **militares ou civis**, as perícias e exames que se tornem necessários ao processo, bem como, para o mesmo fim, homologar os que neles tenham sido regularmente realizados.

Ademais, se os exames ou perícias tiverem que ser realizados em local não sujeito a jurisdição da autoridade judiciária ou dentro da área de atribuição da autoridade de polícia, poderão ser expedidas cartas precatórias, para o seu cumprimento (art. 346).

Em havendo a necessidade de realização de **autópsia**, pelas razões elencadas no art. 333, ela será realizada pelo menos seis horas depois do óbito, salvo se os peritos, pela evidência dos sinais da morte, julgarem que possa ser feita antes daquele prazo, o que declararão nos autos.

8.9 Testemunhas (arts. 347 a 364)

"Testemunha é a pessoa desinteressada e capaz de depor que, perante a autoridade judiciária declara o que sabe acerca de fatos percebidos por seus sentidos que interessam à decisão da causa" (LIMA, 2019, p. 715).

Uma vez notificada ou intimada pela autoridade judiciária militar, qualquer pessoa, ressalvado aquelas elencadas no art. 355 do CPPM, poderá ser testemunha e estará obrigada a comparecer em juízo, salvo motivo de força maior, no dia e horário determinado, sob pena de ser conduzida por oficial de justiça.

- -

Importante!

A **quantidade** de **testemunhas** arroladas pelas partes (MPM e Defesa) observa a jurisprudência pretoriana mencionada no item 9.5 (**testemunhas de** acusação) e item 9.6 (**testemunhas de defesa**) do Capítulo 9 (**procedimento ordinário**). Poderá ser antecipada a oitiva das testemunhas, a critério da autoridade judiciária, nas hipóteses do art. 363 do CPPM, ou havendo outro motivo que considere justificável, sendo certo que a tomada das oitivas, também, poderá ser postergada a critério do magistrado.

Estão dispensados do comparecimento ao juízo, as autoridades e pessoas elencadas, no art. 350, cujo depoimento deverá ser procedido, levando em consideração às especificidades do cargo, função e estado de saúde dessas.

A convocação de militar da ativa ou funcionário público em atividade se procederá por **requisição** (art. 349).

Observação

Antes de iniciado o **depoimento**, as partes poderão **contraditar** as testemunhas ou **arguir a suspeição** das mesmas na forma do § 3° do art. 352 do CPPM, o que deverá ser consignado em ata.

A testemunha será devidamente qualificada e deverá declarar sobre a existência de relação de parentesco e afinidade com o acusado e o ofendido, sendo-lhe inquirido sobre o que sabe a respeito do fato delituoso, narrado na denúncia, e as circunstâncias que com o mesmo tenham pertinência, não podendo limitar o seu depoimento à simples declaração de que confirma o seu depoimento prestado no IPM, não devendo o juiz permitir que a testemunha manifeste opiniões pessoais sobre o acusado ou a vítima.

As testemunhas não estão e nem serão obrigadas a responderem perguntas cujas respostas possam incriminá-las ou a seu cônjuge, ascendente ou descendente, podendo, inclusive, recusarem-se a depor (art. 354).

As testemunhas não estão e nem serão obrigadas a responderem perguntas cujas respostas possam incriminá-las ou a seu cônjuge, ascendente ou descendente, podendo, inclusive, **recusarem-se a depor**, observado o disposto no art. 354 do CPPM.

Havendo mais de uma testemunha, serão ouvidas em separado, porém na presença do acusado que poderá ser retirado da sala de oitiva, a critério do juiz, em caso de sua presença importar em constrangimento a qualquer das testemunhas, na forma do art. 358 do CPPM.

Doutrinariamente, as testemunhas observam a seguinte classificação: **numerárias** – que prestam compromisso; **informantes** – que não prestam compromisso de dizer a verdade; **referidas** – aquelas que são indicadas por outras testemunhas; **diretas** – aquelas que viram fatos; **indiretas** – aquelas que souberam dos fatos por intermédio de outras pessoas; **próprias** – as que depõem sobre fatos relativos ao objeto do processo; **impróprias** – as que depõem sobre fatos apenas ligados ao objeto do processo; **instrumentária** – é a denominação dada à pessoa que testemunha a leitura do APFD na presença do acusado, do condutor e das testemunhas, assinando o referido auto em lugar do indiciado, que não quer, não sabe ou não pode fazê-lo (art. 304, § 3°, CPP).

As partes, após a oitiva, poderão **contestar** o depoimento, por intermédio do Juiz, que mandará consignar em ata a arguição e respostas da testemunha, não sendo autorizada a réplica.

Observação

Embora na sistemática do CPPM haja previsão de que as perguntas serão conduzidas pelo Juiz, tem sido adotada em várias Auditorias da JMU a regra do art. 212 do CPP comum: perguntas formuladas, diretamente, pelas partes à testemunha.

Residindo a testemunha fora da jurisdição da autoridade judiciária processante, poderá ser inquirida por precatória, na forma dos arts. 359 e 360, para que seja ouvida por outro órgão da Justiça Militar, ou mesmo pelo juiz criminal da Justiça Comum, ou, ainda, por videoconferência, conforme Resoluções n°s 202/2014 e 224/2016, do STM, sem prejuízo ao curso da instrução criminal.

A inquirição será efetivada durante o dia, das sete às dezoito horas, salvo prorrogação, por motivo relevante, que constará da ata da sessão (art. 424).

No curso de IPM, havendo necessidade de oitiva de testemunhas, por meio de precatória, será observado o disposto no art. 361 do CPPM.

8.10 Acareação

Considerando a autoridade judiciária a necessidade de confrontar as versões ou declarações divergentes ou contraditórias sobre o mesmo fato ou circunstância que considere relevantes para a formação de seu juízo de convencimento sobre a causa, poderá valer-se da acareação (arts. 365 a 367).

Nas palavras de Renato Brasileiro de Lima (2019, p. 741), a acareação é "o ato processual consistente na confrontação das declarações de dois ou mais acusados, testemunhas ou ofendidos, já ouvidos, e destinado a obter o convencimento do juiz sobre a verdade de algum fato em que as declarações dessas pessoas forem divergentes".

Tal ato consiste em explicar aos acareados quais os pontos de divergências foram observados entre suas narrativas e colocá-los frente a frente, objetivando confrontar tais narrativas, objetivando aclarar as divergências ou contradições dessas narrativas.

A acareação entre testemunhas poderá ser determinada pelos Conselhos de Justiça ou autoridade judiciária militar, federal ou estadual, de ofício ou a requerimento das partes (art. 425).

A acareação poderá ser realizada, também, na fase de IPM pelo seu Encarregado, sendo certo que seja durante a instrução processual ou durante a persecução policial militar, dever-se-á atentar, para o respeito às regras de ordem, hierarquia e disciplina.

8.11 Reconhecimento de pessoa e de coisa

Durante a instrução processual ou no curso do IPM, caso haja a necessidade, o reconhecimento de pessoas ou de coisas, terá especial atenção às normas de disciplina e hierarquia militar (arts. 368 a 370).

O reconhecimento de pessoas e coisas poderá ser determinado pelos Conselhos de Justiça, pelo Juiz Federal da Justiça Militar, de ofício, ou a requerimento das partes, nos termos do art. 426 do CPPM.

8.12 Documentos

São considerados documentos (art. 371) quaisquer escritos, instrumentos ou papéis, públicos ou particulares, ressaltando que aqueles gozam da presunção de veracidade, quer quanto à sua formação quer quanto aos fatos que o serventuário, com fé pública, declare que ocorreram na sua presença.

A conceituação e classificação dos **documentos públicos** é matéria atinente ao Direito Administrativo, nos quais se incluem aqueles confeccionados pela Administração Militar, que também gozam de presunção de veracidade (art. 372).

Os documentos poderão ser apresentados em qualquer fase do processo, salvo se os autos deste estiverem conclusos para julgamento. Sempre que, no curso do processo, um documento for apresentado por uma das partes ou por ordem do juiz, serão ouvidas todas as outras partes.

Jurisprudência do STM: prova dos documentos originais (art. 373).

> APELAÇÃO. MINISTÉRIO PÚBLICO MILITAR. ART. 321, *CAPUT*, DO CPM. INUTILIZAÇÃO DE DOCUMENTO. ABSOLVIÇÃO EM PRIMEIRA INSTÂNCIA. CÓPIAS DE FAX NÃO AUTENTICADAS. MATERIALIDADE NÃO

COMPROVADA. ATIPICIDADE. NÃO PROVIMENTO DO APELO. UNANIMIDADE. Consoante a reiterada doutrina e jurisprudência, considera-se documento, para fins penais, a fotocópia, desde que devidamente autenticada. O extrato recebido por fax pode ser equiparado a uma fotocópia; porém, sem a autenticação devida, não se assemelha a documento para fins da imputação descrita no art. 321 do CPM, razão pela qual resta afastada a tipicidade do delito (Apelação nº 208-94.2010.7.01.0201/RJ. Rel. Min. Cleonilson Nicácio Silva. Julgado em 18.06.2013).

A declaração constante de documento particular assinado presume-se verdadeira em relação ao signatário, mas se a declaração for sobre fato ou terceiro deverá ser a mesma provada.

Os documentos originais, ao término do processo, poderão ser restituídos, na forma do art. 381 do CPPM.

9

Procedimento ordinário

9.1 Procedimento ordinário no Processo Penal Militar

Antes de iniciarmos a análise do procedimento ordinário no Processo Penal Militar, faz-se necessário estabelecer a distinção entre processo e procedimento, para tanto, nos valermos do conceito legal do art. 35 do CPPM, para dizermos que processo é o conjunto de atos processuais, sistematizado e sequencial que se inicia com o recebimento da denúncia pelo juiz; efetiva-se com a citação válida do acusado; e se extingue, por meio de uma sentença irrecorrível, quer resolva ou não resolva o seu mérito.

Procedimento, por outro lado, é o rito, o modo, a maneira, a dinâmica pela qual o processo se desenvolve, ou nas palavras de Lima (2019, p. 741):

> (...) o procedimento é o modo pelo qual os diversos atos se relacionam na série constitutiva do processo, representando o modo do processo atuar em juízo. Assim, enquanto o processo funciona como uma direção em movimento, ou seja, o movimento em sua forma intrínseca, o procedimento é o modo de ser mover e a forma em que é movido o ato, isto é, o procedimento é esse mesmo movimento, porém em sua forma extrínseca.

No âmbito do CPPM só existem dois procedimentos: o procedimento ordinário e o especial. O **procedimento ordinário** é a regra para todos os crimes militares, exceto para dois crimes propriamente militares: deserção e insubmissão, únicos crimes, processados no **rito especial.**

Antes de considerarmos sobre as fases e as peculiaridades do procedimento ordinário, disciplinado nos arts. 396 a 450 do CPPM, cabe esclarecer que com o advento da comentada Lei nº 11.719/2008, que deu nova redação ao art. 400 do CPP, o STM, prontamente, posicionou-se contrariamente à aplicação da audiência una e inversão da ordem do interrogatório na JMU, sumulando a questão (Verbete nº 15).[1]

> **Art. 400.** Na audiência de instrução e julgamento, a ser realizada no prazo máximo de 60 (sessenta) dias, proceder-se-á à tomada de declarações do ofendido, à inquirição das testemunhas arroladas pela acusação e pela defesa, nesta ordem, ressalvado o disposto no art. 222 deste Código, bem como aos esclarecimentos dos peritos, às acareações e ao reconhecimento de pessoas e coisas, interrogando-se, em seguida, o acusado. (Redação dada pela Lei nº 11.719, de 2008.)

Contudo, como já mencionado em Capítulos anteriores, o **STF** (HC nº 127.900/AM – repercussão geral) firmou o entendimento de que a Lei nº 11.719/2008 busca prestigiar o sistema acusatório e que, em especial, a realização do interrogatório ao final é mais benéfica ao acusado, motivos pelos quais estendeu a aplicação da regra do art. 400 do CPP ao âmbito do Processo Penal Militar.

Portanto, a audiência una e demais dispostos do novo art. 400 do CPP comum passaram a ser aplicados nas Justiças Militares; e a **Súmula nº 15** do **STM** foi **cancelada.**

[1.] **Súmula nº 15** – "A alteração do art. 400 do CPP, trazida pela Lei nº 11.719, de 20.06.2008, que passou a considerar o interrogatório como último ato da instrução criminal, não se aplica à Justiça Militar da União" (BJM nº 01, de 04.01.2013 e *DJe* 18.04.2013; republicada no *DJe* 02.09.2014). **Cancelada** em 17.05.2016 (*DJe* nº 88).

9.2 Disposições gerais

O CPPM estabeleceu a prioridade no fluxo do agendamento e realização da instrução criminal, tutelando o direito à liberdade e a razoável duração do processo (art. 384). Primeiramente, serão julgados os processos com réu preso; dentre esses, o que estiver preso há mais tempo; e dentre os acusados soltos e os revéis, os de prioridade de processo, ordem que poderá ser alterada, por conveniência da justiça.

A ordem e a disciplina dos trabalhos e atos processuais, durante as audiências, serão da responsabilidade do juiz-presidente, que poderá adotar as providências que lhe pareçam mais convenientes, para a manutenção da ordem, inclusive aquelas previstas nos arts. 389 e 390 do CPPM.

As audiências de instrução e julgamento nas Justiças Militares serão sempre públicas, ressalvado a possibilidade de o Juiz Presidente mitigar essa publicidade, excepcionalmente, para a garantia da ordem na sala de audiência, sem que tal medida venha importar restrição às garantias constitucionais do acusado e das partes.

Importante!

Os arts. 387 e 434 do CPPM, que contêm **restrições** ao **princípio da publicidade**, devem ter **interpretação conforme** a vigente **ordem constitucional**, ou seja, a **publicidade deve ser ampla**. Contudo, em **situações excepcionais**, e somente quando a **defesa a intimidade** ou o **interesse social** o exigirem, poderá **ser restrita a publicidade** da **instrução criminal** ou sessão de **julgamento** (deliberação e prolação dos votos pelo Conselhos de Justiça). Para tanto, a norma constitucional (art. 93, inc. IX) exige decisão fundamentada para a decretação de segredo de justiça. v.g., crimes sexuais. Todavia, tal restrição à publicidade não se aplica à presença e atuação das partes (**STF**. RHC nº 69.968/RJ. Rel. Min. Ilmar Galvão. 1ª Turma. Julgado em 18.05.1993).

O **prazo** para a **conclusão da instrução criminal** será de **50** ou **90 dias,** respectivamente, caso o réu se encontre **preso** ou **solto,** não sendo computado nesse prazo a demora justificada em razão de doença do acusado ou do seu defensor; decorrente de questão prejudicial; ou outros motivos de força maior, justificados pela autoridade judiciária militar.

Jurisprudência do STM: o excesso de prazo na instrução criminal com réu preso pode ser motivo de concessão de liberdade provisória:

> *HABEAS CORPUS.* PECULATO-FURTO EM COAUTORIA. PRISÃO PREVENTIVA. **INSTRUÇÃO CRIMINAL. EXCESSO DE PRAZO. INTELIGÊNCIA DO ART. 390 DO CPPM.** CONCESSÃO DO *WRIT.* EXPEDIÇÃO DE ALVARÁ DE SOLTURA. 1. Consoante normatizado no art. 390 da Lei Processual Penal Militar, o **prazo para a conclusão da instrução criminal é de 50 (cinquenta) dias**, estando o **acusado preso**. Não tendo o Paciente concorrido para a demora no julgamento, não se justifica o cerceamento da liberdade. 2. Ordem concedida, (...). 3. Decisão uniforme (STM. HC nº 136-53.2013.7.00.0000/SP. Rel. Min. Fernando Sérgio Galvão. Julgado em 03.09.2013 – grifos nossos).
>
> *HABEAS CORPUS.* CRIMES CAPITULADOS NO ART. 290 DO CPM. **REITERAÇÃO DELITIVA.** CONVERSÃO DO FLAGRANTE EM PRISÃO PREVENTIVA. PRESENÇA DE REQUISITOS FUNDAMENTADORES DA CAUTELAR DE CONSTRIÇÃO DA LIBERDADE. ORDEM DE *HABEAS CORPUS* DENEGADA. DECISÃO MAJORITÁRIA. 1. A **contumácia de práticas delitivas** de idêntica espécie, porquanto capituladas no art. 290 do CPM, cuja natureza é grave, revelam a necessidade de adoção de medidas profiláticas tendentes a interromper a escalada de reiteração criminosa. (...). 3. O episódio delitivo e seus desdobramentos, quaisquer que sejam, têm o potencial de reverberar no âmbito da caserna. O caráter pedagógico das providências

adotadas, dada a natureza do ilícito, a celeridade das medidas e a rigidez cabível estão intimamente ligados aos aspectos da prevenção geral. Nesse compasso, é incontroverso que a aplicação dos rigores legais, entre os quais se insere **a restrição da liberdade em caráter preventivo, ainda que extrapole o prazo relativo ao término da instrução criminal (art. 390 do CPPM), reflete positivamente e preserva a ordem no seio da tropa, entre outros consectários. 4. A possibilidade de reiteração criminosa,** aliada à necessidade de **preservação da ordem** no âmbito da tropa, justifica a manutenção do recolhimento provisório do infrator. Tal medida detentiva repercute como profilaxia, sob duas vertentes, a saber: na esfera pessoal, o resguardo à saúde do preso cautelar; e, na órbita coletiva, contribui para a manutenção da ordem na caserna e a preservação dos princípios e das normas ligadas à hierarquia e à disciplina militares. 5. Ordem denegada. Decisão majoritária (STM. HC nº 7000778-28.2018.7.00.0000. Rel. Min. Marco Antônio de Faria. Julgado em 06.11.2018 – grifos nossos).

Observação

A demora na devolução de carta precatória, prevista no **art. 390, § 4º,** salvo motivo de força maior, não importará na suspensão do processo. Portanto, tal previsão legal é polêmica, pois permite a realização do julgamento do feito ainda que pendente o retorno de carta precatória.

Os Conselhos de Justiça (art. 402), a partir da sua instalação, deverão participar da realização do ato de qualificação e interrogatório do réu; oitiva do ofendido e testemunhas; as acareações e eventuais reinquirições. Os demais atos da instrução poderão ser procedidos, somente, pela autoridade judiciária militar, que preside os referidos Conselhos, com as presenças do acusado, MPM e advogado ou defensor.

252   Direito Processual Penal Militar

O acusado preso assistirá a todos os termos do processo, inclusive ao sorteio dos integrantes do Conselho Especial de Justiça (art. 403). Embora o referido dispositivo refira-se ao réu preso, por razões de isonomia, estando solto o réu será intimado para acompanhar todos os atos do processo.

Importante!

Ressalvada a audiência de julgamento, ato em que todos os membros do Conselho de Justiça (permanente e especial) deverão estar presentes; nos demais atos processuais poderão ser realizados com a maioria de seus membros, sempre com a presença do Juiz togado (presidente dos Conselhos de Justiça).

> **Lei nº 8.457/1992, Art. 25.** Os Conselhos Especial e Permanente de Justiça podem ser instalados e funcionar com a maioria de seus membros, e é obrigatória a presença do juiz federal da Justiça Militar ou do juiz federal substituto da Justiça Militar. (...)
>
> § 2º Na sessão de julgamento são obrigatórios a presença e voto de todos os juízes.

Além das folhas de antecedentes penais, serão juntados, no caso de o acusado ser militar ou funcionário público, cópia dos seus assentamentos funcionais.

Observação

O acusado militar da ativa (art. 392 do CPPM), uma vez instaurado o processo penal, ficará à disposição exclusiva da Justiça Militar. Trata-se de norma processual penal que afeta diretamente matéria de Direito Administrativo Militar.

> **Art. 392.** O **acusado** ficará à disposição exclusiva da Justiça Militar, não podendo ser **transferido ou removido** para fora

da sede da Auditoria, até a sentença final, **salvo** motivo relevante que será apreciado pelo auditor, após comunicação da autoridade militar, ou a requerimento do acusado, se civil.

Art. 393. O **oficial processado**, ou sujeito a inquérito policial militar, não poderá ser **transferido para a reserva, salvo** se atingir a idade-limite de permanência no serviço ativo.

(Grifos nossos.)

Tal restrição não está livre de críticas, uma vez que a permanência compulsória do oficial, no serviço ativo militar, pode gerar transtornos administrativos pela necessidade de se atribuir uma ocupação, cargo, encargos ou função a esse militar, dentro da estrutura organizacional militar, principalmente, em relação aos oficiais de elevado grau hierárquico.

Jurisprudência do STJ: a despeito da criticada permanência compulsória do oficial, no serviço ativo militar, e os consequentes transtornos hierárquico-funcionais, há precedentes judiciais considerando válida limitação semelhante:

CONSTITUCIONAL E ADMINISTRATIVO. MANDADO DE SEGURANÇA. **MILITAR** INDICIADO EM INQUÉRITO. **TRANSFERÊNCIA PARA A RESERVA REMUNERADA, A PEDIDO.** VEDAÇÃO. ART. 97, § 4º, A, DA LEI Nº 6.880/1980. DISPOSITIVO RECEPCIONADO PELA CONSTITUIÇÃO. VIOLAÇÃO DA PRESUNÇÃO DE INOCÊNCIA. AUSÊNCIA. **INEXISTÊNCIA DE DIREITO LÍQUIDO E CERTO.** 1. (…). 2. O pedido, no caso, é contrário à ordem jurídica – art. 97, § 4º, *a*, da Lei nº 6.880/1980 – que veda a concessão da transferência para a reserva remunerada, a pedido, ao militar que estiver respondendo a inquérito ou processo em qualquer jurisdição. 3. Tal proibição não contraria a atual ordem constitucional em razão do disposto no art. 142, X, da Constituição Federal. Precedentes. 4. Ademais, cabe mencionar, em reforço, que a jurisprudência dos Tribunais Superiores firmou o entendimento de que **não viola o princípio da presunção de inocência** o impedimento, previsto em legislação ordinária, de inclusão do militar respondendo a ação penal em **lista de promoção**, o que, por analogia, tem aplicação à hipótese de inativação a pedido. 5. Ausência de ilegalidade ou abuso sanáveis pela via mandamental. 6. Ordem de segurança denegada (STJ. Mandado de Segurança nº 2011/0117828-3. Rel. Min. Og Fernandes. Primeira Sessão. Julgado em 12.03.2014 – grifos nossos).

Observação

Contudo, a **Lei nº 13.954**, de 16.12.2019, **revogou** essa situação *sub judice* do militar, do referido **art. 97, § 4º**, do Estatuto dos Militares; e, também, autorizou expressamente, por meio da introdução do art. 34-A da Lei do Serviço Militar, que:

> Os **militares temporários** indiciados em inquérito policial comum ou militar ou que forem **réus em ações penais** de igual natureza, inclusive por crime de deserção, **serão licenciados ao término do tempo de serviço**, com a comunicação à autoridade policial ou judiciária competente e a indicação dos seus domicílios declarados. (Grifos nossos.)

Por ora, não há precedentes dos reflexos dessas inovações de Direito Administrativo Militar no âmbito do processo penal castrense (CPPM).

O acusado (**militar solto**) não será dispensado do exercício das funções ou do serviço militar, exceto se, no primeiro caso, houver incompatibilidade com a infração cometida (art. 394).

9.3 Início do procedimento ordinário

Como já foi abordado, no âmbito da Justiça Militar, ressalvadas raríssimas exceções, a ação penal será sempre pública incondicionada, iniciando-se o processo ordinário com o recebimento da denúncia (arts. 35 e 396).

9.4 Instalação do Conselho de Justiça

Recebida a denúncia, será procedido o sorteio dos Oficiais para comporem o Conselho Especial ou convocado o Conselho Permanente de Justiça Militar, designando-se dia, lugar e hora para serem instalados.

Os juízes-militares, por ocasião da primeira reunião dos Conselhos, prestarão, solenemente, o **compromisso legal** de investidura na função (art. 400).

O Juiz determinará a citação do acusado, na forma do art. 277 do CPPM, para assistir a todos os termos do processo, sob pena de revelia; e intimará o MPM, advogado do acusado ou o seu defensor, as testemunhas arroladas na denúncia e notificará/intimará o ofendido, para os fins dos arts. 311 e 312 do CPPM.

9.5 Testemunhas arroladas pelo Ministério Público

As testemunhas são meios de prova pertencentes ao processo, independentemente de qual das partes as tenham arroladas.

Após serem qualificadas, todas as **testemunhas** ouvirão a leitura da denúncia, pelo escrivão, finda a qual cada uma delas será **ouvida, separadamente da outra**, pelo juiz, podendo as partes requerer que seja lido o depoimento prestado pela testemunha no IPM, ou outra peça da investigação policial, a fim de que seja esclarecedor seu depoimento em juízo (art. 416).

Importante!

O limite máximo de **seis testemunhas**, descrito no **art. 77**, letra *h* (arroladas na denúncia), e o teor do **art. 417**, §§ **2º e 3º** (testemunhas arroladas pela defesa), demandam interpretação conforme a **CF/1988** e o **sistema acusatório democrático**, que garante a **isonomia** (paridade de armas) e **ampla defesa no processo penal** (art. 5º, LV, da CF/1988). Atualmente, levando-se em conta o **princípio da razoabilidade e proporcionalidade**, o número de

256 Direito Processual Penal Militar

réus e fatos imputados na ação penal é o que determina o número máximo de testemunhas a serem arroladas pelas partes.

Jurisprudência do STF e STJ: quantidade de testemunhas arroladas pelas partes.

> (…). Processo Penal Militar. **Art. 417, §§ 2º e 3º, do CPPM**. Sua **não recepção** pela atual **Constituição Federal**. Ofensa aos princípios da isonomia e da ampla defesa. **Direito do acusado de arrolar igual número de testemunhas facultado ao Ministério Público** pelo art. 77, *h*, do CPPM, sem limite quanto às informantes. (…) (**STF**. HC nº 80.855. Rel. Min. Ellen Gracie. 1ª Turma. Julgado em 09.10.2001 – grifos nossos).

> (…). 1. O limite máximo de 8 (oito) testemunhas, descrito no art. 401, do Código de Processo Penal, deve ser **interpretado em consonância com a norma constitucional** que garante a **ampla defesa no processo penal** (art. 5º, LV, da CF/1988). 2. Para **cada fato delituoso imputado** ao acusado, não só a **defesa**, mas também a **acusação**, poderá **arrolar até 8 (oito) testemunhas**, levando-se em conta o **princípio da razoabilidade e proporcionalidade**. (…) (**STJ**. HC nº 55.702/ES. Rel. Min. Honildo Amaral – Desembargador convocado do TJ/AP. Julgado em 05.10.2010 – grifos nossos).

Importante!

No Procedimento Especial de Deserção e Insubmissão – via de regra, trata-se de apenas 1 autor e 1 delito – poderão ser arroladas **até três testemunhas para cada parte** (art. 457, § 4º).

Tanto o MPM como a Defesa poderão requerer a substituição ou a desistência de suas testemunhas, bem como a inclusão de novas testemunhas, sem ultrapassar o número permitido, haja vista que "(...) o **legislador não estabeleceu** qualquer **ressalva, con-**

dição ou exceção para que, tanto **a Defesa quanto o MPM,** possam **requerer testemunhas complementares**" (STM. Correição Parcial n° 167-20.2016.7.11.0111. Rel. Min. Odilson Benzi. Julgado em 16.11.2016 – grifos nossos).

As testemunhas serão inquiridas pelo Juiz e, por seu intermédio, pelos juízes militares, MP, assistente de acusação e pela defesa. A defesa formulará perguntas por último, às testemunhas arroladas pela acusação e, da mesma forma, o MP formulará, também, por último, suas perguntas às testemunhas arroladas pela defesa (art. 418).

O Juiz não poderá recusar as perguntas das partes, salvo se as considerar enquadradas nas hipóteses **do art. 419 do CPPM,** devendo eventual recusa ser consignada em ata, a requerimento da parte interessada.

Nenhuma testemunha será inquirida sem antes serem notificados o MP, a defesa e o acusado, com antecedência de três dias antes da realização da audiência de oitiva, O **depoimento** da testemunha poderá ser **retificado** a seu pedido, quando não traduza, fielmente, a sua declaração, devendo ser lavrado e assinado, na forma do art. 422, *caput* e parágrafos, do CPPM.

9.6 Testemunhas de defesa

No atual rito do CPPM, a **defesa** oferece seu **rol de testemunhas** até o **quinto dia**, após a oitiva da última testemunha de acusação, e, somente ao final da instrução (art. 400 do CPP comum, por analogia), é realizado o interrogatório do réu.

Jurisprudência do STM: art. 400 do CPP comum, **não aplicação** da sistemática da **audiência una** e oportunidade distinguida para apresentação do rol de testemunhas defensivas.

> (…) A compreensão emanada do **HC n° 127.900/AM,** proferida pelo STF, **não autoriza a aplicação integral do art. 400 do CPP à Justiça Castrense,** o qual prevê a designação

de audiência una de instrução e de julgamento. O escopo do **citado *writ* se restringe** à realização do **interrogatório ao final da instrução criminal**, tendo em mira a implementação dos Princípios da Ampla Defesa e do Contraditório nos processos em trâmite nesta Justiça Especializada. Desta forma, **exsurge como conflitante a supressão da fase de apresentação das testemunhas defensivas, destoando da determinação que emana do art. 417, § 2º, do CPPM**. Reconhecimento de nulidade. Retorno do Processo à fase instrutória. Decisão unânime (**STM**. Apelação nº 7000526-25.2018.7.00.0000. Rel. Min. Marco de Farias. Julgado em 06.06.2019 – grifos nossos).

Observação

A quantidade de testemunhas arroladas pela Defesa observa a jurisprudência pretoriana mencionada no **item 9.5 (testemunhas de acusação)** do **Capítulo 9 (procedimento ordinário)**.

9.7 Interrogatório

Como já explanado, a ordem do interrogatório, no Processo Penal Militar, foi alterada, passando de primeiro para o último ato da instrução, após a oitiva das testemunhas arroladas pela defesa (arts. 302 a 306).

No procedimento ordinário, cada ato processual de instrução é realizado, em regra, em audiência específica, não havendo a concentração dos atos processuais em audiência única, diferentemente do previsto no art. 400 do CPP.

Todavia, não há impedimento legal para que o ofendido e as testemunhas arroladas pelo MPM sejam ouvidos numa mesma sessão, nem tampouco há óbice para que o Interrogatório ocorra na mesma audiência em que for ouvida a última testemunha arrolada pela Defesa.

Os acusados serão interrogados (art. 306), separadamente, segundo a ordem de autuação do processo (denúncia).

Observação

Em que pese a previsão do art. 406 do CPPM, o interrogando poderá permanecer sentado durante o seu interrogatório.

Na sistemática original do CPPM, o acusado poderá opor exceções de suspeição do juiz, do procurador (MPM) ou do escrivão, de incompetência do juízo, de litispendência ou de coisa julgada, dentro de 48 horas, após o término do interrogatório. De igual forma e no mesmo prazo (48h), o MPM poderá opor as mesmas exceções em relação ao juiz ou ao escrivão (arts. 407 e 408).

Contudo, promovida a alteração da ordem do interrogatório, as exceções, por se tratar de matéria de ordem pública, deverão ser alegadas na primeira oportunidade e a qualquer tempo, a contar do conhecimento das mesmas pela defesa e MP.

9.8 Diligências

Após realizadas as oitivas e o interrogatório do acusado, será aberta vista em cartório às partes, por cinco dias, para requererem, caso já não o tenham feito, o que lhes parecer necessário, para o esclarecimento, confirmação ou negação de fatos e circunstâncias, relevantes, ao processo (art. 427).

Poderá o Juiz determinar a realização de medidas que considere necessárias ao processo, inclusive novas diligências, dentro de prazos razoáveis para a sua execução, caso não haja disposição especial a esse respeito.

Observação

Ressalta-se que a questão de vistas à defesa, em cartório, restou superada com a introdução do processo eletrônico, na Justiça Militar. Não obstante essa inovação, o MPM e a DPU, por força de suas respectivas leis orgânicas, têm a prerrogativa legal de serem intimados e citados pessoalmente e terem vistas física dos autos.

9.9 Alegações escritas (finais)

Após realizadas as providências relacionadas ao art. 427, será aberto vista dos autos, por oito dias, para que as partes, sucessivamente, apresentem alegações escritas, nos termos do art. 428 do CPPM.

As **alegações escritas** serão oferecidas, primeiramente, pelo MPM. Se houver assistente constituído até o encerramento da instrução criminal ser-lhe-á dada vista dos autos, se o requerer, por cinco dias, imediatamente após as alegações ministeriais.

Observação

Por fim, será aberta vista dos autos à Defesa do acusado. Havendo **mais de cinco acusados**, defendidos por diferentes advogados, o prazo de vista será de **12 dias**, que correrão em comum para todos os defensores, em cartório, conforme o art. 428, *caput* e parágrafos, do CPPM. Nesse caso, o MPM também gozará do mesmo prazo expandido.

Como mencionado no item acima, a vista dos autos às partes, em cartório, restou superada com a introdução do processo eletrônico.

Importante!

As alegações escritas serão a última oportunidade de manifestação das partes nos feitos que serão julgados monocraticamente pela autoridade judiciária militar (**sentença** publicada **em cartório**). Contudo, nos feitos que permanecem na competência dos Conselhos de Justiça, haverá, ainda, as manifestações orais, com réplica e tréplica, durante o **julgamento no plenário** da Auditoria da JMU ou Vara da Auditoria da JME.

9.10 Saneamento do processo

Concluída a fase das alegações escritas, poderá o juiz determinar a realização de diligência para sanar eventuais nulidades ou faltas prejudiciais ao esclarecimento da "verdade", designando dia e hora para o julgamento do processo (art. 430, 1ª parte).

9.11 Da sessão do julgamento e da sentença

A sessão de julgamento será permanente, havendo interrupções somente nos casos previstos em lei.

Embora o CPPM somente contemple a hipótese de processo e julgamento pelos Conselhos de Justiça, a partir do advento da EC nº 45/2004, no âmbito da JME, e da Lei nº 13.774/2018, no âmbito da JMU, foi introduzida a competência monocrática da autoridade judiciária militar.

Nesses casos, a instrução seguirá os procedimentos do CPPM, mas sem a presença do Conselho de Justiça, e o **julgamento monocrático** observará, por analogia, os procedimentos previstos na legislação processual penal comum e Resoluções do STM. Nos feitos de competência dos Conselhos de Justiça, as partes e o acusado serão intimados do dia e hora designados para o julgamento. A sessão será declarada aberta pelo Juiz-Presidente, que mandará apresentar o acusado. Caso o acusado seja revel e comparecer espontaneamente naquela sessão, deverá este ser qualificado e interrogado (art. 431, *caput* e § 1º, do CPPM).

Observação

A audiência de julgamento poderá ser adiada na falta do comparecimento do acusado ou do seu advogado, bem como devido a situação de força maior que a justifique, a critério do magistrado (art. 431, *caput* e §§ 3º, 4º e 5º, do CPPM).

Aberta a sessão de julgamento, o Juiz-Presidente determinará a leitura das principais peças do processo (art. 432). Em seguida, será oportunizado ao MPM e, posteriormente, ao advogado do acusado, em igual tempo, a realização de **sustentação oral**.

9.11.1 Da sustentação oral

A **sustentação oral** das teses acusatórias e defensivas será realizada da tribuna, em plenário (art. 433); e terá a duração de até **três horas** para cada parte. Em seguida, haverá oportunidade para a **réplica** e a **tréplica**, pelo tempo de mais **uma hora**.

Dica!

■ Em caso de haver **assistente de acusação**, este terá a metade do prazo do MPM para as alegações e a réplica.

■ No caso de multiplicidade de acusados e defensores, há regramento específico para a distribuição do tempo para a sustentação oral (art. 433, §§ 4º e 5º):

☐ Havendo de 2 a 10 réus defendidos conjuntamente por um mesmo advogado, o prazo para sua sustentação oral será acrescido em uma hora; mantendo-se inalterado o tempo de tréplica.

☐ Havendo 11 ou mais acusados defendidos conjuntamente por um mesmo advogado, o prazo de alegações orais será de no máximo seis horas.

☐ Havendo 11 ou mais acusados defendidos separadamente por advogados diferentes, cada advogado terá uma hora para defender o seu representado.

Concluídos os debates e decidida qualquer questão de ordem suscitada pelas partes, o Conselho de Justiça passará a decidir (arts. 434 e ss.).

Com as modificações trazidas pela Lei nº 13.774/2018, em relação ao processamento e julgamento de civis no âmbito da

Justiça Militar da União, surgiram questionamentos quanto à necessidade de realização da audiência para fins de julgamento e sustentação oral, nas hipóteses de competência monocrática dos Juízes Federais da JMU.

Entendemos que a não realização das alegações orais, por si só, não viola o devido processo legal, não representando prejuízo ao contraditório e à ampla defesa, valendo transcrever parte do Parecer da PGJM, subscrito pelo Subprocurador-Geral Dr. Edmar Jorge de Almeida, nos autos da Correição Parcial nº 7000014-03.2022.7.00.0000, da Relatoria do Ministro Celso Luiz Nazareth:[2]

> (...) Como se sabe, a fase de sustentação oral é própria para os julgamentos levados a efeito perante órgãos colegiados, estando tal fase processual restrita, no 1º Grau da Justiça Militar da União, aos processos que se desenvolvam perante os Conselhos de Justiça, não havendo de se aplicar aos casos envolvendo réus civis (caso dos autos), cujo processo é conduzido e julgado singularmente pelo Juiz Federal da Justiça Militar da União.
>
> Neste sentido, a redação dos arts. 431 a 435 do CPPM deixam claro que a Sessão de Julgamento é voltada ao Escabinato, ao definirem que o presidente do Conselho de Justiça declarará aberta a sessão (art. 431 CPPM); que o presidente do Conselho de Justiça ordenará ao escrivão a leitura de peças (art. 432 do CPPM); que, terminada tal leitura, o presidente do Conselho de Justiça dará a palavra, para sustentação das alegações escritas, ou de outras alegações, ao MPM e à defesa (art. 433 do CPPM); que concluídos os debates, o Conselho de Justiça passará a deliberar (art. 434 do CPPM) e que o presidente do Conselho de Justiça convidará os juízes a se pronunciarem sobre as questões preliminares e o mérito da causa (art. 435 do CPPM).

[2.] Correição Parcial nº 7000014-03.2022.7.00.0000. Rel. Min. Celso Luiz Nazareth. Data da sessão: 07.03.2022 a 10.03.2022.

Com efeito, a Lei nº 13.774/2018 estabeleceu a competência singular do Juiz Federal da Justiça Militar da União, não criando, porém, um rito processual adequado ao processamento dos fatos abarcados em tal competência singular, a exemplo do que já ocorrera na Justiça Militar estadual, quando do advento da Emenda Constitucional nº 45/2004, que criou a competência singular do Juiz de Direito Militar para o processo e julgamento dos casos em que a vítima era civil, o que era até então – da competência do Escabinato.

Nesse caso precedente (advento da Emenda Constitucional nº 45/2004), o Supremo Tribunal Federal assegurou da necessidade de aplicação subsidiária da legislação processual penal comum, destacando que a fase processual de alegações orais restringe-se aos julgamentos levados a efeito perante os Conselhos de Justiça (órgãos colegiados). Veja-se a ementa:

EMENTA: *HABEAS CORPUS*. CRIME MILITAR COMETIDO POR POLICIAL MILITAR **CONTRA CIVIL. JUIZ DE DIREITO** DO JUÍZO MILITAR ESTADUAL (**CF**, art. 125, § 5º, **acrescido** pela **EC nº 45/2004**). **COMPETÊNCIA** MONOCRÁTICA DO MAGISTRADO TOGADO. **AUSÊNCIA DE PREVISÃO**, NO CÓDIGO DE PROCESSO PENAL MILITAR, DE RITO PROCEDIMENTAL **REFERENTE** AO JUÍZO SINGULAR. **APLICAÇÃO SUBSIDIÁRIA** DA LEGISLAÇÃO PROCESSUAL PENAL COMUM (**CPPM**, ART. 3º, *A*). **LEGITIMIDADE. ALEGADA NULIDADE** POR CERCEAMENTO DE DEFESA EM FACE **DA AUSÊNCIA** DE OPORTUNIDADE PARA OFERECIMENTO **DE ALEGAÇÕES ORAIS. INEXISTÊNCIA.** FASE RITUAL **CUJA APLICAÇÃO RESTRINGE-SE** AO JULGAMENTO **PERANTE ÓRGÃO COLEGIADO (CONSELHO DE JUSTIÇA). NÃO COMPROVAÇÃO,** ADEMAIS, **DE PREJUÍZO** À DEFESA DO RÉU. *PAS DE NULLITÉ SANS GRIEF.* **PEDIDO INDEFERIDO** (STF. *Habeas Corpus* nº 93.076. Rel. Min. Celso de Mello. 2ª Turma do STF. Julgado em 26.08.2008, *DJe* 30.10.2014 – grifos do original).

Ressalta-se que no julgamento da referida Correição Parcial Correição Parcial n° 7000014-03.2022.7.00.0000, ficou assentado, por maioria, tal entendimento, prevalecendo o Voto do Ministro Relator que entendeu que a Lei n° 13.774/2018 autorizaria o "Juiz Federal da Justiça Militar a deixar de realizar a audiência de julgamento e, consequentemente, dispensar as Alegações Orais, sem prejuízo ao contraditório e à ampla defesa".[3]

9.11.2 Do julgamento

Concluídos os debates e decidida qualquer questão de ordem suscitada pelas partes, o Conselho de Justiça (ou a autoridade judiciária, monocraticamente) passará a decidir, podendo qualquer dos juízes-militares pedir ao juiz togado esclarecimentos sobre questões de direito que se relacionem com o fato sujeito a julgamento (arts. 434 e 435), o que ocorrerá na sessão de julgamento e na presença das partes. Como já dito, é **inconstitucional** a realização de **sessão secreta de julgamento**, exceto nos casos em que houver decretação de segredo de justiça, na defesa do direito à intimidade ou interesse social.

Relembramos que o modelo de "**escabinato**", adotado nos Conselhos de Justiça Militar, **difere**, substancialmente, do **tribunal do júri**, tendo em vista que os juízes militares dos referidos Conselhos, julgam, efetivamente, sobre a materialidade, a autoria, questões preliminares, e a dosimetria da pena aplicável, em caso de o acusado ser condenado (art. 440).

Importante!

Sequência de votação pelos Conselhos de Justiça (art. 435): vota primeiro o juiz togado (presidente do Conselho de Justiça), apresentando fundamentação técnica; e, sucessivamente, os quatro juízes-militares,

---

[3.] Correição Parcial n° 7000014-03.2022.7.00.0000. Rel. Min. Celso Luiz Nazareth. Data da sessão: 07.03.2022 a 10.03.2022.

266 Direito Processual Penal Militar

a partir do oficial de menor grau hierárquico (mais moderno) para o de maior (mais antigo). Tal ordem é estabelecida para evitar que os oficiais menos graduados sejam influenciados pelos mais antigos; e, finalmente, o Presidente do Conselho de Justiça.

Observação

A **proclamação do resultado** do **julgamento colegiado** é imediata, mas a **leitura da sentença** poderá ocorrer na própria sessão ou audiência pública, dentro de **oito dias**, a contar da data do julgamento (arts. 443 a 447), intimando-se as partes para tal ato.

Tratando-se de **sentença monocrática** prolatada pelo juiz togado (Juiz Federal da Justiça Militar ou Juiz de Direito do Juízo Militar), as **partes** serão **intimadas** do seu teor, por meio de oficial de justiça ou em sistema processual eletrônico do respectivo Tribunal.

9.11.3 Da decisão absolutória

O Conselho de Justiça (ou a autoridade judiciária, monocraticamente) **absolverá** o acusado, mencionando os motivos na parte expositiva da sentença, desde que reconheça (art. 439):

a) estar provada a inexistência do fato, ou não haver prova da sua existência;

b) não constituir o fato infração penal;

c) não existir prova de ter o acusado concorrido para a infração penal;

d) existir circunstância que exclua a ilicitude do fato ou a culpabilidade ou imputabilidade do agente (arts. 38, 39, 42, 48 e 52 do CPM);

e) não existir prova suficiente para a condenação;

f) estar extinta a punibilidade.

§ 1º Se houver várias causas para a absolvição, serão todas mencionadas.

Existem duas possibilidades para a absolvição na alínea *a* do art. 439.

Na primeira, é afastada a existência do fato criminoso imputado na denúncia; na segunda, embora possível a existência do fato, a absolvição se impõe por insuficiência de provas: princípio do *in dubio pro reo*.

Na hipótese da **alínea *b***, o fato existe, mas é atípico; diferente da hipótese da **alínea *c***, na qual existe o fato típico, mas não há prova de autoria, coautoria ou participação do acusado, desautorizando o decreto condenatório.

Na hipótese da **alínea *d***, existe o fato típico, mas é **afastada a ilicitude** da conduta do imputado **ou** a sua **culpabilidade,** ante a constatação concreta das excludentes de ilicitude e da culpabilidade, previstas na Parte Geral do CPM.

A hipótese da **alínea *e***, na prática, ocorre com relativa frequência, tendo em vista que a condenação criminal de qualquer pessoa é medida gravosa, acompanhada de repercussões que ultrapassam o cerceamento do *status libertatis*. Não existindo esteio probatório suficiente ao decreto condenatório, se impõe a absolvição do acusado, *in dubio pro reo*. Claudio Amin Miguel e Nelson Coldibelli (2000, p. 155) sustentam que "esta hipótese difere daquela prevista na alínea *c*, pois nesta [alínea *e*] **há prova**, porém **não é suficiente** para se editar um decreto condenatório" (grifos nossos).

A hipótese da **alínea *f***, a absolvição ocorre em razão da constatação de alguma causa **extintiva da punibilidade**, que é um dos pressupostos de aplicação da pena, previstas no art. 123; no parágrafo único do art. 255; e no § 2º do art. 346, tudo do CPM.

As **consequências da absolvição** encontram-se previstas no art. 439, § 2º, do CPPM.

9.11.4 Da decisão condenatória

O Conselho de Justiça ao proferir **sentença condenatória** (art. 440):

a) mencionará as circunstâncias apuradas e tudo o mais que deva ser levado em conta na fixação da pena, tendo em vista obrigatoriamente o disposto no art. 69 e seus parágrafos do Código Penal Militar;

b) mencionará as circunstâncias agravantes ou atenuantes definidas no citado Código, e cuja existência reconhecer;

c) imporá as penas, de acordo com aqueles dados, fixando a quantidade das principais e, se for o caso, a espécie e o limite das acessórias;

d) aplicará as medidas de segurança que, no caso, couberem.

Observação

Em caso de **divergência** em relação ao *quantum* da pena aplica da em razão de divergência entre os membros do Conselho de Justiça, a dosimetria final da pena será tomada, **por referência**, em relação à vontade da maioria, aplicando-se à hipótese a denominada **aplicação virtual da pena** (art. 435).

Exemplo apresentado por Claudio Amin Miguel e Nelson Coldibelli (2000, p. 150): o "Juiz-Auditor" aplica a pena de 10 meses de detenção, e os demais optam por 9, 8, 7 e 6 meses de detenção. Qual seria afinal a pena? Sabe-se que, num juízo colegiado, deve levar-se em consideração o voto da maioria, que no caso seriam três votos. Dessa forma, para solucionar tal problema, busca-se a denominada aplicação virtual de pena, prevista no parágrafo único do art. 435 do CPPM que consiste em pegar o voto pela pena mais grave e considerá-lo como imediatamente menos grave, até se obter a maioria. No exemplo acima, sendo a pena mais grave de 10 meses, deve-se considerar o voto como se fosse da imediatamente menos grave, ou seja, nove meses, e, então, teríamos dois votos pela pena de nove meses. No entanto, ainda não seria alcançada a maioria.

Portanto, no caso apresentado, devemos considerar esses dois votos pela pena de nove meses, como sendo ficticiamente pela imediatamente menos grave, e, então, chegaríamos a três votos pela pena de oito meses, sendo esta a sanção aplicada ao final.

Os **efeitos da condenação** encontram-se no art. 449, ressaltando-se que a determinação da prisão do acusado, após a sentença condenatória, ou a manutenção de sua custódia preventiva, conforme o caso, antes do trânsito em julgado da sentença, dependerá de nova verificação da existência (ou continuidade) dos requisitos do art. 255 do CPPM.

O Conselho de Justiça (ou a autoridade judiciária, monocraticamente, após a Lei nº 13.774/2018) poderá proferir **decreto condenatório** com a seguinte variação e autonomia (**art. 437**):

a) dar ao fato **definição jurídica diversa** da que constar na denúncia, ainda que, em consequência, tenha de **aplicar pena mais grave**, desde que aquela definição haja sido formulada pelo Ministério Público em alegações escritas e a outra parte tenha tido a oportunidade de respondê-la (*emendatio libelli in pejus*); e

b) proferir **sentença condenatória** por fato articulado na denúncia, não obstante haver o Ministério Público opinado pela absolvição, bem como **reconhecer agravante objetiva**, ainda que nenhuma tenha sido arguida.

Predomina o entendimento de que são os fatos narrados e não a tipificação penal que limitam a sentença. Todavia, na sistemática própria do CPPM, a **reclassificação** ou **desclassificação** jurídica pelo Conselho de Justiça (ou a autoridade judiciária, monocraticamente) *ex officio* **somente** pode ocorrer **em benefício do réu**:

> Súmula nº 5 do STM – A **desclassificação** de crime capitulado na denúncia pode ser operada pelo Tribunal ou pelos

Conselhos de Justiça, mesmo sem manifestação neste senti-do do Ministério Público Militar nas alegações finais, desde quando importe em **benefício** para o **réu** e conste da matéria fática. (Grifos nossos.)

Observação

O pedido de absolvição do MPM (e o sistema acusatório) **não vincula** a autoridade judiciária militar, que é regida pelos princípios da independência funcional e livre convicção (art. 437, *b*, 1ª parte).

Jurisprudência do STM:

(...). É **inadequada a conclusão** de que a prerrogativa do Ministério Público de promover a ação penal, prevista no art. 129, I, da Constituição da República, **deveria vincular o magistrado a atender pedido de absolvição formulado pelo órgão acusatório.** Ao contrário do que afirma a Defe-sa, tal raciocínio viola a independência funcional e, sobre-tudo, a livre convicção do magistrado, o qual tem o dever de julgar com base nas provas carreadas nos autos. Agravo rejeitado. Decisão unânime (Agravo Regimental nº 62-77.2015.7.01.0201. Rel. Min. José Coêlho Ferreira. Julgado em 1º.06.2017 – grifos nossos).

9.11.5 Da *emendatio libelli* e *mutatio libelli* no Processo Penal Militar

Na hipótese em que for necessário dar **nova classificação jurídica ao fato** que importe **prejuízo ao acusado** (*emendatio libelli in pejus*), é indispensável o expresso pedido do MPM, até o momen-to das **alegações escrita**s sob pena de nulidade (art. 437, *a*).

Jurisprudência do STM:

(...) Não se aplica à presente hipótese os entendimentos su-mulados do Supremo Tribunal Federal (Súmulas nºs 453 e

523), tendo em vista este **Plenário ter dado nova definição ao fato sem modificar a descrição da conduta contida na denúncia,** assim **como requerido** pelo **Ministério Público** desde as **alegações escritas.** Tem-se aqui a previsão processual da *emendatio libeli,* perfeitamente admitida no ordenamento processual penal castrense, conforme dispositivo citado. Ausência do alegado prejuízo, pois os embargantes se defenderam a todo tempo dos fatos narrados na denúncia e a modificação da capitulação atendeu ao disposto no **art. 437, *a,* do CPPM.** (...) (Embargos Infringentes e de Nulidade n° 0000002-73.2003.7.03.0103. Rel. Min. William de Oliveira. Julgado em 16.12.2014 – grifos nossos).

APELAÇÃO. **MINISTÉRIO PÚBLICO MILITAR.** (...). CONCURSO MATERIAL NÃO EVIDENCIADO. PRESENÇA DOS REQUISITOS OBJETIVOS E SUBJETIVOS DO CRIME CONTINUADO. **NEGADO PROVIMENTO AO APELO.** UNANIMIDADE. 1. A **alínea *a* do art. 437 do CPPM,** que versa sobre a *emendatio libelli,* impõe como **requisito essencial e intransponível** para a sua aplicação a comprovação de que **os fatos arrolados na inicial acusatória permaneceram inalterados.** O sistema jurídico pátrio exige a correlação entre os fatos descritos pela acusação e aqueles considerados pelo juiz na sentença para a prolação de um veredicto de condenação, sob pena de ofensa aos princípios constitucionais do contraditório e da ampla defesa. Consoante o entendimento consubstanciado nas Decisões dos Pretórios, o acusado defende-se dos fatos e não da imputação. Para a caracterização da **forma continuada** da **prática de crimes,** embora o **Código Penal Militar** tenha adotado a **teoria objetiva,** a doutrina e a jurisprudência castrense entendem ser necessária a conjugação dos elementos de ordem objetiva e subjetiva (**teoria objetivo-subjetiva**), sendo **imprescindível,** nesse caso, o **requisito subjetivo** da "**unidade de desígnios**" (Apelação n° 0000183-79.2011.7.07.0007. Rel. Min. Cleonilson Nicácio. Julgado em 25.04.2013 – grifos nossos).

272   Direito Processual Penal Militar

Importante!

Embora o CPPM não contenha a previsão (silêncio) em relação a *mutatio libelli*, a jurisprudência castrense reconhece o cabimento desse instituto no Processo Penal Militar, com base na **analogia** (art. 3º, *a*) do **art. 384 e parágrafos do CPP comum.**

Jurisprudência do STM: aplicação da *mutatio libelli* no Processo Penal Militar.

> (...). O reconhecimento pelo Colegiado a quo, na dosimetria da pena da agravante objetiva do § 3º do art. 251 do CPM, inerente a fatos expressamente mencionados e articulados na Denúncia, e apurados na instrução probatória, **não configura** *mutatio libelli*. A teor do que dispõe o **art. 437, *b*, do CPPM**, o Conselho de Justiça é competente para **reconhecer agravante objetiva** em relação a fato articulado na Denúncia, **ainda que não tenha sido arguida**, ou mesmo quando o *Parquet* Castrense tenha se **manifestado pela absolvição** em alegações derradeiras, como já se manifestou este Tribunal de forma pacífica, inclusive quanto à **constitucionalidade do mencionado dispositivo legal**. (...) (Apelação nº 7000301-05.2018.7.00.0000. Rel. Min. Lúcio de Barros. Julgado em 20.08.2019 – grifos nossos).

> (...). REFORMA DA DECISÃO *A QUO* PELO TRIBUNAL. CONDENAÇÃO POR **DESCLASSIFICAÇÃO DE DESACATO PARA OPOSIÇÃO A ORDEM DE SENTINELA.** DANO SIMPLES. *MUTATIO LIBELLI.* **RECONHECIMENTO. REFORMA DO ACÓRDÃO.** (...). O **MPM alterou** a tipificação do delito de **desacato para o delito de oposição a ordem de sentinela nas alegações orais**, o que **evidenciou a** *mutatio libelli*. Por se tratarem de condutas diversas, a denúncia deveria ter sido aditada para incluir a nova capitulação extraída do contexto fático a ela inerente, permitindo, com isso, que a Defesa pudesse exercer ple-

namente as garantias constitucionais do contraditório, da ampla defesa e do devido processo legal. A desclassificação promovida pelo Tribunal em sede de Apelação somente poderia ser como *emendatio libelli* se requerida pelo Ministério Público Militar até as Alegações Escritas, a teor do que dispõe o art. 437, *a*, do CPPM. (...). A conduta do agente subsumiu-se [somente] ao tipo descrito no art. 259 do CPM, (...) (Embargos Infringentes e de Nulidade nº 0000028-23.2011.7.02.0102. Rel. Min. Cleonilson Nicácio. Julgado em 18.06.2013 – grifos nossos).

APELAÇÃO. ABANDONO DE POSTO. DELITO DO SONO. *MUTATIO LIBELLI*. 1. Sentinela que dorme em serviço, no próprio local a que fora destinado, não comete o crime de abandono de posto. 2. É **vedada nova classificação jurídica** ao fato sem expresso e oportuno pedido do Promotor de Justiça. Inteligência do art. 437, *a*, do Código de Processo Penal Militar. 3. Recurso ministerial improvido. Unânime (STM. Apelação nº 2002.01.049057-4/RS. Rel. Min. Flavio Bierrenbach. Julgado em 26.11.2002 – grifos nossos).

Dica!

Comparar os institutos da *emendatio libelli* no CPP comum e no CPPM. Analisar as hipóteses em que a *mutatio libelli* é admitida no Processo Penal Militar, seus efeitos no curso da ação penal e recursos inerentes.

9.12 Da sentença

Renato Brasileiro de Lima (2019, p. 1537-1540) classifica os **provimentos jurisdicionais** em:

Despachos – provimentos jurisdicionais que não possuem carga decisória, destinados a impulsionar a marcha do processo, como, por exemplo, os atos de comunicação processual, tais como a intimação e a notificação.

Decisões interlocutórias – provimentos jurisdicionais com carga decisória, que não condenam nem absolvem o réu, subdividindo-se em interlocutórias mistas ou interlocutórias simples, conforme extingam ou não o processo sem o julgamento do mérito.

Decisões interlocutórias simples – provimentos jurisdicionais que resolvem questões processuais no curso do processo sem pôr termo ao processo, como, por exemplo, as decisões que decretam ou revogam a prisão preventiva; relaxa a prisão em flagrante; rejeita as exceções de litispendência; coisa julgada; ou incompetência do juízo; e recebe a denúncia.

Decisões interlocutórias mistas terminativas – provimentos jurisdicionais que resolvem questões processuais no curso do processo pondo fim ao processo, como, por exemplo as decisões que rejeitam a denúncia; reconhecem a procedência das exceções da coisa julgada e de litispendência, dentre outras.

Decisões interlocutórias mistas não terminativas – provimentos jurisdicionais que resolvem questões processuais no curso do processo pondo fim "a uma etapa do procedimento, tangenciando o mérito, porém sem causar a extinção do processo" (LIMA, 2019, p. 1537-1540), como, por exemplo, a decisão de pronúncia do procedimento especial do Tribunal do Júri, previsto no CPP.

Sentença – espécie de ato processual, privativo de órgão jurisdicional, que põe fim ao processo, em sede de juízo de 1º grau, condenando ou absolvendo o réu.

> Em sentido estrito, a sentença é o pronunciamento final do juízo de 1º grau, geralmente um juiz singular (monocrático), mas o CPP também se refere à sentença quanto às decisões finais de juízos colegiados de 1º grau, tais como aquelas oriundas do Tribunal de Júri e dos Conselhos de Justiça, no âmbito da Justiça Militar. Em sentido amplo, a sentença tam-

bém abrange os acórdãos, que são decisões dos Tribunais, desde que haja julgamento do mérito. Quando o acórdão transita em julgado, é denominado de aresto (LIMA, 2019, p. 1539).

A **sentença** do Conselho de Justiça (CJ) será **redigida**, dentro do prazo de **oito dias**, pela autoridade judiciária militar, que justificará o *decisum* colegiado; e, no caso de o voto do juiz togado não prevalecer, no todo ou em parte, fundamentará também seu entendimento (voto vencido). De igual forma, os juízes-militares poderão, se julgarem conveniente, justificar seus votos nas mesmas hipóteses (art. 438, § 2°, do CPPM; art. 30, VII, da LOJMU).

O **conteúdo da sentença** (art. 438), denominado pela doutrina de **requisitos**, subdivide-se: "em **intrínsecos** – relatório, fundamentação e dispositivo – e **extrínsecos**, os quais estão relacionados à autenticação da decisão" (LIMA, 2019, p. 1542, grifos nossos).

> **Art. 438.** A sentença conterá:
>
> a) o nome do acusado e, conforme o caso, seu posto ou condição civil;
>
> b) a exposição sucinta da acusação e da defesa;
>
> c) a indicação dos motivos de fato e de direito em que se fundar a decisão;
>
> d) a indicação, de modo expresso, do artigo ou artigos de lei em que se acha incurso o acusado;
>
> e) a data e as assinaturas dos juízes do Conselho de Justiça, a começar pelo presidente e por ordem de hierarquia e declaração dos respectivos postos, encerrando-as o auditor.

9.12.1 Requisitos da sentença

Relatório – síntese do processo, identificando-se o órgão do MPM, processante; a qualificação do acusado e, conforme o caso, o seu posto e graduação; ressalta os principais pontos das alegações e das referências feitas pelas partes, durante a instrução; e destaca as assertivas, informações, esclarecimentos e contradições, constantes do depoimento do acusado, das oitivas de testemunhas e demais informações que se fizerem pertinentes, ao exame dos fatos e circunstancias relacionados ao mérito da acusação.

Observação

Embora o **relatório** seja dispensado nas sentenças prolatadas, na forma do art. 38 da Lei n° 9.099/1995, que não tem aplicabilidade no âmbito da Justiça Militar.

Fundamentação – motivação idônea dos provimentos jurisdicionais, especialmente das sentenças e a forma, concreta, da demonstração das razões de fato e de direito que levaram o Estado-Juiz a decidir seja pela condenação ou absolvição.

Motivação – dever constitucional inerente ao exercício da função jurisdicional (art. 93, inc. IX, CF/1988), mormente em sede de processo penal, no qual se está em jogo a liberdade individual do cidadão. As decisões sem motivação são denominadas, pela doutrina, de **decisões vazias**.

No âmbito da Justiça Militar, as decisões dos Conselhos de Justiça são redigidas pela autoridade judiciária militar, tendo em vista que os juízes-militares ao proferirem os seus votos **não** precisam **motivá-los**; mas, se quiserem, podem justificá-los, expressamente.

Conclusão ou parte dispositiva – essência da decisão, contendo o efetivo julgamento, a decisão pela procedência ou improcedência da acusação, formulada na denúncia, decidindo se existiu o fato típico, se o acusado foi o seu autor, decidindo sobre a sua culpabilidade, aplicando a pena prevista para o tipo penal correspondente à condenação.

A **parte dispositiva da sentença** considerará as atenuantes, agravantes, as causas de aumento e de diminuição, previstas na lei penal, determinando o período, a forma e o regime do seu cumprimento, ou a suspensão condicional da execução da pena (*sursis*).

> **Importante!**
>
> Diz-se que é a **parte dispositiva** da sentença que **faz coisa julgada**, estabelecendo os seus limites objetivos.

Ressalta-se a necessidade de haver a correlação entre a conclusão e a motivação, sob pena de nulidade, caracterizando o que a doutrina denomina de decisão **suicida**.

Autenticação – a data e as assinaturas dos juízes do Conselho de Justiça, a começar pelo presidente e, por ordem de hierarquia, dos juízes-militares.

> **Observação**
>
> A **proclamação do resultado** do julgamento é imediata, mas a **leitura da sentença** poderá ocorrer na própria sessão de julgamento ou em futura audiência pública designada para esse propósito, dentro de **oito dias**, a contar da data do julgamento, observado o disposto nos arts. 443 a 447, intimando-se as partes.

A **sentença** prolatada, **monocraticamente**, pela autoridade judiciária castrense será disponibilizada às partes, por meio de intimação pessoal, por oficial de justiça ou em sistema processual eletrônico do respectivo Tribunal.

10

Procedimento especial do crime de deserção

10.1 Considerações gerais – crimes de deserção

O crime de **deserção** encontra-se tipificado nos arts. 187 a 194 do CPM, tendo por bem jurídico tutelado a hierarquia e disciplina militares e, especialmente, o dever e o serviço militar.

No Brasil, o **serviço militar é obrigatório** (art. 143 da CF/1988), nos termos da lei (Lei nº 4.375, de 17.08.1964; e Decreto nº 57.654, de 20.01.1966).

Em tempo de paz, as mulheres e os eclesiásticos ficam isentos do serviço militar obrigatório, sujeitos, porém, a outros encargos que a lei lhes atribuir. Aqueles que, após alistados, alegarem imperativo de consciência, por motivos religiosos, filosóficos ou políticos, estarão sujeitos ao **serviço alternativo** ao **serviço militar obrigatório**.[1]

O serviço militar tem valor estratégico, considerado indispensável para o funcionamento das Forças Armadas, sendo por isso, perfeitamente, factível, sob a ótica da proporcionalidade que,

---

[1] A Lei nº 8.239, de 04.10.1991 regulamenta o art. 143, §§ 1º e 2º, da Constituição Federal, que trata da prestação de **Serviço Alternativo** ao Serviço Militar Obrigatório.

mesmo em tempo de paz, o militar da ativa, possa ser responsabilizado, criminalmente, pela prática do crime de deserção.

Dada a menor complexidade para aferição da materialidade e autoria na deserção, bem como a necessidade de resposta penal mais célere, entendeu o legislador em adotar **procedimento sumário** para o processamento e julgamento desse crime militar próprio.

No **CPM**, a **deserção** divide-se em **comum** (arts. 187 e 188) e **especial** (art. 190):

> **Art. 187.** Ausentar-se o militar, sem licença, da unidade em que serve, ou do lugar em que deve permanecer, por mais de oito dias:
>
> Pena – detenção, de seis meses a dois anos; se oficial, a pena é agravada.
>
> **Art. 188.** Na mesma pena incorre o militar que:
>
> I – não se apresenta no lugar designado, dentro de oito dias, findo o prazo de trânsito ou férias;
>
> II – deixa de se apresentar a autoridade competente, dentro do prazo de oito dias, contados daquele em que termina ou é cassada a licença ou agregação ou em que é declarado o estado de sítio ou de guerra;
>
> III – tendo cumprido a pena, deixa de se apresentar, dentro do prazo de oito dias;
>
> IV – consegue exclusão do serviço ativo ou situação de inatividade, criando ou simulando incapacidade.
>
> **Art. 190.** Deixar o militar de apresentar-se no momento da partida do navio ou aeronave, de que é tripulante, ou do deslocamento da unidade ou força em que serve:
>
> Pena – detenção, até três meses, se após a partida ou deslocamento se apresentar, dentro de vinte e quatro horas, à autoridade militar do lugar, ou, na falta desta, à autoridade policial, para ser comunicada a apresentação ao comando militar competente.

Em síntese, na **deserção comum**, o militar da ativa permanece ausente, sem autorização, por **mais de oito dias**, de sua organização ou unidade; ocorrerá a **deserção especial** ou **imediata**, nas hipóteses em que militar da ativa deixar de apresentar-se, **sem autorização**, no **momento** da partida de navio ou aeronave, do qual é tripulante, ou do deslocamento de sua unidade ou força.

O comandante da organização militar fará lavrar o competente **termo de deserção**, imediatamente, após a consumação da deserção (comum ou especial).

> **Art. 451. Consumado** o crime de **deserção**, nos casos previstos na lei penal militar, o **comandante** da unidade, ou autoridade correspondente, ou ainda autoridade superior, **fará lavrar** o respectivo **termo, imediatamente**, que poderá ser impresso ou datilografado, sendo por ele assinado e por duas testemunhas idôneas, além do militar incumbido da lavratura.
>
> § 1º A **contagem dos dias** de ausência, para efeito da lavratura do termo de deserção, **iniciar-se-á** a zero hora do **dia seguinte** àquele em que for verificada a **falta** injustificada do militar.
>
> § 2º No caso de **deserção especial**, prevista no art. 190 do Código Penal Militar, a lavratura do termo **será**, também, **imediata**. (Grifos nossos.)

Observação

A **contagem do prazo** para a **consumação** do crime de **deserção comum** é estabelecida pelo CPPM (art. 451, § 1º). Embora, tecnicamente, seja importante distinguir a deserção da ausência ao quartel, **na prática**, basta **acrescentar nove dias** a partir do dia de falta (não comparecimento ou saída não autorizada) para identificar a data de consumação da deserção. O período de ausência (oito dias) é denominado pela doutrina e jurisprudência como **período de graça**; e não produz nenhum efeito penal.

Exemplo: se o militar deixou o quartel (ou não se apresentou) no dia 4, o crime de deserção estará consumado no primeiro minuto do dia 13; afinal **4 + 9 = 13**. O **período de graça**, neste caso, será do dia **5 ao 12**.

Importante!

O **termo de deserção** tem o caráter de **instrução provisória**, substituindo o IPM e fornecendo os **elementos indiciários** necessários à formação da *opinio delicti* do MPM; sem prejuízo de outros documentos ou diligências que se fizerem necessários.

Dentre os documentos necessários à formação da **Instrução Provisória de Deserção** (IPD) destacam-se o termo de deserção e a **parte de ausência**, que é espécie de comunicação administrativa interna e formal, que relata à autoridade militar superior a falta injustificada do militar ao quartel.

A **parte de ausência** deverá ser em lavrada 24 horas, ou seja, no dia seguinte à falta ao quartel. É a parte de ausência que insere o militar na ficha de pernoite do quartel e marca o termo inicial e final dos dias de ausência – prazo de graça.

Após concluída, a IPD será encaminhada à Auditoria Militar, que dará vista ao MPM. Enquanto isso, a unidade militar realiza diligências para localizar o desertor e, também, aguarda a sua apresentação voluntária.

Assim, apresentando-se ou sendo capturado, o desertor será preso pela autoridade militar, com base no termo de deserção e disposto no **art. 452 do CPPM**, que regulamentou a prisão por crime propriamente militar, sem autorização judicial.

Importante!

Acerca da **prisão** do **desertor**, remetemos à leitura do Capítulo 6, na parte referente à prisão por **crime propriamente militar**. Relembramos que tal matéria já foi interpretada conforme a Constituição pelo STF, o que gerou o cancelamento da Súmula n° 10 do STM e a necessidade de fundamentação judicial.

O procedimento especial para o processo de deserção possui relevantes peculiaridades para o **desertor oficial; praça com estabilidade; ou praça sem estabilidade.**

10.2 Processo de deserção de oficial (arts. 454 e 455)

Uma vez consumada a deserção do oficial, a IPD será remetida à Auditoria Militar. E, no âmbito administrativo, será realizada a **agregação do oficial.**

> **Art. 454.** Transcorrido o prazo para consumar-se o crime de deserção, *o* comandante da unidade, ou autoridade correspondente ou ainda a autoridade superior, fará lavrar o termo de deserção circunstanciadamente, inclusive com a qualificação do desertor, assinando-o com duas testemunhas idôneas, publicando-se em boletim ou documento equivalente, o termo de deserção, acompanhado da parte de ausência.
>
> § 1º O **oficial desertor será agregado,** permanecendo nessa situação ao apresentar-se ou ser capturado, até decisão transitada em julgado.
>
> (...)
>
> § 3º Recebido o termo de deserção e demais peças, o Juiz-Auditor mandará autuá-los e dar vista do processo por cinco dias, ao **Procurador,** podendo este requerer o **arquivamento,** ou que for de direito, ou **oferecer denúncia,** se nenhuma formalidade tiver sido omitida, ou após o cumprimento das diligências requeridas.
>
> § 4º **Recebida a denúncia,** o Juiz-Auditor determinará **seja aguardada** a **captura** ou **apresentação voluntária** do desertor. (Grifos nossos.)

Observação

O **oficial será agregado**, a partir da data da consumação da deserção; permanecendo nessa situação até a decisão transitada em julgado (art. 454, § 1°, do CPPM; e art. 82, VII, da Lei n° 6.880/1980 – Estatuto dos Militares).

Importante!

A situação de **agregação** não importa na perda da condição de militar da ativa, por parte do oficial desertor, motivo pelo qual pode ser denunciado, ainda quando trânsfuga. Contudo, recebida a denúncia, o **prosseguimento do processo** (iniciado, mas não efetivado) dependerá da apresentação do oficial ou de sua captura. Portanto, **não** há que se falar em **revelia** nem tampouco em **citação por edital**.

Após a comunicação de apresentação ou captura do oficial desertor, o Juiz Federal ou Juiz de Direito do juízo militar procederá ao sorteio e à convocação do Conselho **Especial** de Justiça, determinando a citação do acusado (art. 455).

> **Art. 455.** Apresentando-se ou sendo capturado o desertor, a autoridade militar fará a comunicação ao Juiz-Auditor, com a informação sobre a data e o lugar onde o mesmo se apresentou ou foi capturado, além de quaisquer outras circunstâncias concernentes ao fato. Em seguida, procederá o Juiz-Auditor ao sorteio e à convocação do Conselho Especial de Justiça, expedindo o mandado de citação do acusado, para ser processado e julgado. Nesse mandado, será transcrita a denúncia.

Observação

Claudio Amin Miguel e Nelson Coldibelli (2000, p. 168) chamam a atenção para a diferença no momento do **sorteio** do Conselho **Especial** de Justiça. No **procedimento especial**, o sorteio ocorre quando da apresentação ou captura do acusado; enquanto no rito ordinário o sorteio é marcado logo após recebimento da denúncia, devido a razões de ordem prática, não se sabe quando o processo se efetivará: 1 ou 10 anos.

Importante!

■ Diferentemente do procedimento ordinário, verifica-se a previsão legal para a **concentração dos atos processuais** (art. 455) no rito especial. Consoante já abordado, o **interrogatório** deverá ser o último ato da instrução.

Art. 455. (...)

§ 1º Reunido o Conselho Especial de Justiça, presentes o procurador, o defensor e o acusado, o presidente ordenará a leitura da denúncia, seguindo-se o **interrogatório** do acusado, ouvindo-se, na ocasião, as **testemunhas** arroladas pelo Ministério Público. A **defesa** poderá oferecer prova documental e requerer a inquirição de **testemunhas**, até o número de **três**, que serão arroladas dentro do prazo de três dias e ouvidas dentro do prazo de cinco dias, prorrogável até o dobro pelo conselho, ouvido o Ministério Público.

§ 2º **Findo o interrogatório**, e se nada for requerido ou determinado, ou finda a inquirição das testemunhas arroladas pelas partes e realizadas as diligências ordenadas, **o presidente do conselho dará a palavra às partes, para sustentação oral**, pelo prazo máximo de trinta minutos, podendo haver réplica e tréplica por tempo não excedente a quinze minutos, para cada uma delas, **passando o conselho ao julgamento**, observando-se o rito prescrito neste código. (Grifos nossos.)

■ O número limite de testemunhas será de três. Não há previsão de vista dos autos para requerer diligências ao término da instrução (art. 417) nem há alegações escritas (art. 428). Por isso, após a oitiva das eventuais testemunhas arroladas na denúncia, se a defesa não tiver testemunhas para arrolar, o acusado será interrogado e submetido a julgamento.

A **sustentação oral** pelas partes será reduzidíssima: no tempo máximo de 30 minutos. A réplica e tréplica serão limitadas a 15 minutos. Em seguida, o CEJ julgará o oficial desertor.

Observação

O processo de deserção (rito especial) não poderá ser cumulado com o processamento de outros delitos (rito ordinário); e vice-versa.

> **Súmula do STM**, verbete **nº 3** – Não constituem excludentes de culpabilidade, nos crimes de deserção e insubmissão, alegações de ordem particular ou familiar desacompanhadas de provas.

10.3 Processo de deserção de praça (com ou sem estabilidade)

As considerações até aqui expendidas em relação a contagem do prazo para os fins de consumação do crime de deserção; a lavratura do termo de deserção; a instrução processual; e julgamento do oficial acusado por crime de deserção, são aplicáveis também às praças.

As **exceções** procedimentais repousam no: *status* de militar da ativa; atos administrativos de agregação, licenciamento, reversão e reinclusão; condições para oferecimento da denúncia; e órgão julgador: Conselho **Permanente** de Justiça.

> **Art. 456.** (...)
>
> § 4º Consumada a deserção de **praça especial** ou **praça sem estabilidade**, será ela **imediatamente excluída do serviço ativo**. Se **praça estável**, será **agregada**, fazendo-se, em ambos os casos, publicação, em boletim ou documento equivalente, do termo de deserção e remetendo-se, em seguida, os autos à auditoria competente. (Grifos nossos.)

Procedimento especial do crime de deserção   **287**

10.3.1 Agregação, licenciamento, reversão e reinclusão

Consumado o crime de deserção, a **praça com estabilidade** será **agregada**, permanecendo nessa condição até a sua apresentação voluntária ou captura, quando será **revertida** ao **serviço ativo militar**, para se ver processar.

Observação

Portanto, enquanto estiver agregada, a praça estável não estará no serviço ativo, **para fins de** responder ao processo de deserção; necessitando da reversão para readquirir esse *status* de militar da ativa (**STM, Súmula nº 12**).

Tratando-se de **praça sem estabilidade** ou **praça especial**, consumado o crime de deserção, **será excluída** do serviço ativo militar. Após a captura ou apresentação voluntária, será submetida à **inspeção de saúde**, para fins de **reinclusão** (art. 457, § 1º).

Uma vez considerada **apta**, a praça sem estabilidade será **reincluída** para se ver processar. Se for julgada **inapta** pela Junta de Inspeção de Saúde **não poderá ser processada**, tendo em vista não ter readquirido a **condição de militar da ativa**, por meio da **reinclusão** (art. 457, § 2º).

Importante!

A condição de **militar da ativa** é **condição de procedibilidade** para o oferecimento da **denúncia** nos crimes de deserção cometidos pela praça.

> **Súmula nº 12 do STM** – A **praça sem estabilidade** não pode ser denunciada por deserção sem ter readquirido o *status* de **militar, condição de procedibilidade** para *a persecutio criminis*, por meio da **reinclusão**. Para a **praça estável**, a condição de procedibilidade é a **reversão** ao serviço ativo. (Grifos nossos.)

Importante!

Há entendimento majoritário no STM, no sentido de que eventual ato de **licenciamento** do desertor, após a instauração da ação penal militar, **não impede a continuação do processo** e a consequente responsabilização do acusado, em caso de condenação. Portanto, a perda do *status* de militar da ativa durante o processo não é (mais) considerada **condição de prosseguimento da ação**.

EMBARGOS INFRINGENTES. DEFENSORIA PÚBLICA DA UNIÃO. DESERÇÃO. **CONDIÇÃO DE PROSSEGUIBILIDADE. ENTENDIMENTO MINORITÁRIO** ACERCA DA CONDIÇÃO DE MILITAR PARA PROSSEGUIMENTO DO FEITO. MANUTENÇÃO DA DECISÃO EMBARGADA. RECURSO REJEITADO. **DECISÃO POR MAIORIA.** No delito de deserção, previsto no art. 187 do Código Penal Militar, a **exclusão** de Praça do serviço ativo das Forças Armadas **não obsta o prosseguimento da ação penal militar,** salvo quando comprovada por Junta de Saúde a incapacidade para o serviço ativo, hipótese que não se vislumbra nos presentes autos. **O** *status* **de militar é pressuposto, unicamente, para o recebimento da Denúncia.** Embargos Infringentes rejeitados. Decisão por maioria (STM. Embargos Infringentes e de Nulidade nº 7000526-88.2019.7.00.0000. Rel. Min. Carlos Vuyk de Aquino. Julgado em 17.06.2019 – grifos nossos).

Acerca da **inspeção de saúde** a ser realizada no **desertor sem estabilidade,** para fins de verificação de sua capacidade e reinclusão ao serviço ativo militar, Claudio Amin Miguel e Nelson Coldibelli (2000, p. 175) sustentam que embora o CPPM não estabeleça prazo, a finalização e remessa da **ata de inspeção de saúde** deverá ocorrer em cinco dias, a contar do ato de captura ou apresentação do desertor, tomando-se por analogia o art. 251 do CPPM.

Procedimento especial do crime de deserção   **289**

Importante!

A praça sem estabilidade que for **julgada incapaz**, em inspeção de saúde, para os fins de reinclusão ao serviço militar, **será isenta do processo** e, consequentemente, da responsabilização penal, reforçando a urgência de o órgão judicial conhecer, o quanto antes, do resultado da inspeção de saúde para consequente relaxamento da prisão (**STM, Súmula n° 8**[2]).

Diferentemente do que ocorre no processo de deserção do oficial, que é denunciado antes de sua apresentação ou captura, a **praça**, com estabilidade ou sem estabilidade, **será denunciada**, respectivamente, após sua reversão ou inclusão ao serviço ativo militar. Readquirir a **condição de militar da ativa** é indispensável ao oferecimento da denúncia (art. 457, § 3°).

> § 3° Reincluída que a praça especial ou a praça sem estabilidade, ou procedida à reversão da praça estável, o comandante da unidade providenciará, com urgência, sob pena de responsabilidade, a remessa à auditoria de cópia do ato de reinclusão ou do ato de reversão. O Juiz-Auditor determinará sua juntada aos autos e deles dará vista, por cinco dias, ao procurador que requererá o arquivamento, ou o que for de direito, ou oferecerá denúncia, se nenhuma formalidade tiver sido omitida, ou após o cumprimento das diligências requeridas.

Jurisprudência do STM: além da **condição de procedibilidade** no crime de deserção encontrar-se sumulada (Verbete n° 12), há outras particularidades procedimentais no entendimento da Corte castrense.

[2.] "O desertor sem estabilidade e o insubmisso que, por apresentação voluntária ou em razão de captura, forem julgados em inspeção de saúde, para fins de reinclusão ou incorporação, incapazes para o Serviço Militar, podem ser isentos do processo, após o pronunciamento do representante do Ministério Público."

DESERÇÃO. RECURSO DEFENSIVO. CERCEAMENTO
DE DEFESA. NÃO DEMONSTRAÇÃO DAS TESES SUSCI-
TADAS. ALEGAÇÕES PESSOAIS. NÃO COMPROVAÇÃO.
SÚMULA Nº 3 DO STM. ART. 319 DO CPP COMUM.
NÃO INCIDÊNCIA. ESPECIALIDADE DA JUSTIÇA MI-
LITAR. MANUTENÇÃO DA DECISÃO. UNANIMIDADE.
1. Não caracteriza cerceamento de defesa o **indeferimento
de produção de provas** quando o julgador o faz fundamen-
tadamente ao considerar o pedido não pertinente, protelató-
rio ou desnecessário ao deslinde do processo. 2. **Alegações
de cunho pessoal** desacompanhadas de provas não são aptas
a ensejar a absolvição nos casos de deserções. Súmula nº 3
do STM. 3. Conforme a jurisprudência desta Corte Castrense, as **medidas cautelares diversas da prisão** dispostas
no art. 319 do CPP comum **não podem incidir na** seara
da **JMU**, em face da **especialidade dos bens jurídicos** por
ela **tutelados**. 4. Desprovido o recurso. Mantida a sentença.
5. Decisão por unanimidade (STM. Apelação nº 7000342-
69.2018.7.00.0000. Rel. Min. Alvaro Luiz Pinto. Julgado em
06.12.2018 – grifos nossos).

Dica!

A praça imputada do crime militar de deserção está obrigada a submeter-
-se à inspeção de saúde ou pode negar-se a produzir tais condições pré-
-processuais de natureza personalíssima, invocando o direito constitucional
de não produzir provas contra si (art. 8º, LXIII)? A jurisprudência do STM
(*v.g.*, Recurso em Sentido Estrito nº 0000045-61.2017.7.01.0301), e a
doutrina de Luciano Gorrilhas (2012, p. 42-45) e de Abelardo Júlio Rocha
(2016, p. 52-54) possuem entendimentos divergentes. Sugere-se a leitura
dos fundamentos dos mencionados estudos e decisão.

11

Procedimento especial do crime de insubmissão

11.1 Processo de crime de insubmissão

O crime de **insubmissão** é o único crime propriamente militar que o sujeito ativo deve ser, necessariamente, um **civil**: convocado para o serviço militar obrigatório.

O brasileiro, do sexo masculino, convocado à incorporação em uma das Forças Armadas, que deixar de se apresentar dentro do prazo que lhe foi marcado ou, apresentando-se, ausenta-se antes do ato oficial de incorporação incorre no crime de insubmissão (art. 183 do CPM).

> **Art. 183.** Deixar de apresentar-se o convocado à incorporação, dentro do prazo que lhe foi marcado, ou, apresentando-se, ausentar-se antes do ato oficial de incorporação:
>
> Pena – impedimento, de três meses a um ano.

Da mesma forma, incorrerá em crime de **insubmissão**, na sua forma **assimilada**, aquele que dispensado, temporariamente, da incorporação, *v.g.*, os acadêmicos de medicina, odontologia, farmácia e veterinária, deixar de se apresentar, decorrido o prazo de adiamento ou dispensa temporária para concluir o respectivo curso universitário.

§ 1º Na mesma pena incorre quem, dispensado temporariamente da incorporação, deixa de se apresentar, decorrido o prazo de licenciamento.

Importante!

O **procedimento especial** do delito de **insubmissão** tem **rito sumário** (arts. 463 a 465) análogo aos procedimentos especiais previstos à instrução criminal e julgamento do processo de deserção (§§ 4º, 5º, 6º e 7º do art. 457). Logo, o CPPM confere expressamente o **mesmo rito especial** às Instruções Provisórias de Insubmissão (IPI) e de Deserção (IPD).

Observação

Consumado o crime de insubmissão, será lavrado o **termo de insubmissão** que, tal qual o termo de deserção, tem **natureza** de **instrução provisória (IPI)**, objetivando fornecer ao MPM, elementos indiciários, indispensáveis, ao oferecimento da denúncia.

Art. 463. Consumado o crime de insubmissão, o comandante, ou autoridade correspondente, da unidade para que fora designado o insubmisso, fará lavrar o **termo de insubmissão**, circunstanciadamente, com indicação, de nome, filiação, naturalidade e classe a que pertencer o insubmisso e **a data em que este deveria apresentar-se**, sendo o termo assinado pelo referido comandante, ou autoridade correspondente, e por duas testemunhas idôneas, podendo ser impresso ou datilografado.

§ 1º O termo, juntamente aos demais documentos relativos à insubmissão, tem o caráter de instrução provisória, destina-se a fornecer os elementos necessários à propositura da ação penal e é o **instrumento legal autorizador** da **captura do insubmisso**, para efeito da incorporação.

§ 2º (...)

§ 3º Recebido o termo de insubmissão e os documentos que o acompanham, o Juiz-Auditor determinará sua (*sic* [autuação]) [**Instrução Provisória de Insubmissão**] e dará vista do processo, por cinco dias, ao procurador, que requererá o que for de direito, aguardando-se a captura ou apresentação voluntária do insubmisso, se nenhuma formalidade tiver sido omitida ou após cumprimento das diligências requeridas. (Grifos nossos.)

Consumado o crime de insubmissão e lavrado o termo de insubmissão esse é instrumento legal autorizador da **captura do insubmisso**, para fins de incorporação. Acerca da natureza jurídica dessa modalidade prisão, remetemos à leitura do Capítulo 6, no item 6.4 (prisão por crime propriamente militar).

Deverá acompanhar o termo de insubmissão, a cópia autêntica de documento que comprove que o insubmisso tinha a certeza da data e local de sua apresentação, sob pena de sua conduta ser considerada atípica.

Súmula nº 7 do STM – O crime de insubmissão, capitulado no art. 183 do CPM, caracteriza-se quando provado de maneira **inconteste o conhecimento pelo conscrito** da **data e local** de sua **apresentação para incorporação**, através de documento hábil constante dos autos. A confissão do indigitado insubmisso deverá ser considerada no quadro do conjunto probatório. (Grifos nossos.)

Após a IPI ser autuada na Auditoria Militar, permanecerá aguardando a apresentação ou a captura do insubmisso.

Após a apresentação ou captura, o insubmisso será submetido à inspeção de saúde, e, desde logo, ficará com a liberdade cerceada, no âmbito do aquartelamento (menagem em quartel). Se julgado **inapto** para o serviço militar, ficará isento de processo e da inclusão. Se for julgado **apto**, será incorporado às fileiras da unidade Militar para qual estava designado e convocado.

Art. 464. O insubmisso que se apresentar ou for capturado terá o direito ao quartel por menagem e será submetido à inspeção de saúde. Se incapaz, ficará isento do processo e da inclusão.

A ata de inspeção de saúde e a cópia do ato de inclusão (incorporação) do insubmisso deverão ser remetidas, com urgência, à autoridade judiciária militar. Aplicam-se as mesmas considerações expendidas acerca da deserção da praça sem estabilidade, inclusive, no que concerne ao fato de a condição de militar da ativa ser **condição de procedibilidade** da ação penal (art. 464).

§ 1º A ata de inspeção de saúde será, pelo comandante da unidade, ou autoridade competente, remetida, com urgência, à auditoria a que tiverem sido distribuídos os autos, para que, em caso de incapacidade para o serviço militar, sejam arquivados, após pronunciar-se o Ministério Público Militar.

§ 2º Incluído o insubmisso, o comandante da unidade, ou autoridade correspondente, providenciará, com urgência, a remessa à auditoria de cópia do ato de inclusão. O Juiz-Auditor determinará sua juntada aos autos e deles dará vista, por cinco dias, ao procurador, que poderá requerer o arquivamento, ou o que for de direito, ou oferecer denúncia, se nenhuma formalidade tiver sido omitida ou após o cumprimento das diligências requeridas.

§ 3º O insubmisso que não for julgado no prazo de sessenta dias, a contar do dia de sua apresentação voluntária ou captura, sem que para isso tenha dado causa, será posto em liberdade.

Jurisprudência do STM: acerca do **órgão jurisdicional** castrense (colegiado ou monocrático) **competente** para processar e julgar o crime de insubmissão, o STM firmou entendimento de que, embora o **insubmisso** ostente a condição de civil no momento que consuma o crime do art. 183, o fato de somente vir a ser denunciado (e processado) na qualidade de militar da ativa, a **competência** será **do CPJ**, ainda que venha a ser licenciado no curso da ação (Súmula nº 17).

RECURSO EM SENTIDO ESTRITO. MPM. DESISTÊN-
CIA. RECURSO. INSUBMISSÃO. POSTERIOR EXCLU-
SÃO A BEM DA DISCIPLINA. COMPETÊNCIA DO
CONSELHO DE JUSTIÇA. **CONDIÇÃO DE MILITAR
DO ACUSADO PARA PROCESSAMENTO DO FEITO.**
MENS LEGISLATORIS. INTERPRETAÇÃO TELEOLÓGI-
CA. LEI Nº 13.774/2018. **RETORNO À INSTÂNCIA DE
ORIGEM PARA PROSSEGUIMENTO DO FEITO. 1. (…).**
2. Não há que se falar em necessidade de convocação do
Conselho de Justiça para que decline da competência para
o Juiz togado, quando for o caso, visto já ter sido esta fixada
por força de expressa previsão legal. 3. A lei possui caráter
processual e, portanto, aplicabilidade imediata, impondo que
os atos processuais a serem praticados após a sua vigência
sejam por ela regulados, respeitando-se a eficácia dos já praticados. 4. **A ação penal do crime de insubmissão** – crime
propriamente militar – **somente se inicia com a aquisição
da condição de militar do Acusado. A posterior perda dessa condição não altera a competência do Conselho de Justiça para julgar o feito.** 5. Cabe ao magistrado a competência monocrática para julgamento dos civis apenas nos casos
previstos nos incisos I e III do art. 9º do CPM, bem como dos
militares, quando estes forem acusados juntamente com [*sic*]
aqueles no mesmo processo. Preliminar de ofício rejeitada.
Decisão por maioria. Recurso conhecido e provido. Decisão
por maioria (STM. Recurso em Sentido Estrito nº 7000228-
96.2019.7.00.0000. Rel. para Acórdão: Min. Artur Vidigal de
Oliveira. Julgado em 22.05.2019 – grifos nossos).

Importante!

A prisão *ex vi legis* do insubmisso e a necessidade de **fundamentação**, nos termos
do art. 255 do CPPM, para a manutenção dessa prisão provisória, seguem as
mesmas **regras** fixadas pelo **STF** e observações já apresentadas em relação à
prisão do desertor (art. 452) e ao instituto da **menagem** em quartel (art. 266).

12

Processo de competência originária do STM

12.1 Fase processual

O STM terá **competência originária** para processar e julgar os oficiais-generais das Forças Armadas (Almirantes, Generais e Brigadeiros), estejam em serviço ativo ou na inatividade, por prática de crime militar (alínea *a* do inciso I do art. 6º da Lei nº 8.457/1992). Trata-se de hipótese de competência por **prerrogativa de posto**.

Art. 6º Compete ao Superior Tribunal Militar:

I – processar e julgar originariamente:

a) os oficiais generais das Forças Armadas, nos crimes militares definidos em lei;

Observação

A natureza jurídica dessa competência originária é decorrente de **prerrogativa de posto** (e não de função).

O procedimento adotado é o do **rito ordinário**, incluindo o interrogatório ao final da instrução processual. O Ministro-

298 Direito Processual Penal Militar

-Relator será obrigatoriamente um Ministro civil, que decidirá monocraticamente acerca do recebimento da denúncia.

A instrução processual será realizada **monocraticamente** pelo Ministro-Relator, com a presença das partes e em audiência pública.

A sessão de **julgamento** do oficial-general será realizada pelo **Plenário do Tribunal**. As partes terão o tempo de 2 horas para sustentação oral; e 1 hora para réplica e tréplica. Caso necessário, o julgamento poderá estender-se por mais de uma sessão.

Observação

O *quorum* mínimo para a sessão de julgamento de processo originário será de oito ministros: pelo menos quatro militares e dois civis (art. 496, *b*, do CPPM e art. 65 do RISTM).

Importante!

Das decisões do STM, unânimes ou não, caberá "embargos", que serão oferecidos dentro de cinco dias, a partir da intimação do Acórdão (art. 497).

12.2 Fase pré-processual

O Encarregado do IPM deverá ser oficial-general de posto superior ao do indiciado ou, se de mesmo posto, mais antigo. Os autos do IPM serão encaminhados, em regra, via o Comandante da Força Singular para o Presidente do STM, que o remeterá ao Procurador-Geral da Justiça Militar (PGJM).

O Procurador-Geral da Justiça Militar tem atribuição exclusiva para oferecer denúncia, requisitar a instauração de IPM ou o fornecimento de informações relativas aos procedimentos de investigação criminal (PIC), relacionados à prática de crime militar por oficial-general.

A denúncia ou a manifestação pelo arquivamento oferecida pelo Procurador-Geral da Justiça Militar será dirigida ao Presidente do STM (arts. 489 e 490 do CPPM c/c art. 108, *caput* e parágrafos, do RISTM), que designará **Ministro civil para relator** do caso.

Todas as decisões recorríveis do relator do processo obedecerão, no que couber, às disposições do **recurso em sentido estrito** (art. 491 do CPPM, e art. 109 do RISTM).

13

Nulidades

13.1 Conceito

Ao discorrer sobre a importância de os atos processuais estarem regulados em lei, Renato Brasileiro de Lima (2019, p. 1621-1625) apresenta interessante comparação entre a tipicidade penal e a "tipicidade dos atos processuais", destacando que a forma desses atos se destina a "assegurar a máxima eficiência na aplicação da coerção penal", *verbis*:

> Longe de consagrar um mal inútil e irrelevante, a tipicidade dos atos processuais confere aos sujeitos do processo uma maior segurança jurídica no curso do procedimento, vez que assegura maior previsibilidade para o sistema processual. Basta pensar, por exemplo, na colheita do depoimento de determinada testemunha: a lei estabelece a forma de apresentação do rol de testemunhas, a forma de intimação, a ordem de oitiva. A sequência das perguntas formuladas, a participação subsidiária do juiz etc. Toda essa tipicidade processual confere às partes maior segurança jurídica, porquanto já se pode saber, de antemão, como será produzida a prova testemunhal, evitando-se assim, indevidas surpresas e possível violação a princípios constitucionais como os da ampla defesa e do contraditório.

A **nulidade**, sob tal perspectiva, seria compreendida como uma **espécie de sanção** aplicada ao ato **processual** praticado em desconformidade com os modelos estabelecidos pela lei e os princípios constitucionais que lhe servem de esteio.

Assim sendo:

> [o] sistema de nulidades foi pensado, portanto, como instrumento para compelir os sujeitos processuais à observância dos modelos típicos: ou se cumpre de forma legal ou corre-se o risco de o ato processual ser declarado inválido e ineficaz (LIMA, 2019, p. 1622).

A consequência da inobservância das formas legais, então, resulta no fato de o ato processual defeituoso não estar apto a **produzir os efeitos** que **ordinariamente produziria**.

13.2 Natureza e espécies

A **natureza jurídica** da nulidade é tema controvertido na doutrina. A palavra nulidade é designada no Processo Penal com dois significados: **sanção** processual de ineficácia e **defeito** do ato processual.

Para alguns, seria uma característica do próprio ato processual defeituoso, cuja sanção seria o reconhecimento da sua **ineficácia**. Daí falar-se em:

Ato inexistente – também denominado de **não ato**, falta-lhe pressuposto indispensável à sua **existência,** v.g., a falta de citação, tendo em vista que, segundo o art. 35 do CPPM, o processo efetiva-se somente com a citação do acusado.

Ato nulo – ato defeituoso, por deixar de atender a formalidades previstas em lei, no entanto apto a produzir seus efeitos jurídicos ordinários, enquanto não for invalidado, por decisão judicial.

Ato irregular – ato com defeito de menor gravidade entre todas as imperfeições possíveis. Logo, não atrai sanções processuais ou somente sanções extraprocessuais, *v.g.*, a citação por edital que não transcreve a denúncia ou seu resumo (STF, Súmula n° 366).

Doutra feita, há quem entenda que a nulidade seria uma espécie de sanção pela prática do ato processual à revelia da forma prescrita pela lei. Daí falar-se em:

Nulidade absoluta – o ato foi praticado em desacordo com normas e princípios legais e/ou constitucionais, resultando em vício que atenta contra o interesse público, desconsiderando a lógica do devido processo legal.

Dada a natureza das nulidades absolutas, podem ser alegadas a qualquer tempo, tanto em sede de recurso, quanto via *habeas corpus* e revisão criminal, nesse caso em favor do condenado. Ademais, podem ser reconhecidas de ofício pelo juiz, independente de provocação, em hipóteses que beneficiem o acusado.

> APELAÇÃO. DEFENSORIA PÚBLICA DA UNIÃO. FURTO. ART. 240 DO CÓDIGO PENAL MILITAR. CONDENAÇÃO EM PRIMEIRO GRAU. PRELIMINAR DE NULIDADE. **AUSÊNCIA DE CITAÇÃO VÁLIDA DO RÉU. ARGUIÇÃO DE OFÍCIO.** ART. 500, III, C, DO CÓDIGO DE PROCESSO PENAL MILITAR. ACOLHIMENTO. UNANIMIDADE. **Constitui nulidade** a preterição da Citação do Acusado "(...) para ver-se processar e o seu interrogatório (...)", na forma da alínea *c* do inc. III do art. 500 do Código de Processo Penal Militar, devendo ser **declarada de ofício**. Preliminar acolhida. Decisão por Unanimidade (STM. Apelação n° 7000440-20.2019.7.00.0000. Rel. Min. Carlos Vuyk de Aquino. Julgado em 14.08.2019 – grifos nossos).

Nulidade relativa – o ato foi praticado em desacordo com normas legais, que não, necessariamente, importem em prejuízo às partes, teriam por características a necessidade de comprovação do prejuízo e serem arguidas em momento oportuno, sob pena de serem convalidadas.

O art. 499 do CPPM repete a regra do art. 563 do CPP comum, segundo a qual para a declaração de nulidade do ato processual é necessário que dele resulte prejuízo para as partes: *pas de nullité sans grief*.

> **Art. 499.** Nenhum ato judicial será declarado nulo se da nulidade não resultar prejuízo para a acusação ou para a defesa.

Jurisprudência do STM:

> *HABEAS CORPUS.* FRAUDE EM LICITAÇÃO. FORNECIMENTO DE MATERIAL DIVERSO DO ADQUIRIDO. INTERROGATÓRIO EXTRAJUDICIAL. AUSÊNCIA DE CIENTIFICAÇÃO DO DIREITO AO SILÊNCIO. NULIDADE DA AÇÃO PENAL MILITAR. NÃO CONFIGURAÇÃO. DESENTRANHAMENTO DAS PEÇAS QUE NÃO ATENDAM ÀS FORMALIDADES LEGAIS. ORDEM PARCIALMENTE CONCEDIDA. I – (...). II – O **Princípio do Aproveitamento**, também conhecido como da **Conservação dos Atos Processuais** ou **Confinamento das Nulidades**, consectário lógico dos axiomas da *pas de nullité sans grief*; da economia processual e da razoável duração do processo autorizam o saneamento do Inquérito Policial Militar pelo desentranhamento dos interrogatórios prestados no curso das investigações policiais **sem a informação** ao Investigado quanto a seu **direito de permanecer calado.** III – Não resta contaminada a Ação Penal Militar subsequente quando a *opinio delicti* se funda em diversos elementos de informação colhidos no transcorrer da fase investigatória, tais como farto acervo documental e a inquirição de diversas testemunhas. IV – Concede parcialmente a ordem. Decisão unânime (STM. HC nº 7000477-47.2019.7.00.0000. Rel. Min. Péricles Aurélio Lima de Queiroz. Julgado em 27.06.2019 – grifos nossos).

As nulidades no Processo Penal Militar estão elencadas no **art. 500 do CPPM.**

Art. 500. A **nulidade** ocorrerá nos seguintes casos:

I – por incompetência, impedimento, suspeição ou suborno do juiz;

II – por ilegitimidade de parte;

III – por preterição das fórmulas ou termos seguintes:

a) a denúncia;

b) o exame de corpo de delito nos crimes que deixam vestígios, ressalvado o disposto no parágrafo único do art. 328;

c) a citação do acusado para ver-se processar e o seu interrogatório, quando presente;

d) os prazos concedidos à acusação e à defesa;

e) a intervenção do Ministério Público em todos os termos da ação penal;

f) a nomeação de defensor ao réu presente que não o tiver, ou de curador ao ausente e ao menor de dezoito anos;

g) a intimação das testemunhas arroladas na denúncia;

h) o sorteio dos juízes militares e seu compromisso;

i) a acusação e a defesa nos termos estabelecidos por este Código;

j) a notificação do réu ou seu defensor para a sessão de julgamento;

l) a intimação das partes para a ciência da sentença ou decisão de que caiba recurso;

IV – por omissão de formalidade que constitua elemento essencial do processo.

As partes devem atuar de acordo com premissas éticas, não devendo, intencionalmente, provocar nulidades, como propósito de delas se beneficiar (art. 501).

Art. 501. Nenhuma das partes poderá arguir a nulidade a que tenha dado causa ou para que tenha concorrido, ou referente a formalidade cuja observância só à parte contrária interessa.

O **princípio da instrumentalidade das formas** (CPP e CPPM) estabelece que as formas processuais não são um fim em si mesmas, mas meio para alcançar a apuração da verdade. Por isso, não será declarada a nulidade de ato processual que não houver influído na apuração da verdade substancial ou na decisão da causa (art. 502).

Jurisprudência do STM:

> *HABEAS CORPUS.* DELITO PREVISTO NO ART. 202 DO CÓDIGO PENAL MILITAR. OITIVA DE TESTEMUNHAS. **VIDEOCONFERÊNCIA.** INTIMAÇÃO DA DEFESA. DE-NEGAÇÃO DA ORDEM. O emprego de videoconferência como mecanismo de agilização do processo e até mesmo de transposição de barreiras territoriais encontra amparo na legislação constitucional e infraconstitucional. À semelhança da disciplina processual penal comum, as Resoluções/STM nᵒs 224 e 222 deixam entrever a possibilidade de realização de audiências por videoconferência em órgãos externos à Justiça. **O Processo Penal, seja o comum, seja o militar, rege-se pelo princípio da instrumentalidade das formas, segundo o qual os ritos e procedimentos não constituem um fim em si mesmos, mas sim caminhos de chegada a um ato substantivo.** Hipótese em que a intimação da DPU, em que pese a forma como foi feita, alcançaram o fim buscado. As decisões de simples impulso do processo não ensejam nulidade, ainda que proferidas monocraticamente pelo Juiz--Auditor. Denegação da Ordem. Unânime (STM. HC nº 16-68.2017.7.00.0000/AM. Rel. Min. Luis Carlos Gomes Mattos. Julgado em 16.02.2017 – grifos nossos).

Observação

A falta ou a **nulidade** da citação, da intimação ou notificação ficará **sanada** com o **comparecimento do interessado** antes de o ato consumar-se, embora declare que o faz com o único fim de argui-la (art. 503).

Importante!

O **momento da arguição** das nulidades no Processo Penal Militar está previsto no art. 504, além de **regra especial** para a arguição de incompetência.

> **Art. 504.** As nulidades deverão ser arguidas:
>
> a) as da instrução do processo, no prazo para a apresentação das **alegações escritas**;
>
> b) as ocorridas depois do prazo das alegações escritas, na fase do **julgamento** ou [como preliminar de mérito] nas **razões de recurso**.
>
> Parágrafo único. A nulidade proveniente de **incompetência do juízo** pode ser declarada a **requerimento da parte** ou de **ofício**, em **qualquer fase do processo**. (Grifos nossos.)

As **nulidades absolutas** não se convalidam, diferentemente das **nulidades relativas** que deverão ser alegadas pelas partes, sob pena de preclusão.

> **Art. 505.** O silêncio das partes sana os atos nulos, se se tratar de formalidade de seu exclusivo interesse.

Os atos que não forem passíveis de convalidação serão, conforme o caso, retificados ou renovados, conforme reza o art. 506, CPPM, que trata da hipótese de nulidades derivadas, nos seus parágrafos, o que já foi abordado quando tratamos dos princípios estruturantes do Processo Penal Militar.

> **Art. 506.** Os atos, cuja nulidade não houver sido sanada, serão renovados ou retificados.
>
> § 1º A nulidade de um ato, uma vez declarada, envolverá a dos atos subsequentes.
>
> § 2º A decisão que declarar a nulidade indicará os atos a que ela se estende.

Observação

Os **atos** da instrução criminal, processados perante juízo incompetente (incompetência relativa) serão **revalidados**, por termo, no juízo competente (art. 507). Serão anulados tão somente os atos decisórios. A incompetência do juízo **anula somente** os **atos decisórios**, devendo o processo, quando for declarada a nulidade, ser remetido ao juiz competente (art. 508).

Importante!

Na sistemática do Processo Penal Militar, a sentença proferida pelo Conselho de Justiça com juiz irregularmente investido, impedido ou suspeito, não anula o processo, salvo se a maioria se constituir com o seu voto (art. 509).

Claudio Amin Miguel e Nelson Coldibelli (2000, p. 193-194) criticam esse dispositivo por entenderem que tal regra não se justificaria em relação ao juiz impedido, uma vez que os atos de juiz impedido são considerados inexistentes pelo parágrafo único do art. 37 do CPPM, e o § 2º do art. 25 da LOJMU "exige a presença e voto de todos os Juízes e, estando um impedido, o Conselho não estaria legalmente completo". Ademais, a argumentação desse Juiz impedido, durante a sua votação, poderá influenciar o voto dos juízes que ainda não votaram.

14

Recursos

14.1 Conceito

Recurso é o instrumento processual e legal que as partes dispõem, dentro de prazos preestabelecidos, para manifestarem sua irresignação contra decisões judiciais que lhes são prejudiciais ou, ainda, para melhor esclarecê-las, integralizá-las, reformá-las ou invalidá-las. Em regra, os recursos serão propostos perante o órgão judicial distinto e de hierarquia superior daquele que promanou a decisão recorrida.

14.2 Características dos recursos

Conforme Renato Brasileiro de Lima (2019, p. 1673-1674):

a) **voluntariedade:** a existência do recurso está condicionada à vontade das partes, uma vez que lhes cabe concordarem ou não com os provimentos judiciais e avaliar se lhes interessa recorrer dos mesmos;

b) **previsão legal:** a existência do recurso depende, necessariamente, da lei, cabendo ao legislador eleger as hipóteses, requisitos, prazos do recurso; se a lei não prevê recurso contra determinada decisão, importa em dizer que ela é irrecorrível;

c) **anterioridade a preclusão ou a coisa julgada:** não é possível recorrer de decisão judicial, transitada em julgado, ante a imutabilidade de seus efeitos, bem como, estabelecidos prazos para o manejo do recurso. Esse deverá ser proposto dentro desse limite temporal, sob pena de preclusão do direito ao recurso;

d) **desenvolvimento dentro de uma mesma relação jurídica processual da qual emana a decisão impugnada:** a interposição do recurso não cria uma relação jurídica nova, mas, na verdade, o desdobramento da mesma relação jurídica processual. Por exemplo, não há nova citação do recorrido, mas "uma mera intimação para apresentar contrarrazões no mesmo prazo que o recorrente teve para apresentar seu recurso".

Além das características supramencionadas, há conjunto de princípios que se aplicam aos recursos, norteando e validando o manejo, e que serão abordados a seguir.

14.3 Princípios

a) **Duplo grau de jurisdição:** consiste na possibilidade de uma decisão judicial poder ser submetida a reexame integral, por um órgão jurisdicional diferente e de hierarquia superior àquele que a proferiu, tanto no que concerne ao seu aspecto formal-processual, quanto ao relacionado ao seu mérito, matéria de fato e de direito.

Renato Brasileiro de Lima (2019, p. 1673-1674) aduz que a doutrina aponta a falibilidade humana e o inconformismo das pessoas, como fundamentos desse princípio que, em sede processual penal, teria o recurso de apelação como o seu desdobramento.

b) **Taxatividade:** corolário do princípio da legalidade, consiste na necessidade de que a possibilidade, maneira, prazos e limites para se insurgir contra determinada decisão judicial estejam, formalmente, previstas em lei federal, tendo em vista que compete, privativamente, à União legislar sobre lei processual (art. 22, I, CF/1988).

c) **Unirrecorribilidade:** além dos recursos estarem previstos em lei, em regra, haverá um único recurso específico para cada decisão judicial que se pretenda impugnar. Nesse sentido, o art. 526, parágrafo único, do CPPM, expressamente, veda a utilização do recurso em sentido estrito quando cabível o recurso de apelação.

d) **Fungibilidade:** em que pese os princípios da taxatividade e da unirrecorribilidade serem a regra, quando não houver má-fé na interposição de determinado recurso, a parte não será prejudicada por ter manejado equivocadamente recurso por outro, desde que seja respeitada a tempestividade do recurso correto; e o erro não seja grosseiro (art. 514).

> **Art. 514.** Salvo a hipótese de má fé, não será a parte prejudicada pela interposição de um recurso por outro.
>
> **Parágrafo único.** Se o auditor ou o Tribunal reconhecer a impropriedade do recurso, mandará processá-lo de acordo com o rito do recurso cabível.

e) **Convolação:** diferentemente do princípio anterior, no qual o recorrente utiliza-se de boa-fé um recurso equivocado, a convolação possibilita o recorrente utilizar o recurso correto, mas é recebido e conhecido como se fosse outro, que seja mais vantajoso à parte. Atualmente, tem pouca utilização.

f) **Reexame necessário:** embora a regra que prevalece em sede recursal seja a voluntariedade, é possível que a lei disponha quanto à necessidade de que determinada decisão judicial, para que seja efetivada, dependa da ratificação de órgão jurisdicional superior, devendo o juiz, ao proferir determinada decisão, submetê-la de ofício ao Tribunal (recurso de ofício).

g) **Disponibilidade:** consiste na possibilidade de que o recorrente possa desistir do recurso que tenha interposto. No Processo Penal Militar vige o princípio da indisponibilidade do recurso somente em relação ao MPM (art. 512 do CPPM).

h) **Dialeticidade:** o recurso deve ser dialético, discursivo, estar devidamente fundamentado, nas razões de fato e de Direito que justificam o inconformismo do recorrente, bem como delineado, de forma objetiva, a sua pretensão recursal, seja no sentido de reformar, invalidar, esclarecer ou integralizar a decisão judicial impugnável.

i) *Non reformatio in pejus:* consiste na proibição de o Tribunal agravar a situação do acusado, em razão de recurso exclusivo da defesa.

14.4 Requisitos

Entendemos que a interposição do recurso, como já comentado, não cria relação jurídica, ocorrendo, na verdade, o desdobramento da mesma relação jurídica processual, razão pela qual não falarmos de pressupostos ou condições, mas de requisitos do recurso, que podem ser **objetivos** ou **subjetivos** (LOPES JR., 2012, p. 1189-1191).

14.4.1 Requisitos objetivos

a) **Cabimento ou adequação:** trata-se da eleição do recurso expressamente previsto em lei, para fins de impugnação da decisão judicial que se pretende aclarar, integrar, anular ou reformar, observando-se o formalismo preconizado.

O princípio da fungibilidade dos recursos foi expressamente adotado pelo CPPM, razão pela qual, se não houver má-fé, a parte não será prejudicada pela interposição de um recurso por outro.

b) **Tempestividade:** cada recurso possui forma e **prazo** próprios. O prazo para interposição do termo e apresentação de razões são distintos, como é o caso da apelação e do recurso em sentido estrito.

Recursos **313**

Observação

Ressalta-se que a **tempestividade** diz respeito, especificamente, a interposição do recurso e não de suas razões, não sendo considerado extemporâneo o recurso cujas razões tenham sido oferecidas fora do prazo.

> RECURSO EM SENTIDO ESTRITO. REJEIÇÃO DA DE-NÚNCIA. TEMPESTIVIDADE. PRAZO LEGAL. PRES-CRIÇÃO. NÃO OCORRÊNCIA. PROVIMENTO. O **oferecimento extemporâneo** das **Razões recursais** constitui **mera irregularidade** incapaz de impedir a apreciação do Recurso que foi apresentado dentro do prazo de três dias, previsto no art. 518 do CPM. (...). Rejeição das Preliminares defensivas. Provimento do Recurso. Unânime (STM. Recurso em Sentido Estrito n° 312.43.2011.7.01.0301/RJ. Rel. Min. Luiz Carlos Gomes Mattos. Julgado em 11.11.2015 – grifos nossos).

c) **Preparo:** trata-se do pagamento de custas judiciais, cujo descumprimento torna o recurso deserto, sendo um requisito específico para a interposição de recursos referentes aos processos instaurados, por meio de ação penal de iniciativa privada.

As certidões e os processos da **Justiça Militar da União** não são sujeitos a custas, emolumentos, selos ou portes de correio terrestre, marítimo ou aéreo. Contudo, as **Justiças Militares dos Estados** possuem competência cível, sendo-lhes facultada a exigência de preparo para custas judiciais ou processuais.

14.4.2 Requisitos subjetivos

a) **Legitimidade:** a legitimidade refere-se às partes da relação jurídica processual já estabelecida. No Processo Penal Militar são legitimados para recorrer o MPM, o réu, o seu procurador ou defensor (art. 511).

314 Direito Processual Penal Militar

Importante!

No Processo Penal Militar, o **assistente de acusação** não pode, singularmente, interpor recurso; entretanto, é-lhe facultado oferecer razões próprias em adesão ao recurso interposto pelo MPM, desde que vinculadas ao pedido condenatório formulado pelo órgão ministerial.

> HOMICÍDIO. CULPA CONSCIENTE. DOLO EVENTUAL. ASSUNÇÃO DO RISCO DE PRODUÇÃO DO RESULTADO. DECLARAÇÕES DO OFENDIDO IMEDIATAMENTE ANTES DE SUA MORTE. RELEVANTE VALOR PROBATÓRIO. INACEITABILIDADE DO RESULTADO QUE NÃO SE CONFUNDE COM ARREPENDIMENTO. **RAZÕES RECURSAIS DO ASSISTENTE DE ACUSAÇÃO. VINCULAÇÃO AO PEDIDO MINISTERIAL. (...).** No âmbito do CPPM, as Razões Recursais do **assistente de acusação** estão adstritas ao pedido condenatório formulado pelo *Parquet* de primeiro grau, que, no caso, não pleiteou a aplicabilidade de qualificadora. Recurso provido. Unânime (STM. Apelação nº 7000018-79.2018.7.00.0000. Rel. Min. Maria Elizabeth Guimarães Teixeira Rocha. Julgado em 30.05.2019 – grifos nossos).

b) **Interesse:** a interposição de todo recurso pressupõe a existência de um prejuízo ou gravame experimentado pela parte recorrente, prejuízo esse que deve ser valorado. Segundo Aury Lopes Jr. (2012, p. 1195) sob uma perspectiva *ad impugnare*, o gravame situa-se na dimensão do prejuízo jurídico e não um prejuízo de qualquer outra natureza (não psíquica ou moral).

O CPPM, expressamente, reconhece o interesse como indispensável à interposição de recurso, pelas partes, ressalvando que o MPM não pode desistir do recurso que tenha interposto, haja vista que se trata de interesse público (da sociedade).

Art. 511. (...)

Parágrafo único. Não se admitirá, entretanto, recurso da parte que não tiver interesse na reforma ou modificação da decisão.

Art. 512. O Ministério Público não poderá desistir do recurso que haja interposto.

Jurisprudência do STM:

APELAÇÃO. MINISTÉRIO PÚBLICO MILITAR. DROGA. ART. 290, *CAPUT*, DO CÓDIGO PENAL MILITAR. ABSOLVIÇÃO. ALTERAÇÃO DO FUNDAMENTO DA SENTENÇA. **PRELIMINAR DE AUSÊNCIA DE INTERESSE RECURSAL. REJEIÇÃO.** MATERIALIDADE DELITIVA. NÃO COMPROVAÇÃO. APLICAÇÃO DO PRINCÍPIO *IN DUBIO PRO REO.* APELO PROVIDO. I – **O Ministério Público Militar, como instituição cunhada para proteção da ordem jurídica, do regime democrático e dos interesses sociais e individuais indisponíveis, tem interesse recursal para interpor Recurso de Apelação contra a sentença absolutória, ainda que apenas para a alteração do fundamento decisório. Inteligência do art. 127 da Constituição Federal.** II – Conforme a reiterada jurisprudência emanada do Supremo Tribunal Federal e deste Superior Tribunal Militar, o princípio da insignificância – construção teórica para a qual muito contribuíram as lições de Claus Roxin e de Eugênio Raul Zaffaroni – não se aplica ao crime de tráfico, posse ou uso de entorpecente ou substância de efeito similar, independentemente da qualidade ou quantidade de droga apreendida, porquanto a prática em questão é, per se, apta a vulnerar de maneira direta e indireta a regularidade das instituições militares. III – Impossível se reputar provada, acima de dúvida razoável, a materialidade do crime descrito no art. 290 do Código Penal Militar quando não se encontra hígida a cadeia de custódia, máxime porque não existe nos autos Termo de Apreensão da Droga; documento comprobatório da remessa e recebimento da substância ilícita à polícia e, ainda, sérias divergências entre os Laudos Preliminar e Toxicológico, especificamente quanto à quantidade e qualidade da substância vegetal apreendida. IV – Recurso conhecido e provido (STM. Apelação nº 7000904-78.2018.7.00.0000. Rel. Min. Péricles Aurélio Lima de Queiroz. Julgado em 23.04.2019 – grifos nossos).

14.5 Efeitos dos recursos

a) **Devolutivo:** regra incidente sobre todos os recursos, *tantum devolutum quantum appellatum,* ressalvado as especificidades dos recursos especiais (recurso extraordinário e especial), que consiste no fato de órgão judicial de instância superior poder reexaminar toda a matéria, processual e de mérito, objeto da decisão recorrida.

b) **Suspensivo:** consiste na suspensão dos efeitos executórios da decisão judicial recorrida, buscando obstar os seus ordinários efeitos.

c) **Regressivo:** trata-se, na verdade, da possibilidade de o próprio órgão prolator da decisão judicial recorrida reexaminá-la e alterá-la, inclusive, de ofício.

d) **Extensivo:** trata-se da possibilidade de extensão dos efeitos da decisão, em sede recursal, aos corréus processados, em um mesmo processo, por coautoria ou coparticipação, em relação a recurso interposto por qualquer um dos acusados, desde que os motivos recursais não sejam de caráter exclusivamente pessoal (art. 515).

14.6 Recursos em espécie

Segundo o art. 510 do CPPM, das decisões judiciais prolatadas em primeira instância, sejam dos Conselhos de Justiça ou, monocraticamente, pelo Juiz Federal da JMU, ou pelo Juiz de Direito da Justiça Militar Estadual, caberá, apenas, dois recursos: recurso em sentido estrito ou apelação.

> **Art. 510.** Das decisões do Conselho de Justiça ou do auditor poderão as partes interpor os seguintes recursos:
>
> a) recurso em sentido estrito;
>
> b) apelação.

Esparso no CPPM há referência a outros dois tipos de recursos: a) **embargos** (arts. 203 e 219); b) **recursos inominados** (arts. 145, 146, 192, 193, *b*, 194, parágrafo único, 203, § 1º, e 210, § 1º).

Observação

Claudio Amin Miguel e Nelson Coldibelli (2000, p. 197) sustentam, também, a possibilidade de interposição de recurso de **embargos de declaração** ("embarguinhos"), objetivando esclarecer obscuridade de **sentença de 1º grau**, por analogia ao disposto nos **art. 382 do CPP comum**. Os referidos autores argumentam que tal medida iria ao encontro do princípio da celeridade processual, evitando-se a interposição de apelação ao STM, apenas para aclarar uma decisão que poderia ser aclarada pelo próprio órgão judicial de primeira instância.

14.6.1 Recurso em sentido estrito (art. 516)

O recurso em sentido estrito (RSE) é cabível para o fim de impugnação de **decisões interlocutórias**, ressalvada a hipótese da "sentença absolutória imprópria" (art. 516, *c*). O RSE **não** terá **efeito suspensivo**, **exceto** nas hipóteses em que se pretende impugnar as decisões sobre matéria de competência; as que julgarem extinta "a ação penal"; ou decidirem pela concessão do livramento condicional.

> **Art. 516.** Caberá recurso em sentido estrito da decisão ou sentença que:

a) reconhecer a inexistência de crime militar, em tese;

b) indeferir o pedido de arquivamento, ou a devolução do inquérito à autoridade administrativa;

c) absolver o réu no caso do art. 48 do Código Penal Militar;

d) não receber a denúncia no todo ou em parte, ou seu aditamento;

e) concluir pela incompetência da Justiça Militar, do auditor ou do Conselho de Justiça;

f) julgar procedente a exceção, salvo de suspeição;

g) julgar improcedente o corpo de delito ou outros exames;

h) decretar, ou não, a prisão preventiva, ou revogá-la;

i) conceder ou negar a menagem;

j) decretar a prescrição, ou julgar, por outro modo, extinta a punibilidade;

l) indeferir o pedido de reconhecimento da prescrição ou de outra causa extintiva da punibilidade;

m) conceder, negar, ou revogar o livramento condicional ou a suspensão condicional da pena;

n) anular, no todo ou em parte, o processo da instrução criminal;

o) decidir sobre a unificação das penas;

p) decretar, ou não, a medida de segurança;

q) não receber a apelação ou recurso.

Parágrafo único. Esses recursos **não** terão **efeito suspensivo**, **salvo** os interpostos das decisões sobre matéria de competência, das que julgarem extinta a ação penal, ou decidirem pela concessão do livramento condicional. (Grifos nossos.)

Importante!

O RSE será dirigido ao STM, devendo ser interposto dentro de **três dias**, contados da data da intimação da decisão, da sua publicação ou de sua leitura em audiência (art. 518), devendo as **razões e contrarrazões** serem apresentadas dentro de **cinco dias** (art. 519).

O RSE admite **juízo** de **retratação**. Caso o juiz altere a sua decisão, em sede retratação, a parte que se sentir prejudicada poderá recorrer dessa nova decisão.

> **Art. 520.** Com a resposta do recorrido ou sem ela, o **auditor ou o Conselho de Justiça**, dentro em cinco dias, **poderá reformar a decisão recorrida** ou mandar juntar ao recurso o traslado das peças dos autos, que julgar convenientes para a sustentação dela.
>
> **Parágrafo único.** Se **reformada a decisão recorrida**, poderá a **parte prejudicada**, por simples petição, **recorrer da nova decisão**, quando, por sua natureza, dela caiba recurso. Neste caso, os autos subirão imediatamente à instância superior, assinado o termo de recurso independentemente de novas razões. (Grifos nossos.)

No STM, o RSE será distribuído a Ministro-Relator (não há Revisor), seguindo-se em vista ao PGJM, pelo prazo de oito dias. Retornando os autos, o relator encaminhará pedido para inclusão na pauta de julgamento. É cabível **sustentação oral** pelas partes, pelo prazo de **10 minutos**, após a leitura do relatório do Ministro-Relator, na forma do art. 523 do CPPM. Em seguida, a Corte discutirá a matéria e proferirá a votação.

Observação

O **RISTM** ampliou para 15 minutos o tempo de sustentação oral no RSE (art. 116, § 1º).

O rito do RSE no STM é observado para os recursos (inominados e outros) que não contenham rito próprio no CPPM.

Na **Justiça Militar dos Estados**, o RSE não será manejado nos incidentes na execução da pena, prevalecendo a aplicação dos recursos da Lei de Execução Penal (*lex specialis*).

Importante!

Especial atenção requer-se na interposição do RSE da decisão que não recebeu a denúncia. Nesse sentido, consultar as **Súmulas nºs 707 e 709 do STF**.

14.6.2 Recurso de apelação

Enquanto o RSE busca a impugnação de decisões interlocutórias, a Apelação destina-se, precipuamente, à impugnação de sentença definitiva, condenatória ou absolutória, que extingue a relação processual.

> **Art. 526.** Cabe apelação:
>
> a) da sentença definitiva de condenação ou de absolvição;
>
> b) de sentença definitiva ou com força de definitiva, nos casos não previstos no capítulo anterior.
>
> Parágrafo único. Quando cabível a apelação, não poderá ser usado o recurso em sentido estrito, ainda que somente de parte da decisão se recorra.

Importante!

Os regramentos contidos nos arts. 527 e 528 do CPPM não foram recepcionados pela CF/1988.

> APELAÇÃO. INGRESSO CLANDESTINO. CONCURSO DE PESSOAS. DIREITO DE RECORRER EM LIBERDADE. RECONHECIMENTO. O ingresso clandestino é crime de mera conduta, (...). As circunstâncias em que se deu o in-

gresso e o modo como o agente se portou dentro da área militar são fatores que revelam o reconhecimento da natureza da área, bem como o elemento subjetivo do tipo. **Configura constrangimento ilegal a negativa de recorrer em liberdade com base no art. 527 do CPPM, pois tal dispositivo não foi recepcionado pela Constituição Federal.** Recurso parcialmente provido (STM. Apelação nº 38-38.2009.7.02.0102/ SP. Rel. Min. Francisco José da Silva Fernandes. Julgado em 25.09.2012 – grifos nossos).

Diferentemente do RSE, o **efeito suspensivo** é a **regra** na **Apelação** (art. 533), cujas exceções devem ser interpretadas à luz da CF/1988.

> **Art. 533.** A apelação da sentença condenatória terá efeito suspensivo, salvo o disposto nos arts. 272, 527 e 606.

A **Apelação** será dirigida ao STM, devendo ser **interposta** dentro de **cinco dias**, contados da data da intimação da sentença ou de sua leitura em audiência, devendo as **razões e contrarrazões** serem apresentadas dentro de **10 dias**. Não há juízo de retratação.

Observação

O assistente de acusação não poderá recorrer (interpor o termo de recurso de Apelação), mas poderá arrazoar o recurso do MPM dentro de três dias, após o órgão ministerial.

> **Art. 529.** A apelação será interposta por petição escrita, dentro do prazo de cinco dias, contados da data da intimação da sentença ou da sua leitura em pública audiência, na presença das partes ou seus procuradores.

> **Art. 531.** Recebida a apelação, será aberta vista dos autos, sucessivamente, ao apelante e ao apelado pelo prazo de dez dias, a cada um, para oferecimento de razões.

§ 1º Se houver assistente, poderá este arrazoar, no prazo de três dias, após o Ministério Público.

§ 2º Quando forem dois ou mais os apelantes, ou apelados, os prazos serão comuns.

Art. 534. Findos os prazos para as razões, com ou sem elas, serão os autos remetidos ao Superior Tribunal Militar, no prazo de cinco dias, ainda que haja mais de um réu e não tenham sido, todos, julgados.

Distribuída a Apelação, os autos seguirão ao PGJM, em seguida, passarão ao Ministro-Relator e ao Ministro-Revisor. Na sessão de julgamento, as partes terão a oportunidade de **sustentação oral**, por **20 minutos**, após a exposição do relator.

Discutida a matéria pelo Tribunal, se não for ordenada alguma diligência, será proferida a decisão, que será tomada por maioria de votos; no caso de empate, prevalecerá a decisão mais favorável ao réu. Caso o Tribunal anule o processo, indicará as peças nulificadas e a fase em que o processo deverá ser retomado (citação, incidentes, perícias, intimação para o julgamento etc.).

14.6.3 Embargos (art. 538)

São legitimados para interpor os recursos de embargos o **MPM** e o **acusado**. Há três espécies de embargos: a) de nulidade; b) infringentes; e c) de declaração. Portanto, diferentemente do CPP comum, o órgão ministerial pode interpor embargos infringentes.

Os **Embargos de Nulidade** objetivam a **nulidade do julgamento** do STM, quando tal **decisão não** seja **unânime**, a partir da impugnação de **matéria processual**, que não diz respeito, diretamente, ao mérito do processo.

EMBARGOS INFRINGENTES E DE NULIDADE. DESERÇÃO. REINCLUSÃO. LICENCIAMENTO DO DESERTOR DA FORÇA DURANTE O CURSO DO PROCESSO. CONDIÇÃO DE PROCEDIBILIDADE E DE PROSSEGUIBI-

LIDADE DA AÇÃO PENAL. INEXISTÊNCIA. DECISÃO MAJORITÁRIA. (...). Recurso rejeitado. Decisão por maioria (STM. Embargos Infringentes e de Nulidade nº 7000604-82.2019.7.00.0000. Rel. para o Acórdão: Min. Maria Elizabeth Guimarães Teixeira Rocha. Julgado em: 05.09.2019).

Os **Embargos infringentes** objetivam a **reforma de acórdão não unânime**, a partir da impugnação de **matéria de fato e de direito**, que diz respeito ao **mérito** do processo.

Nas **decisões unânimes** quanto a determinados pontos do processo, e maioria quanto a outros, **os embargos só serão admissíveis na parte em que não houve unanimidade**. Contudo, se for unânime a condenação, mas houver **divergência quanto** à classificação do crime ou à quantidade ou natureza da **pena**, também serão admissíveis os embargos infringentes (art. 539, parágrafo único).

Contudo se for unânime a condenação, mas houver divergência quanto à classificação do crime ou à quantidade ou natureza da pena, os embargos só serão admissíveis na parte em que não houve unanimidade (art. 539). Basta a existência de um único voto na corrente divergente (minoria) para que sejam cabíveis os embargos infringentes, haja vista tratar-se de recurso previsto em lei (CPPM). Portanto, não pode o Regimento Interno **restringi-lo**, como pretendeu a Emenda nº 24 ao RISTM, sendo declarada inconstitucional pelo STF (HC nº 125.768/SP. Órgão Pleno. Julgado em 24.06.2015).

Os embargos serão oferecidos por petição dirigida ao presidente, dentro do prazo de cinco dias, contados da data da intimação do acórdão. Porém, o CPPM permite às partes oferecerem embargos independentemente de intimação do acórdão (art. 540). Para os embargos, será designado novo relator.

No caso dos **Embargos de Declaração**, não se pretende a reforma do acórdão ou a nulidade do processo, mas tão somente aclarar pontos considerados obscuros ou conflitantes do acórdão, sendo possível a impetração, inclusive, em relação aos acórdãos unânimes, razão pela qual o requerente deverá destacar os pontos que entender ambíguos, obscuros, contraditórios ou omissos.

> **Súmula nº 356 do STF** – O ponto omisso da decisão, sobre o qual não foram opostos embargos declaratórios, não pode ser objeto de recurso extraordinário, por faltar o requisito do prequestionamento.

Jurisprudência do STM: cabimento de embargos (de declaração) em sede de embargos (de nulidade ou infringentes).

> **EMBARGOS DE DECLARAÇÃO** *IN* EMBARGOS IN-FRINGENTES. REFORMA DE ACÓRDÃO ABSOLU-TÓRIO. IRRESIGNAÇÃO DEFENSIVA. FURTO. BEM PERTENCENTE AO EXÉRCITO BRASILEIRO. COLETE BALÍSTICO. QUESTIONAMENTOS ACERCA DO LAU-DO PERICIAL. REDISCUSSÃO DE MATÉRIA DE PROVA. **DESCABIMENTO DOS EFEITOS INFRINGENTES.** AU-SÊNCIA DE OMISSÃO E DE CONTRARIEDADE DO *DE-CISUM.* Os argumentos trazidos pela combativa pela Defesa apenas anseiam à perpetuação da jurisdição penal, com a rediscussão de matéria exaustivamente enfrentada no curso da instrução criminal. Embargos de Declaração conhecidos e rejeitados. Decisão por unanimidade (STM. Embargos de Declaração nº 7000842-04.2019.7.00.0000. Rel. Min. William de Oliveira Barros. Julgado em 17.09.2019 – grifos nossos).

Importante!

É de **cinco dias** o prazo para as partes impugnarem ou sustentarem os embargos. O processamento dos **embargos** obedecerá ao **rito da apelação.**

Do despacho do relator que **não receber os embargos** terá ciência a parte, que, dentro em **três dias**, poderá requerer serem os autos postos em mesa, para confirmação ou reforma do despacho. Não terá voto o relator (art. 545).

Contudo, o RISTM (art. 118) prevê a interposição de **agravo regimental** contra decisões monocráticas que causarem gravame às partes, no prazo de cinco dias, o que tem sido aceito pelo STM como forma de impugnar a negativa de seguimento dos embargos.

14.6.4 Agravo interno (ou regimental)

O agravo interno é um "recurso" previsto no art. 118 do RISTM contra decisões interlocutórias, monocráticas, de Ministro-Relator ou do Ministro-Presidente do STM, que deverá ser interposto dentro de cinco dias, contados da sua intimação.

As autoridades recorridas, conforme o caso, poderão reconsiderar a decisão impugnada; caso contrário, submeterão o referido recurso ao julgamento do Plenário, sendo seus votos considerados por ocasião do seu julgamento.

a) **Decisões do Ministro-Relator**

Decisão que: causar prejuízo às partes ou que rejeitar a denúncia; decretar a prisão preventiva ou a prisão temporária; julgar extinta a ação penal; concluir pela incompetência do foro militar; ou conceder ou negar menagem nos autos de IPM ou de Ação Penal originários.

O recurso contra as decisões do Ministro-Relator **não** possui **efeito suspensivo**.

> SEGUNDA DESERÇÃO. RECEBIMENTO DA DENÚNCIA QUANTO AO PRIMEIRO CRIME DE MESMA ESPÉCIE. NULIDADE DO ATO DE RECEBIMENTO DA EXORDIAL PELO CONSELHO DE JUSTIÇA. PEDIDO DEFENSIVO DE PRESCRIÇÃO. IMPOSSIBILIDADE. *HABEAS CORPUS* **PARA TRANCAR A AÇÃO PENAL. NEGADO SEGUIMENTO POR DECISÃO MONOCRÁTICA. AGRAVO INTERNO. REJEIÇÃO. (...).** Inconformada, a defesa impetrou *Habeas Corpus* para pedir o trancamento da ação penal em razão da fluência da prescrição, o que

foi negado por meio de decisão monocrática. Irresignada, a defesa interpôs Agravo Interno contra o referido *Decisum* proferido pelo relator do remédio heroico. Agravo rejeitado. Decisão por unanimidade (STM. Agravo Interno nº 7000342-35.2019.7.00.0000. Rel. Min. Odilson Sampaio Benzi. Julgado em 28.05.2019 – grifos nossos).

b) Decisões do Ministro-Presidente

Decisão que declarar a extinção da punibilidade pela morte do agente; pela anistia; pela retroatividade de lei que não mais considere o fato criminoso; pela prescrição da pretensão punitiva e pelo ressarcimento do dano, no peculato culposo (art. 303, § 4º, do CPM); e que **aplicar a sistemática da repercussão geral na admissibilidade do Recurso Extraordinário.**

AGRAVO INTERNO QUE REITERA PEDIDO CONTRÁRIO À JURISPRUDÊNCIA TANTO DO STM QUANTO DO STF NO TOCANTE À REPERCUSSÃO GERAL. REJEIÇÃO. MANUTENÇÃO DA DECISÃO RECORRIDA. Pretensão defensiva de que a **Decisão monocrática do Presidente desta Corte Castrense, que inadmitiu o Recurso Extraordinário** com base no art. 1.030, I, *a*, do CPC, e do art. 6º, IV, do RISTM, **seja revista pelo Plenário**. (...) Ademais, caberia ao Agravante confrontar a aplicação do Tema 660 ao caso concreto, de modo a demonstrar que a tese firmada pelo STF no referido precedente não se aplica ao feito. Agravo Interno rejeitado. Unânime (STM. Agravo Interno nº 7000366-63.2019.7.00.0000. Rel. Min. Marcus Vinicius Oliveira dos Santos. Julgado em 27.06.2019 – grifos nossos).

14.6.5 Recurso inominado

O Recurso Inominado é espécie de recurso cabível em relação a decisões interlocutórias que não tenham sido elencadas, nas hipóteses do art. 516 do CPPM. Contudo, não possui disciplina própria e rito procedimental determinado no CPPM.

Dentre as hipóteses que justificam a impetração do referido recurso inominado, estão aquelas descritas nos arts. 145, 146, 192, 193, *b*, 194, 203, § 1º, e 210, § 1º, todos do CPPM (MIGUEL; COLDIBELLI, 2000, p. 201).

O procedimento desse recurso é o mesmo do Recurso em Sentido Estrito (art. 116, § 3º, do Regimento Interno do STM).

> **Art. 116.** Distribuído o Recurso [em Sentido Estrito], será dada vista eletrônica dos autos ao Ministério Público Militar, pelo prazo de oito dias, para elaboração de parecer, sendo, a seguir, conclusos ao Relator que, no intervalo de duas sessões ordinárias, os disponibilizará para julgamento.
>
> (...)
>
> § 3º Adotar-se-á o rito deste artigo no processo e julgamento do Recurso de Ofício e dos Recursos Inominados previstos em lei.

14.6.6 Recurso de ofício

O denominado recurso de ofício, na verdade, não é recurso, mas uma decisão judicial sujeita, por força de lei, ao duplo grau de jurisdição, sob pena de essa decisão não produzir efeitos.

Segundo o CPPM, estão sujeitos ao duplo grau de jurisdição obrigatório:

a) a decisão do Juiz Federal da Justiça Militar ou do Conselho de Justiça, que separar o processo, na forma do art. 106, *caput* e § 1º, do CPPM;

b) a decisão que reconhece a existência da coisa julgada, na forma do art. 154, *caput* e parágrafo único, do CPPM;

c) a decisão que conceder a reabilitação, na forma do art. 654 do CPPM;

d) em tempo de guerra, a sentença que impuser pena restritiva da liberdade superior a oito anos; e quando se tratar de crime a que a lei comina pena de morte e a sentença for absolutória, ou não aplicar a pena máxima, na forma do art. 696, *caput* e alíneas, do CPPM.

14.6.7 Correição parcial

A correição parcial,[1] tratada na legislação processual penal militar, apresenta características similares às do recurso, não havendo consenso a respeito de sua natureza jurídica, mas, "pelo menos no âmbito processual penal, prevalece o entendimento de que a correição parcial tem natureza jurídica de recurso", conforme aduz Renato Brasileiro de Lima (2019, p. 1798).

No STM, encontramos algumas decisões que sugerem que a correição seria uma espécie de medida administrativa singular que se destinaria a "retificar eventuais erros de procedimento, cabível quando inexistir recurso específico para o enfrentamento da matéria" (art. 498 do CPPM e arts. 152 a 154 do Regimento Interno do STM – RISTM).

> AGRAVO INTERNO EM CORREIÇÃO PARCIAL. DEFESA CONSTITUÍDA. JUÍZO DE RETRATABILIDADE NEGATIVO. CORREIÇÃO PARCIAL MANIFESTAMENTE INCABÍVEL. SEGUIMENTO NEGADO. EXISTÊNCIA DE RECURSO PRÓPRIO. PRINCÍPIOS DA TAXATIVIDADE E DA UNIRRECORRIBILIDADE. TESES DEFENSIVAS. NULIDADE DA SESSÃO DE JULGAMENTO. AUSÊNCIA DA MÍDIA AUDIOVISUAL DO JULGAMENTO. FALHA DE GRAVAÇÃO DO *SOFTWARE*. PRESCINDIBILIDADE. OMISSÃO E ATO TUMULTUÁRIO. INEXISTÊNCIA. PARCIALIDADE E INJUSTIÇA DO CONSELHO DE JUS-

---

[1.] A **Correição Parcial** é prevista, também, na legislação penal comum, como por exemplo, no art. 6°, I, da Lei n° 5.010/1966 (Lei de Organização da Justiça Federal); e art. 32, I, da Lei n° 8.625/1993 (Lei Orgânica Nacional do Ministério Público).

TIÇA. HIPÓTESES DE *ERROR IN JUDICANDO*. VIO-
LAÇÃO AOS PRINCÍPIOS DO CONTRADITÓRIO, DA
AMPLA DEFESA E DO DUPLO GRAU DE JURISDIÇÃO.
INOCORRÊNCIA. AGRAVO REJEITADO. DECISÃO POR
UNANIMIDADE. 1. A **Correição Parcial é a providência
administrativa judiciária para retificar eventuais erros de
procedimento, cabível quando inexistir recurso específico
para o enfrentamento da matéria.** 2. Somente é cabível e ad-
**mitir-se-á Correição Parcial para emendar erro ou omis-
são inescusáveis, abuso ou ato tumultuário, cometido ou
consentido por Juiz, desde que para obviar tais fatos não
haja recurso previsto no Código de Processo Penal Militar
(CPPM) e no Regimento Interno desta Corte Castrense.**
3. As nulidades ocorridas, após o prazo das alegações escritas, devem ser arguidas na fase do julgamento ou nas razões
de recurso, nos termos da alínea *b* do art. 504 do CPPM.
4. (…). 5. Alegação de parcialidade ou de injustiça do Conselho de Justiça não perfazem hipóteses de *error in procedendo*,
mas de *error in judicando*. 6. Mantida incólume a Decisão
que nega seguimento ao pleito Correicional. 7. Agravo Interno rejeitado. Decisão por unanimidade (STM. Agravo Interno nº 7001137-41.2019.7.00.0000. Rel. Min. Marco Antônio
de Farias. Julgado em 26.11.2019 – grifos nossos).

Importante!

A **Lei nº 13.774/2018 revogou** a hipótese de cabimento da correição parcial
"corrigir arquivamento irregular, decidido na primeira instância, em inquérito
ou processo, em caso de erro de procedimento". Tal correição parcial era
manejada em atividade correicional pelo extinto Juiz-Auditor Corregedor,
nos termos do revogado art. 14, *c*, da LOJMU.

Art. 498. O Superior Tribunal Militar poderá proceder à correição parcial:

a) a requerimento das partes, para o fim de ser corrigido erro ou omissão inescusáveis, abuso ou ato tumultuário, em processo, cometido ou consentido por juiz, desde que, para obviar tais fatos, não haja recurso previsto neste Código;

Art. 152, § 1º, RISTM. Na hipótese do inciso I, o requerimento da parte, se apresentado no prazo legal, será recebido pelo Juiz Federal da Justiça Militar, que ouvirá a outra parte e o encaminhará ao Tribunal com as razões de sustentação do ato impugnado.

Jurisprudência do STM: a correição parcial é recurso cabível contra decisões interlocutórias que não encontram, na legislação processual penal, um meio específico de impugnação, como, por exemplo, a decisão do Juiz Federal da Justiça Militar que concede a suspensão condicional da execução da pena.

CORREIÇÃO PARCIAL. MINISTÉRIO PÚBLICO MILITAR. PROCESSO DE EXECUÇÃO DE PENA. NOVA CONDENAÇÃO. **REVOGAÇÃO DO BENEFÍCIO DA SUSPENSÃO CONDICIONAL DA PENA.** PRECEDENTES. **CORREIÇÃO PARCIAL DEFERIDA.** UNANIMIDADE. Consoante a jurisprudência do Superior Tribunal Militar, a suspensão condicional da pena será revogada se no curso do prazo o beneficiário for "(...) condenado, por sentença irrecorrível, na Justiça Militar ou na comum, em razão de crime, ou de contravenção reveladora de má índole ou a que tenha sido imposta pena privativa de liberdade (...)", conforme disposto nos arts. 86 do Código Penal Militar e 614 do Código de Processo Penal Militar. **Correição Parcial deferida.** Decisão unânime (STM. Correição Parcial nº 7000671-47.2019.7.00.0000. Rel. Min. Carlos Vuyk de Aquino. Julgado em 13.08.2019 – grifos nossos).

A correição parcial deverá ser impetrada no prazo de cinco dias, a contar do ato que a motivar, pelo MPM ou pela defesa, observado o procedimento e rito do RSE (art. 154 do RISTM).

A correição requerida somente será recebida como recurso nas hipóteses autorizadas do CPPM (art. 498) e RISTM (art. 152). Nenhum recurso poderá ser convertido de ofício em correição parcial.

14.7 *Habeas corpus* (arts. 466 a 480)

Trata-se de ação autônoma constitucional de natureza mandamental de impugnação de qualquer ato ilegal, arbitrário ou ilegítimo que importe na restrição ou ameaça de restrição ao direito de **liberdade de locomoção** do indivíduo, normalmente, promanado de agentes públicos, mas poderá sê-lo, inclusive, praticado por particulares.

O HC é, portanto, instituto de garantia de liberdade individual não exclusivo ao campo penal, tendo em vista a possibilidade de sua utilização contra medidas administrativas ilegais ou abusivas, que importem na restrição ou na possibilidade de restrição à liberdade de locomoção de qualquer pessoa, inclusive em relação à prisão disciplinar militar.

Em relação a possibilidade do *habeas corpus* (HC) contra ato de particular, Aury Lopes Jr. (2012, p. 1338) ressalta que "o ponto nevrálgico está em definir os casos em que se deve simplesmente chamar a polícia e quando deve ser interposto o *habeas corpus*", verificando-se a plausibilidade do manejo do HC, por exemplo, em relação a internações compulsórias em clínicas para tratamento de dependentes de drogas.

Por se tratar de garantia constitucional, é possível à autoridade judiciária, mesmo sem provocação, conceder a ordem de liberdade ou de salvo conduto, ao tomar conhecimento, em feito judicial, de situação de fato que a justifique.

> **Art. 5º** Todos são iguais perante a lei, sem distinção de qualquer natureza, garantindo-se aos brasileiros e aos estrangeiros residentes no País a inviolabilidade do direito à vida, à liberdade, à igualdade, à segurança e à propriedade, nos termos seguintes:

(...)

LXVIII – conceder-se-á *habeas corpus* sempre que alguém sofrer ou se achar ameaçado de sofrer violência ou coação em sua liberdade de locomoção, por ilegalidade ou abuso de poder;

A restrição ao HC, no que concerne às punições disciplinares militares, previstas no § 2° do art. 142 da CF/1988, não é absoluta, dizendo respeito, tão somente, ao mérito da punição disciplinar e não a eventual prática de ilegalidade, abuso ou desvio de poder, por parte da autoridade militar, hipóteses que o HC terá cabimento.

Considerando que a competência da **Justiça Militar da União** é exclusivamente **penal**, destinando-se a processar e julgar os crimes militares definidos em lei, não competirá a nenhum órgão dessa Justiça Especial conhecer sobre o pedido de HC, em relação a penas disciplinares, aplicadas aos militares das Forças Armadas.

Assim, havendo ilegalidade, desproporcionalidade ou falta de razoabilidade na aplicação de pena disciplinar que importe na restrição de liberdade dos militares das Forças Armadas, os órgãos judiciais da Justiça Federal serão competentes para conhecer e julgar o HC (art. 109, VII, da CF/1988).

Tratando-se de **punições disciplinares** aplicadas aos **militares estaduais**, a competência para conhecer e julgar o HC será do Juiz de Direito do Juízo Militar estadual, na forma do § 5° do art. 125 da CF/1988.

As exceções à concessão do *habeas corpus*, constantes do parágrafo único do art. 466, devem ser interpretadas em conformidade à CF/1988.

Haverá ilegalidade ou abuso de poder, para fins de concessão de HC (art. 467):

a) quando o cerceamento da liberdade for ordenado por quem não tinha competência para tal;

b) quando ordenado ou efetuado sem as formalidades legais;

c) quando não houver justa causa para a coação ou constrangimento;

d) quando a liberdade de ir e vir for cerceada fora dos casos previstos em lei;

e) quando cessado o motivo que autorizava o cerceamento;

f) quando alguém estiver preso por mais tempo do que determina a lei;

g) quando alguém estiver processado por fato que não constitua crime em tese;

h) quando estiver extinta a punibilidade;

i) quando o processo estiver evidentemente nulo.

Tais hipóteses são semelhantes àquelas previstas no art. 648 do CPP, excetuando-se a possibilidade de concessão da ordem de HC, quando negada a liberdade com fiança, tendo em vista que essa espécie de liberdade provisória não tem previsão no CPPM.

O CPPM elenca mais três hipóteses não listadas, expressamente, no referido art. 648 do CPP: quando a restrição à liberdade de locomoção é ordenada ou efetuada sem as formalidades legais; quando a liberdade de ir e vir for cerceada fora dos casos previstos em lei, e quando alguém estiver sendo processado por fato que não constitua crime em tese. Hipóteses essas, que no nosso entender, caracterizariam falta de justa causa.

O art. 468 do CPPM elenca hipóteses que autorizam a concessão do HC, mesmo já existindo sentença penal condenatória, competindo ao STM, na forma do art. 469 do CPM, o conhecimento do pedido.

Art. 468. Poderá ser concedido *habeas corpus*, não obstante já ter havido sentença condenatória:

a) quando o fato imputado, tal como estiver narrado na denúncia, não constituir infração penal;

b) quando a ação ou condenação já estiver prescrita;

c) quando o processo for manifestamente nulo;

d) quando for incompetente o juiz que proferiu a condenação.

334 Direito Processual Penal Militar

Importante!

Antes da edição da **Lei n° 13.774/2018**, somente o STM podia conhecer do pedido de HC no âmbito da JMU (**art. 469**), mesmo em caso de prisões ilegais, realizadas pela autoridade de PJM, *v.g.*, APF ou crime propriamente militar, situação que foi alterada na LOJMU (arts. 6°, *c*, e 30, I-C).

> **Art. 30.** Compete ao juiz federal da Justiça Militar, monocraticamente: (...)
>
> I-C – julgar os *habeas corpus*, *habeas data* e mandados de segurança contra ato de autoridade militar praticado em razão da ocorrência de crime militar, exceto o praticado por oficial-general;

Dada a importância da liberdade, na ambiência do Estado Democrático de Direito, além de o HC poder ser concedido de ofício, qualquer pessoa é legitimada a impetrá-lo, seja em causa própria ou de terceiros, independentemente de ter capacidade postulatória.

O *Habeas Corpus* poderá ser tanto repressivo ou liberatório, na hipótese de a restrição de liberdade de locomoção já ter se consumada, bem como preventivo ou salvo-conduto, na hipótese de a restrição da liberdade, ainda, não ter ocorrido. Em todas as hipóteses, será possível a concessão do provimento em sede liminar.

O processamento do HC terá prioridade de julgamento (art. 69, I, do RISTM) e tramitará nos termos dos arts. 472 e seguintes do CPPM, com as adaptações e regulamentações necessárias ao juízo monocrático (1° grau): JMU e JME.

14.8 Revisão criminal (arts. 550 a 562)

A revisão criminal, no âmbito do STM, é disciplinada também nos arts. 110 e 111 do RISTM e assemelha-se ao instituto congênere no Processo Penal Comum.

Trata-se de espécie de **ação penal autônoma de impugnação**, tendo por legitimado o condenado, por sentença penal transitada em julgado, ou por seu procurador; ou, no caso de sua morte, pelo cônjuge, ascendente, descendente ou irmão.

A referida ação poderá ser intentada a qualquer tempo, junto ao STM, e terá por propósito a obtenção de uma decisão que absolva o condenado; altere a classificação do crime; modifique a pena imposta; ou anule o processo.

A revisão dos processos findos será admitida: (art. 551):

a) quando a sentença condenatória for contrária à evidência dos autos;

b) quando a sentença condenatória se fundar em depoimentos, exames ou documentos comprovadamente falsos;

c) quando, após a sentença condenatória, se descobrirem novas provas que invalidem a condenação ou que determinem ou autorizem a diminuição da pena.

A revisão criminal é **admitida somente em favor da defesa**, não sendo admissível para majorar a pena ou desconstituir sentença absolutória, mesmo que surjam novas provas, após a sentença absolutória que, se existentes à época, justificariam a condenação, sejam elas quais fossem.

Observação

Discute-se na doutrina a possibilidade de revisão criminal para desconstituir decreto condenatório cuja condenação teve por base interpretação de texto de lei, posteriormente alterada. Renato Brasileiro de Lima (2019, p. 1862) sustenta que tal controvérsia não tem aplicabilidade na Justiça Militar, tendo em vista que segundo a redação do art. 550 do CPPM, o pedido de revisão **destina-se apenas a corrigir erro judiciário sobre fatos, não comportando pedido de revisão a contrariedade ao texto expresso da lei.**

---

336 Direito Processual Penal Militar

O pedido de revisão criminal deverá ser dirigido ao Presidente do STM e será processada no **rito próprio** previsto pelo CPPM, observadas, ainda, no que for aplicável, as normas estabelecidas para o julgamento da **apelação**.

> **REVISÃO CRIMINAL.** NULIDADES. AUSÊNCIA DE DEFESA TÉCNICA. NÃO REALIZAÇÃO DE EXAME DE CORPO DE DELITO. **NOVAS PROVAS.** DEFERIMENTO PARCIAL. 1. No processo em que o Acusado fora condenado, não foi minimamente satisfatória a Defesa da Requerente, devendo ser considerada a sua situação de revelia. 2. Não houve a confissão, uma vez que a Ré foi julgada à revelia, e os documentos juntados aos autos são meras cópias, tendo o CPJ nelas se baseado, ao contrário do que dispõe o art. 328 do CPPM. 3. A Requerente apresentou novas provas, principalmente relativas à entrega de documentos junto à Seção de Inativos e Pensionistas, informando a morte da falecida pensionista. 4. **A Ação de Revisão Criminal é cabível quando há erro judiciário ou que tenham surgido novas provas capazes de afastar a condenação imposta, tendo sido ambos demonstrados pela Requerente**. 5. Os demais pedidos relativos à Execução na Vara da Justiça Federal e a responsabilização do verdadeiro autor do delito não se encontram na esfera de competência do STM. 6. Conhecido e deferido, em parte, o pedido revisional, para **absolver a Requerente**, com fulcro no art. 439, *e*, c/c art. 558, tudo do CPPM, tendo em conta, também, as nulidades apontadas. Decisão unânime (STM. Revisão Criminal nº 0000183-85.2017.7.00.0000. Rel. Min. Lúcio Mário de Barros Góes. Julgado em 07.08.2018 – grifos nossos).

14.9 Incidente de Resolução de Demandas Repetitivas (IRDR)

O Incidente de Resolução de Demandas Repetitivas (IRDR) é um instituto previsto no novo Código de Processo Civil

(CPC/2015), que tem por objetivo a uniformização das decisões judiciais referentes a demandas repetitivas, que possam acarretar risco à segurança jurídica e à quebra do princípio isonômico, decorrente de decisões distintas sobre a mesma matéria de direito.

O art. 976 do CPC estabelece **dois pressupostos** indispensáveis à sua instauração, que deverão ser observados pelo Tribunal quanta a sua admissibilidade.

> **Art. 976.** É cabível a instauração do incidente de resolução de demandas repetitivas quando houver, simultaneamente:
>
> I – efetiva repetição de processos que contenham controvérsia sobre a mesma questão unicamente de direito;
>
> II – risco de ofensa à isonomia e à segurança jurídica.

Caso inadmitido o IRDR, por ausência de um dos seus pressupostos, nada impede que, uma vez satisfeito esses pressupostos, possa ser pedido a sua instauração.

O IRDR poderá ser instaurado mediante petição ou de ofício, conforme o caso, dirigidos ao Presidente do Tribunal por quaisquer dos seus legitimados legais (art. 977).

> **Art. 977.** O pedido de instauração do incidente será dirigido ao presidente de tribunal:
>
> I – pelo juiz ou relator, por ofício;
>
> II – pelas partes, por petição;
>
> III – pelo Ministério Público ou pela Defensoria Pública, por petição.
>
> Parágrafo único. O ofício ou a petição será instruído com os documentos necessários à demonstração do preenchimento dos pressupostos para a instauração do incidente.

Caso o IRDR não seja instaurado a pedido do Ministério Público (MP), deverá o órgão ministerial intervir, obrigatoriamente, no Incidente e assumir sua titularidade, em caso de desistência ou de abandono.

O procedimento previsto no CPC para a instauração, instrução e julgamento do IRDR permite o efetivo debate e análise da matéria e controvérsias que envolvem as decisões judiciais que se pretendem uniformizar. Para tanto, admite-se a intervenção de instituições, organizações e entidades, na qualidade de *amicus curiae*; e a possibilidade de designação de **audiências públicas**.

Importante!

Julgado o IRDR, a tese jurídica fixada pelo Tribunal será aplicada tanto em relação aos casos presentes quanto aos futuros (art. 985), ou seja, tal *Decisum* é dotado de **efeito vinculante**. Não observada a tese adotada no incidente pelos órgãos jurisdicionais subordinados àquele Tribunal, caberá a **Reclamação**.

Art. 985. Julgado o incidente, a tese jurídica será aplicada:

I – a **todos os processos** individuais ou coletivos que versem sobre idêntica questão de direito e que tramitem na área de jurisdição do respectivo tribunal, inclusive àqueles que tramitem nos juizados especiais do respectivo Estado ou região;

II – aos casos **futuros** que versem idêntica questão de direito e que venham a tramitar no território de competência do tribunal, salvo revisão na forma do art. 986 [CPC].

§ 1º Não observada a tese adotada no incidente, caberá reclamação. (Grifos nossos.)

Do julgamento do mérito do IRDR caberá **recurso extraordinário** ou **especial**, conforme o caso, com **efeito suspensivo**, sendo a tese jurídica adotada pelo STF ou pelo STJ aplicada em todo o território nacional.

Art. 987. Do julgamento do mérito do incidente caberá recurso extraordinário ou especial, conforme o caso.

§ 1º O recurso tem efeito suspensivo, presumindo-se a repercussão geral de questão constitucional eventualmente discutida.

§ 2º Apreciado o mérito do recurso, a tese jurídica adotada pelo Supremo Tribunal Federal ou pelo Superior Tribunal de Justiça será aplicada no território nacional a todos os processos individuais ou coletivos que versem sobre idêntica questão de direito.

Recentemente o **STM**, acolhendo a representação do Procurador-Geral da Justiça Militar, **reconheceu** a possibilidade de **aplicação do IRDR na JMU**, com base no art. 976, I e II, do CPC, por analogia, para dirimir controvérsia relacionada ao órgão competente para julgar ex-militares (civis), que ostentavam a qualidade e o *status* de militar da ativa, no momento da prática do crime militar.

Consoante já abordado, no Capítulo que trata da competência dos órgãos da JMU, tal controvérsia decorreu da edição da Lei nº 13.774/2018, que conferiu competência monocrática ao Juiz Federal da Justiça Militar para processar e julgar civis por prática de crime militar.

Importante!

Após intensos debates e ponderações, com a participação de representantes da DPU, da OAB, da AGU, da PGJM, dentre outros, o STM fixou o entendimento de que: "Compete aos Conselhos Especial e Permanente de Justiça o julgamento de civis que praticaram crimes militares na condição de militares das Forças Armadas" (STM. IRDR nº 700042551.2019.7.00.000022. Rel. Min. Péricles Aurélio Lima de Queiroz. Julgado em 22.08.2019. Decisão unânime).

Em 06.12.2019, o **STM** aprovou a **Súmula nº 17**: "Compete aos Conselhos Especial e Permanente de Justiça processar e julgar acusados que, em tese, praticaram crimes militares na condição de militares das Forças Armadas".

Observação

Atualmente, o IRDR encontra-se regulamentado, no âmbito da JMU, somente no **Regimento Interno** do STM (arts. 151-A a 151-C).

----

340   Direito Processual Penal Militar

14.10 Reclamação

O Superior Tribunal Militar poderá admitir **reclamação** do Procurador-Geral de Justiça Militar (PGJM) ou da defesa, a fim de preservar a integridade de sua competência ou assegurar a autoridade do seu julgado (art. 564).

Importante!

No âmbito do MPM, a **reclamação somente** será manejada **pelo PGJM**. Logo, qualquer outro Membro do *Parquet* castrense que se confrontar com situação em que se verifique manifesta usurpação da competência do STM ou desrespeito de decisão que esse Tribunal haja proferido deverá oficiar o PGJM para que este avalie e promova a reclamação.

O **PGJM será ouvido**, no prazo de três dias, sobre a reclamação, salvo se foi ele quem a interpôs (art. 586, § 4°). Qualquer interessado poderá impugnar por escrito o pedido do reclamante.

Observação

O STM poderá **avocar** (art. 585): a) o conhecimento do processo em que se verifique manifesta usurpação de sua competência, ou desrespeito de decisão que haja proferido; ou b) determinar lhe sejam enviados os autos de recurso para ele interposto e cuja remessa esteja sendo indevidamente retardada.

14.11 Recursos para o STF

As decisões promanadas do STM são passíveis de impugnação, por contrariedade à CF/1988. Nesse sentido, o STF, ao considerar os recursos que lhes são dirigidos, limita-se à análise do direito, compatibilidade da norma e sua aplicação com a Constituição Federal, não se imiscuindo em questões de fato e de mérito.

Os recursos contra as decisões do STM dirigidos ao STF encontram-se disciplinados no art. 563, *b* e *c*, e no RISTM (Capítulo VII, arts. 128 a 135). São eles:

■ **Recurso Ordinário** – contra decisão denegatória de *Habeas Corpus* (art. 568 do CPPM) e Mandado de Segurança.

■ **Recurso Extraordinário** – nos casos previstos no art. 102, III, da CF/1988 e art. 570 do CPPM; e de acordo com os requisitos e formalidade previstos na Lei n° 8.038/1990.

■ **Agravo em Recurso Extraordinário** – contra decisão do Presidente do STM que não admita o RE, salvo quando esteja fundado na aplicação de entendimento firmado em regime de repercussão geral ou em julgamento de recursos repetitivos; ou que o admitindo, não lhe dê seguimento (art. 579 do CPPM).

Importante!

O **recurso extraordinário** será interposto dentro de **15 dias**, contados da intimação da decisão recorrida ou da publicação das suas conclusões no órgão oficial (art. 131, RISTM, e art. 1.003, § 5°, CPC). Portanto, o prazo de 10 dias estabelecido no **art. 571 do CPPM está superado.**

Recebida a petição pela Secretaria do STM, a parte recorrida será intimada para apresentar contrarrazões, no prazo de 15 dias. Findo o prazo, serão os autos conclusos ao Presidente para admissão ou não do recurso, em decisão fundamentada.

Observação

O art. 579 do CPPM e o art. 134 do RISTM estabelecem que o recurso extraordinário **não** tem **efeito suspensivo**, mas susta o trânsito em julgado da decisão recorrida. Contudo, o mais recente entendimento do STF impede a implementação provisória da execução da pena.

Jurisprudência do STF:

RECLAMAÇÃO. CONSTITUCIONAL. DESCUMPRI-MENTO DE JULGADO DO SUPREMO TRIBUNAL FE-DERAL NO RECURSO ORDINÁRIO EM MANDADO DE SEGURANÇA Nº 23.036. DETERMINAÇÃO DE ACESSO A REGISTROS DOCUMENTAIS DE SESSÕES DO SUPE-RIOR TRIBUNAL MILITAR OCORRIDAS NA DÉCADA DE 1970. INEXISTÊNCIA, NO PARADIGMA DE CON-TROLE, DE RESTRIÇÃO ÀS SESSÕES PÚBLICAS DE JUL-GAMENTO. ACESSO AOS DOCUMENTOS RELATIVOS ÀS SESSÕES SECRETAS. RECLAMAÇÃO PROCEDENTE. 1. A decisão proferida no julgamento do **Recurso Ordiná-rio no Mandado de Segurança** nº 23.036 não restringiu o acesso dos então Impetrantes aos documentos e arquivos fo-nográficos relacionados às sessões públicas de julgamentos do Superior Tribunal Militar ocorridas na década de 1970, assentando que todos os julgamentos seriam públicos e que as gravações dos áudios dessas sessões deveriam ser dispo-nibilizadas aos Impetrantes, também no que se refere aos debates e votos proferidos pelos julgadores. 2. Injustificável a resistência que o Superior Tribunal Militar tenta opor ao cumprimento da decisão emanada deste Supremo Tribunal, que afastou os obstáculos erigidos para impedir fossem trazi-dos à lume a integralidade dos atos processuais lá praticados, seja oralmente ou por escrito, cujo conhecimento cidadãos brasileiros requereram, para fins de pesquisa histórica e res-guardo da memória nacional. 3. (...). 5. Reclamação julgada procedente (Rcl 11.949. Rel. Min. Cármen Lúcia. Tribunal Pleno. Julgado em 16.03.2017 – grifos nossos).

COMPETÊNCIA CRIMINAL. **RECURSO ORDINÁRIO EM MANDADO DE SEGURANÇA.** INQUÉRITO POLI-CIAL MILITAR. REQUISIÇÃO POR PROMOTOR DE JUS-TIÇA MILITAR. MEMBRO DO MINISTÉRIO PÚBLICO DA UNIÃO. COMPETÊNCIA DO TRIBUNAL REGIONAL

FEDERAL PARA PROCESSAR E JULGAR EVENTUAL *HABEAS CORPUS*. ART. 108, I, *A*, C/C ART. 128, I, *C*, DA CF. PRECEDENTES. RECURSO PROVIDO. 1. O presente **recurso ordinário em mandado de segurança** visa ao reconhecimento da **incompetência do Superior Tribunal Militar** para determinar o trancamento de inquérito policial militar instaurado por requisição do Ministério Público Militar. 2. O Ministério Público Militar integra o Ministério Público da União, nos termos do disposto no art. 128, I, *c*, da Constituição Federal, sendo que compete ao Tribunal Regional Federal processar e julgar os membros do Ministério Público da União (art. 108, I, *a*, CF). 3. (...). 4. Desse modo, se o IPM foi instaurado por requisição de membro do Ministério Público Militar, este deve figurar como autoridade coatora (RHC nº 64.385/RS, Rel. Min. Sydney Sanches, *DJ* 07.11.1986), cabendo ao Tribunal Regional Federal o julgamento de eventual *habeas corpus* impetrado contra a instauração do inquérito. 5. Recurso provido (RMS nº 27.872. Rel. Min. Ellen Gracie. 2ª Turma. Julgado em 02.03.2010 – grifos nossos).

15

Justiça Militar em tempo de guerra

15.1 Justiça Militar em tempo de guerra

O CPPM e o CPM possuem conjunto **específico** de normas legais de aplicabilidade ao **tempo de guerra.**

Observação

O **tempo de guerra**, para os **efeitos da aplicação da lei penal militar**, começa com a declaração ou o reconhecimento do estado de guerra, ou com o decreto de mobilização se nele estiver compreendido aquele reconhecimento; e termina quando ordenada a cessação das hostilidades. (art. 15 do CPM).

Na vigente ordem constitucional, compete, exclusivamente, ao **Congresso Nacional** (art. 49. II) **autorizar** o **Presidente da República** a **declarar guerra** (art. 21, II).

O Presidente declarará a guerra (art. 84, XIX) no caso de agressão estrangeira, desde que autorizado pelo Congresso Nacional ou referendado por este, se a agressão ocorrer no intervalo das sessões legislativas; e, nas mesmas condições, decretar, total ou parcialm ente, a mobilização nacional.

346 Direito Processual Penal Militar

Importante!

Em tempo de guerra, os órgãos da JMU, após o devido processo legal e na forma do CPPM, poderão aplicar a **pena de morte** (art. 5°, XLVII, *a*, da CF/1988).

Diversos tipos penais contidos no Livro II da Parte Especial do Código Penal Militar passarão a ter vigência e aplicabilidade no contexto de beligerante. Além disso, ampliam-se as hipóteses configuradoras do crime de natureza militar (art. 10 do CPM).

> **Art. 10.** Consideram-se crimes militares, em tempo de guerra:
>
> I – os especialmente previstos neste Código para o tempo de guerra;
>
> II – os crimes militares previstos para o tempo de paz;
>
> III – os crimes previstos neste Código, embora também o sejam com igual definição na lei penal comum ou especial, quando praticados, qualquer que seja o agente:
>
> a) em território nacional, ou estrangeiro, militarmente ocupado;
>
> b) em qualquer lugar, se comprometem ou podem comprometer a preparação, a eficiência ou as operações militares ou, de qualquer outra forma, atentam contra a segurança externa do País ou podem expô-la a perigo;
>
> IV – os crimes definidos na lei penal comum ou especial, embora não previstos neste Código, quando praticados em zona de efetivas operações militares ou em território estrangeiro, militarmente ocupado.

Na sistemática do CPPM, os Juízes Federais da Justiça Militar, membros do MPM, Defensores Públicos, Escrivães e outros serventuários que acompanharem as Forças Expedicionárias Brasileiras em operação de guerra serão comissionados em postos militares, de acordo com as suas respectivas categorias funcionais.

Embora tal comissionamento tenha efetivamente ocorrido por ocasião da II Grande Guerra Mundial, o atual sistema constitucional e a legislação orgânica da magistratura e do Ministério Público inviabilizam atribuir postos e patentes para os Juízes, Promotores de Justiça Militar e Defensores Públicos e exercerem suas atribuições com independência.

15.2 Órgãos da Justiça Militar em tempo de guerra

Os órgãos jurisdicionais da JMU, em tempo de guerra, encontram estrutura e competências sistematizadas na Lei nº 8.457/1992 (LOJMU) e no CPPM (arts. 675 a 710).

15.2.1 STM

Importante!

Além das atribuições normais, em tempo de paz, o STM terá a **competência originária** para processar e julgar o **Comandante do Teatro de Operações**, independentemente de seu posto, tratando-se da única hipótese prevista na legislação processual penal militar de **competência por prerrogativa da função**.

Nesse caso, a **ação penal** será pública e **condicionada à requisição presidencial** (art. 95 da LOJMU).

> **Art. 95.** (...)
>
> Parágrafo único. O **comandante do teatro de operações** responderá a processo perante o **Superior Tribunal Militar**, condicionada a instauração da ação penal à requisição do Presidente da República. (Grifos nossos.)

Fora a situação supramencionada, na vigência do estado de guerra, os crimes militares praticados no teatro de operações militares ou em território estrangeiro, militarmente ocupados por forças brasileiras, serão processados e julgados pelo **Conselho Superior de Justiça Militar**, pelos **Conselhos de Justiça Militar**, e pelos **Juízes Federais da Justiça Militar** (arts. 89 e 90 da LOJMU).

15.2.2 Conselho Superior de Justiça Militar – CSJM

Órgão de **segunda instância** da JMU, em tempo de guerra, constituído por dois Oficiais-Generais da ativa ou da reserva remunerada reconvocados para o serviço ativo e um Juiz Federal da Justiça Militar, sendo este o seu presidente; todos nomeados pelo Presidente da República, na forma do art. 91, *caput* e parágrafo único, da LOJMU.

Oficiarão perante o CSJM: um Procurador e um Defensor Público Federal. O pessoal necessário ao serviço da secretaria será requisitado pelo presidente do Conselho Superior ao Ministro de Estado da Defesa.

> **Art. 95.** Compete ao Conselho Superior de Justiça:
>
> I – processar e julgar originariamente os oficiais-generais;
>
> II – julgar as apelações interpostas das sentenças proferidas pelos Conselhos de Justiça e Juízes federais da Justiça Militar;
>
> III – julgar os embargos opostos às decisões proferidas nos processos de sua competência originária.

15.2.3 Conselhos de Justiça Militar

Esse Conselho de Justiça será constituído por um Juiz Federal da Justiça Militar ou Juiz Federal substituto da Justiça Militar e dois Oficiais de posto superior do acusado, ou, se de igual posto, mais antigos.

Semelhante ao Conselho Especial de Justiça, ele é instalado para cada processo e dissolvido após o término do julgamento, verificando-se a incidência, na prática, do **princípio da identidade física do juiz.**

Ante as peculiaridades óbvias da situação de guerra, com a escassez de recursos materiais e humanos, a legislação autoriza a possibilidade de os referidos Conselhos serem formados por Oficiais pertencentes à Força Armada diferente da que pertence o acusado. A presidência desse órgão, também, será exercida pelo Juiz Federal (art. 93 da LOJMU).

> **Art. 93.** O Conselho de Justiça compõe-se de 1 (um) juiz federal da Justiça Militar ou juiz federal substituto da Justiça Militar e de 2 (dois) oficiais de posto superior ou igual ao do acusado, observado, na última hipótese, o princípio da antiguidade de posto.
>
> § 1º O Conselho de Justiça de que trata este artigo será constituído para cada processo e dissolvido após o término do julgamento, cabendo a Presidência ao juiz federal da Justiça Militar.
>
> § 2º Os Oficiais da Marinha, do Exército e da Aeronáutica serão julgados, quando possível, por juízes militares da respectiva Força.

Compete aos Conselhos de Justiça Militar (art. 96 da LOJMU):

> I – o **julgamento** de **oficiais** até o posto de coronel ou capitão de mar e guerra, inclusive;
>
> II – **decidir** sobre o **arquivamento** de IPM e, também sobre a instauração de processo (recebimento de denúncia), nos casos de violência praticada contra inferior para compeli-lo ao cumprimento do dever legal, ou em repulsa a agressão.

Importante!

O Conselho de Justiça Militar **não realiza a instrução criminal**, apenas julga. Essa instrução é feita pelo Juiz Federal da Justiça Militar. Note, ainda, que esse **Conselho decide** sobre o **arquivamento** ou **recebimento da denúncia** dos inquéritos que tratam de casos de violência praticada contra inferior para compeli-lo ao cumprimento do dever legal, ou em repulsa a agressão.

15.2.4 Juiz Federal da Justiça Militar

Tal qual em tempo de paz, os órgãos judiciais de primeira instância em tempo de guerra são organizados em Auditorias Militares. Haverá, no teatro de operações, tantas Auditorias quantas forem necessárias (art. 94).

Cada Auditoria será composta de um Juiz Federal da Justiça Militar, um Procurador ou Promotor de Justiça Militar, um Defensor Público, um Secretário e auxiliares necessários, com a possibilidade de as duas últimas funções serem exercidas por praças graduadas, uma das quais será designada para exercer a função de oficial de justiça.

Compete ao Juiz Federal da Justiça Militar (art. 97 da LOJMU):

> I – presidir a instrução criminal dos processos em que forem réus praças, civis ou oficiais até o posto de capitão de mar e guerra ou coronel, inclusive;
>
> II – julgar as praças e os civis.

Importante!

O Juiz Federal processa e julga **praças** e **civis**. Em relação aos **oficiais**, a autoridade judiciária militar conduz, singularmente, a instrução criminal, mas o julgamento dos oficiais será realizado em colegiado pelo Conselho de Justiça Militar.

15.3 Procedimento (arts. 675 a 693)

O procedimento em tempo de guerra é mais célere e com atos processuais concentrados. Seguem as principais características e comparações com o tempo de paz.

15.3.1 IPM e APF

Não existe uma regulação específica em relação ao IPM ou aos procedimentos atinentes a lavratura do APF, aplicando-se, no que couber, as regras do CPPM para o tempo de paz, observadas as seguintes especificidades:

■ O **prazo** de conclusão do **IPM** será de **cinco dias**, independentemente de haver indiciado preso.

■ No caso de apuração de violência praticada contra inferior para compeli-lo ao cumprimento do dever legal ou em repulsa a agressão, os autos do IPM serão remetidos, diretamente, ao Conselho de Justiça Militar, que analisará o pedido de arquivamento ou o recebimento da denúncia oferecida pelo MPM.

15.3.2 Oferecimento, recebimento e rejeição da denúncia

Recebidas as peças de informação (IPM, APF, ou outros documentos), o Juiz Federal da Justiça Militar dará vista imediata ao MPM que, dentro de 24 horas, se for o caso, oferecerá a denúncia, podendo arrolar de duas a quatro testemunhas, na forma do art. 676 do CPPM.

Recebida a denúncia, o Juiz Federal da Justiça Militar determinará, imediatamente, a citação do acusado e demais atos de comunicação processual. Embora o CPPM dispense, o Acusado será sempre assistido por Defensor (art. 5°, LV, da CF/1988), até pelo fato de existir um Defensor Púbico Federal, em cada Auditoria Militar.

> **Art. 677.** Recebida a denúncia, mandará o auditor citar *incontinenti* o acusado e intimar as testemunhas, nomeando-lhe defensor o advogado de ofício, que terá vista dos autos em cartório, pelo prazo de vinte e quatro horas, podendo, dentro desse prazo, oferecer defesa escrita e juntar documentos.
>
> Parágrafo único. O acusado poderá dispensar a assistência de advogado, se estiver em condições de fazer sua defesa.

352 Direito Processual Penal Militar

Observação

Na vigente ordem constitucional, a citação prévia do réu é obrigatória. Portanto o art. 678 não foi recepcionado pela CF/1988.

> **Art. 678.** O réu preso será requisitado, devendo ser processado e julgado à revelia, independentemente de citação, se se ausentar sem permissão.

Importante!

O art. 682 também deve ser interpretado com ressalvas. Entendemos cabível que da decisão que não receber a denúncia poderá haver recurso de ofício para o Conselho Superior de Justiça Militar confirmar ou infirmar. Contudo, não se revela aceitável o Judiciário deliberar sobre o oferecimento (ou não) de denúncia pelo MPM.

> **Art. 682.** Se o procurador não oferecer denúncia, ou se esta for rejeitada, os autos serão remetidos ao Conselho Superior de Justiça Militar, que decidirá de forma definitiva a respeito do oferecimento.

15.3.3 Instrução processual

Questão interessante é a faculdade do acusado, dentro de 24 horas, a contar da citação, oferecer defesa escrita, espécie de defesa prévia, antes da audiência de instrução criminal, conforme preceitua o art. 677 do CPPM.

Entendemos que o **momento** do ato de **interrogatório** e demais atos de instrução, no procedimento ordinário, também, aplicam-se ao procedimento em tempo de guerra.

> **Art. 679.** Na audiência de instrução criminal, que será iniciada vinte e quatro horas após a citação, qualificação e interrogatório do acusado, proceder-se-á a inquirição das testemunhas de acusação, pela forma prescrita neste Código.

§ 1º Em seguida, serão ouvidas até duas testemunhas de defesa, se apresentadas no ato.

§ 2º As testemunhas de defesa que forem militares poderão ser requisitadas, se o acusado o requerer, e for possível o seu comparecimento em juízo.

§ 3º Será na presença do escrivão a vista dos autos às partes, para alegações escritas.

Observação

Embora o CPPM não fixe prazo para as alegações escritas, o art. 683 estabelece que, em se tratando de praça ou civil, a autoridade judiciária militar marcará o julgamento em outra audiência, dentro de 48 horas. Logo, parece-nos que as alegações escritas serão entregues em 24 horas, após a instrução criminal.

O acusado estará dispensado de comparecer à audiência de julgamento, que será, conforme o caso, procedida pelo Conselho de Justiça Militar ou, monocraticamente, pelo Juiz Federal da Justiça Militar.

Art. 680. É dispensado o comparecimento do acusado à audiência de julgamento, se assim o desejar.

As questões preliminares e incidentais serão resolvidas, conforme o caso, pelos respectivos órgãos judiciais, por ocasião do julgamento.

Art. 681. As questões preliminares ou incidentes, que forem suscitadas, serão resolvidas, conforme o caso, pelo auditor ou pelo Conselho de Justiça.

Tratando-se de processos que tenham como acusados civis ou praças, a instrução e o julgamento serão da competência, monocrática, do Juiz Federal da Justiça Militar. O julgamento, nesse caso, ocorrerá dentro de 48 horas, após o último ato de instrução.

Art. 683. Sendo praça ou civil o acusado, o auditor procederá ao julgamento em outra audiência, dentro em quarenta e oito horas. O procurador e o defensor terão, cada um, vinte minutos, para fazer oralmente suas alegações.

Parágrafo único. Após os debates orais, o auditor lavrará a sentença, dela mandando intimar o procurador e o réu, ou seu defensor.

No caso de julgamento de oficial (pelo Conselho de Justiça), o julgamento ocorrerá no mesmo dia da instalação do Conselho.

Art. 684. No processo a que responder oficial até o posto de tenente-coronel, inclusive, proceder-se-á ao julgamento pelo Conselho de Justiça, no mesmo dia da sua instalação.

Observação

Cremos que, numa interpretação sistemática do CPPM e LOJMU, há equívoco redacional do art. 684 do CPPM, cuja rubrica correta é "julgamento de oficial". O julgamento de Coronel e Capitão de Mar e Guerra será realizado nos termos do art. 689, provavelmente, porque os juízes-militares deverão ser oficiais-generais.

Importante!

Será permitido aos três órgãos jurisdicionais em tempo de guerra alterarem a classificação do crime, desde que a acusação não seja inovada, hipótese de *emendatio libelli*, inclusive admitida pelo STM, em tempo de paz.

Art. 687. Os órgãos da Justiça Militar, tanto em primeira como em segunda instância, poderão alterar a classificação do crime, sem, todavia, inovar a acusação.

Parágrafo único. Havendo impossibilidade de alterar a classificação do crime, o processo será anulado, devendo ser oferecida nova denúncia.

Havendo processos com vários acusados, será mantida a unidade processual (art. 688), sendo cabível, contudo, a separação do processual (art. 106, *b* e *c*) ou do julgamento (art. 105).

> **Art. 688.** Quando, na denúncia, figurarem diversos acusados, poderão ser processados e julgados em grupos, se assim o aconselhar o interesse da Justiça.

O procurador do MPM que atua junto ao CSJM oficiará, também, junto aos processos a que responderem Oficiais-Generais e Coronéis ou Capitães de Mar e Guerra.

> **Art. 689.** Nos processos a que responderem oficiais generais, coronéis ou capitães de mar e guerra, as funções do Ministério Público serão desempenhadas pelo procurador que servir junto ao Conselho Superior de Justiça Militar.
>
> § 1º A instrução criminal será presidida pelo auditor que funcionar naquele Conselho, cabendo-lhe ainda relatar os processos para julgamento.
>
> § 2º O oferecimento da denúncia, citação do acusado, intimação de testemunhas, nomeação de defensor, instrução criminal, julgamento e lavratura da sentença, reger-se-ão, no que lhes for aplicável, pelas normas estabelecidas para os processos da competência do auditor e do Conselho de Justiça.

Importante!

Tratando de **crimes de responsabilidade**, o Juiz Federal da Justiça Militar mandará intimar o denunciado para que apresente defesa escrita (**defesa prévia**) dentro de dois dias, após o quê decidirá sobre o recebimento da denúncia. Em caso de rejeição da denúncia, remeterá os autos ao CSJM (art. 690 do CPPM).

15.4 Processo e julgamento de desertores

O art. 693 do CPPM trata do processo e julgamento de acusados por crime de deserção, não havendo diferença de tratamento nesse procedimento caso o desertor seja praça ou oficial.

Ressalta-se que o disposto no inciso I, do art. 693, deve ser interpretado em conformidade com a CF/1988, não sendo possível a existência de processo penal sem o oferecimento da denúncia, salvo em crime de ação penal privada, que será precedido de queixa-crime, o que, obviamente, não é o caso.

A IPD, IPM e APF são peças informativas de caráter indiciário, insuficientes para a formação do juízo de culpa.

> **Art. 693.** No processo de deserção observar-se-á o seguinte:
>
> I – após o transcurso do prazo de graça, o comandante ou autoridade militar equivalente, sob cujas ordens servir o oficial ou praça, fará lavrar um termo com todas as circunstâncias, assinado por duas testemunhas, equivalendo esse termo à formação da culpa;
>
> II – a publicação da ausência em boletim substituirá o edital;
>
> III – os documentos relativos à deserção serão remetidos ao auditor, após a apresentação ou captura do acusado, e permanecerão em cartório pelo prazo de vinte e quatro horas, com vista ao advogado de ofício, para apresentar defesa escrita, seguindo-se o julgamento pelo Conselho de Justiça, conforme o caso.

Observação

Antes da Lei n° 8.236/1991, o processo de deserção era deflagrado com base tão somente no Termo de Deserção (redação original do art. 455, § 1°, do CPPM). Daí, deve ter permanecido esse resquício inquisitorial no CPPM, em tempo de guerra.

15.5 Recursos

O CSJM é o órgão de cúpula da JMU, em tempo de guerra. Nos processos de sua competência originária, somente caberá o recurso de embargos (art. 95, III, da LOJMU e art. 691 do CPPM).

> **Art. 691.** Das decisões proferidas pelo Conselho Superior de Justiça, nos processos de sua competência originária, somente caberá o recurso de embargos.

Caberá ao CSJM conhecer e decidir dos recursos contra as decisões do Juiz Federal da Justiça Militar e dos Conselhos de Justiça Militar. As **apelações** contra as sentenças dos órgãos de 1º grau deverão ser interpostas dentro de 24 horas, a contar da intimação da sentença.

> **Art. 694.** Das sentenças de primeira instância caberá recurso de apelação para o Conselho Superior de Justiça Militar.
>
> Parágrafo único. Não caberá recurso de decisões sobre questões incidentes, que poderão, entretanto, ser renovadas na apelação.
>
> **Art. 695.** A apelação será interposta dentro em vinte e quatro horas, a contar da intimação da sentença ao procurador e ao defensor do réu, revel ou não.

O procedimento do recurso de Apelação encontra-se disciplinado nos arts. 697 a 705 do CPPM.

Haverá recurso de ofício (duplo grau de jurisdição obrigatória), em razão de sentença que impuser pena restritiva da liberdade superior a oito anos; e quando se tratar de sentença absolutória ou condenatória, que não aplique a pena máxima, em relação aos crimes que seja cominado pena de morte (art. 696 do CPPM).

Importante!

Embora o CPPM vede o cabimento de *habeas corpus* e revisão criminal nos processos em tempo de guerra, cremos que as ações constitucionais

358 Direito Processual Penal Militar

(art. 5°, LXVIII, da CF/1988) de garantia ao direito de liberdade não sofrem tal limitação infraconstitucional.

Art. 706. Não haverá *habeas corpus*, nem revisão.

15.6 Execução da pena de morte

A pena capital é autorizada pelo inciso XLVII, do art. 5° da CF/1988, estando a sua execução regulada pelo art. 707 do CPPM. A **pena de morte** será executada por **fuzilamento** (art. 56 do CPM).

Importante!

Ressalta-se que a **pena de morte** somente poderá ser executada **sete dias após a comunicação ao Presidente da República**, salvo se imposta em zona de operações de guerra e o exigir o interesse da ordem e da disciplina.

Art. 707. O militar que tiver de ser fuzilado sairá da prisão com uniforme comum e sem insígnias, e terá os olhos vendados, salvo se o recusar, no momento em que tiver de receber as descargas. As vozes de fogo serão substituídas por sinais.

§ 1° O civil ou assemelhado será executado nas mesmas condições, devendo deixar a prisão decentemente vestido.

§ 2° Será permitido ao condenado receber socorro espiritual.

§ 3° A pena de morte só será executada sete dias após a comunicação ao presidente da República, salvo se imposta em zona de operações de guerra e o exigir o interesse da ordem e da disciplina.

Art. 708. Da execução da pena de morte lavrar-se-á ata circunstanciada que, assinada pelo executor e duas testemunhas, será remetida ao comandante-chefe, para ser publicada em boletim.

Dica!

Acerca do último caso em que foi aplicada pena de morte, em tempo de guerra, pela Justiça Militar da União, pesquisar os autos da Apelação n° 21-1945, cuja cópia do arquivo em formato pdf encontra-se disponível no Setor de Arquivos Históricos do Superior Tribunal Militar, assim como o teor da Dissertação de Mestrado em História da UnB, intitulada *A atuação da justiça expedicionária brasileira no teatro de guerra da Itália (1944-1945)*.[1]

---

[1] Disponível em: http://dx.doi.org/10.26512/2016.11.D.22624. Acesso em: 08 jun. 2022.

Referências

ASSIS, Jorge César. *A Lei 14.365/2022 e a (in)constitucionalidade do exercício da Advocacia pelos militares que se encontram na ativa.* Disponível em: https://jusmilitaris.com.br/sistema/arquivos/doutrinas/Advocacia_x_Militar_da_ativa.pdf. Acesso em: 8 jun. 2022.

ASSIS, Jorge César de. A Lei Anticrime e a inserção do art. 16-A, no Código de Processo Penal Militar. *Jusbrasil*, 5 fev. 2020. Disponível em: https://j1c2a3.jusbrasil.com.br/artigos/805684985/a-lei-anticrime-ea-insercao-do-art-16-a--no-codigo-de-processo-penal-militar. Acesso em: 11 maio 2020.

ASSIS, Jorge César de. *Comentários à Lei de Organização da Justiça Militar da União.* 2. ed. Curitiba: Juruá, 2019.

ASSIS, Jorge César de. *Crime militar & processo*: comentários à Lei 13.491/2017. 2. ed. Curitiba: Juruá, 2019.

ASSIS, Jorge César de. *Código de Processo Penal Militar anotado*: (artigos 1 a 383). 4. ed. Curitiba: Juruá, 2012. v. 1.

BATISTA, Edson Correa. Atuação do Promotor de Justiça Militar Estadual em 1ª e 2ª instância. In: ONO, Sylvia Helena (coord.). *Justiça militar estadual*: aspectos práticos. Curitiba: Juruá, 2017.

BIERRENBACH, Flavio Flores da Cunha. A Justiça Militar e o Estado de Direito Democrático. In: RAMOS, Dirceo T.; ROTH, Ronaldo J.; COSTA, Ilton G. da (coords.). *Direito militar*: doutrina e aplicações. Rio de Janeiro: Elsevier, 2011.

BRASIL. Ministério da Defesa. *Glossário das forças armadas.* 5. ed. Brasília: Imprensa Nacional, 2015.

CARVALHO, Alexandre Reis de. A atuação do Ministério Público Militar em decorrência do recebimento de "denúncia anônima". *Revista do Ministério Público Militar*, Brasília, v. 36, n. 21, p. 139-156, abr. 2010.

CARVALHO, Alexandre Reis de; CARVALHO, Rebecca Aguiar E. S. de. O (re)conhecimento da coisa julgada na justiça militar. *Revista Direito Militar*, Florianópolis, v. 14, n. 90, p. 23-28, jul.--ago. 2011.

CARVALHO, Alexandre Reis de; CARVALHO, Rebecca Aguiar E. S. de; PEREIRA, Márcio de Moura. Drogadição nas Forças Armadas e a atuação resolutiva e preventiva do Ministério Público Militar. *Revista do Ministério Público Militar*, Brasília, ano 41, n. 26, p. 11-50, nov. 2016.

CARVALHO, Luis Gustavo Grandinetti Castanho de. *Processo penal e Constituição*: princípios constitucionais do processo penal. 3. ed. Rio de Janeiro: Lumen Juris, 2004.

COSTA, Álvaro Mayrink da. *Crime militar*. 2. ed. Rio de Janeiro: Lumen Juris, 2005.

ESPÍNDOLA, Ruy Samuel. *Conceito de princípios constitucionais*: elementos teóricos para uma formulação dogmática constitucionalmente adequada. 2. ed. rev. atual e ampl. São Paulo: Revista dos Tribunais, 2002.

FERNANDES, Antonio Scarance. Funções e limites da prisão processual. *Revista Brasileira de Ciências Criminais*, Instituto Brasileiro de Ciências Criminais, n. 64, jan.-fev. 2007.

FERRAJOLI, Luigi. *Direito e razão*: teoria do garantismo penal. 2. ed. rev. e ampl. Trad. de Ana Paula Zomer, Fauzi Hassan Choukr, Juarez Tavares e Luiz Flávio Gomes. 2. ed. rev. e ampl. São Paulo: Revista dos Tribunais, 2006.

FREYESLEBEN, Márcio Luis Chila. *A prisão provisória no CPPM*. Belo Horizonte: Del Rey, 1997.

GERALDI, Orlando Eduardo; ROTH, Ronaldo João (coords.). *Coletânea de estudos de direito militar*: doutrina e jurisprudência. Edição comemorativa dos 75 anos do Tribunal de Justiça Militar do Estado de São Paulo. São Paulo: Tribunal de Justiça Militar, 2012.

GORRILHAS, Luciano. Desertor sem estabilidade e a recusa à inspeção de saúde. *Revista Jurídica Consulex*, Brasília, v. 16, n. 380, p. 42-45, 15 nov. 2012. Disponível em: https://jusmilitaris.com.br/sistema/arquivos/doutrinas/inspecaodesetor.pdf. Acesso em: 8 jun. 2022.

GIULIANI, Ricardo Henrique Alves. *Direito processual penal militar*. Porto Alegre: Verbo Jurídico, 2007.

GIULIANI, Ricardo Henrique Alves. Competência territorial e por prerrogativa de função da Justiça Militar Estadual frente a Súmula 78 do STJ. *Revista de Estudos & Informações*, Belo Horizonte, n. 18, dez. 2006.

LIMA, Renato Brasileiro de. *Manual de processo penal*: volume único. 7. ed. rev. e ampl. Salvador: JusPodivm, 2019.

LOBÃO, Célio. *Direito processual penal militar*. Rio de Janeiro: Forense; São Paulo: Método, 2009.

LOPES JR., Aury. *Direito processual penal*. 9. ed. rev. e atual. São Paulo: Saraiva, 2012.

LOPES JR., Aury. *Introdução crítica ao processo penal (fundamentos da instrumentalidade garantista)*. Rio de Janeiro: Lumen Juris, 2004.

MIGUEL, Claudio Amin; COLDIBELLI, Nelson. *Elementos de direito processual militar*. Rio de Janeiro: Lumen Juris, 2000.

NAZARETH, Celso Luiz. A Polícia Judiciária Militar na Marinha do Brasil. *Revista de Doutrina e Jurisprudência do Superior Tribunal Militar*, Brasília: Superior Tribunal Militar, Diretoria de Documentação e Gestão do Conhecimento, v. 30, n. 2, p. 23-36, jan.-jun. 2021.

NEVES, Cícero Robson Coimbra. *Manual de Direito Processual Penal Militar*: volume único. 6. ed. Salvador: JusPodivm, 2022.

NEVES, Cícero Robson Coimbra. Justiça militar em tempo de guerra. *Revista do Ministério Público Militar*, v. 1, p. 25-68, 2018.

NEVES, Cícero Robson Coimbra. Militar da reserva remunerada em prestação de tarefa por tempo certo pode ser encarregado de inquérito policial militar? *Gran Cursos Online*, 11 jun. 2020. Disponível em: https://blog.grancursosonline.com.br/militar-da-reserva-remunerada-em-prestacao-de-tarefa-por-tempo-certo-pode-ser-encarregado-de-inquerito-policial-militar/. Acesso em: 8 jun. 2022.

NUCCI, Guilherme de Souza. *Código de Processo Penal Militar comentado*. 2. ed. Rio de Janeiro: Forense, 2014.

NUCCI, Guilherme de Souza. *Manual de direito penal*. 10. ed., rev. atual. e ampl. Rio de Janeiro: Forense, 2014.

PACHECO, Denílson Feitoza. *Direito processual penal*: teoria, crítica e práxis. 5. ed. Niterói: Impetus, 2008.

PRADO, Geraldo Luiz Mascarenhas (org.). *Limite às interceptações telefônicas e a jurisprudência do STJ*: acesso à Justiça e efetividade do processo. Rio de Janeiro: Lumen Juris, 2005.

QUEIRÓS, Aldo Freitas. *Acordo de não persecução penal militar*. Curitiba: Juruá, 2022.

RANGEL, Paulo. *Direito processual penal*. 12. ed. Rio de Janeiro: Lumen Juris, 2007.

ROCHA, Abelardo Júlio da. O desertor sem estabilidade pode recusar-se a ser submetido à inspeção de saúde? In: ASSIS, Jorge César (org.). *Deserção*: um estudo minucioso sobre o crime militar por excelência. Curitiba: Juruá, 2016.

ROCHA, Maria Elizabeth G. T.; PETERSEN, Zilah Maria C. F. (coords.). *Coletânea de estudos jurídicos*. Publicação comemorativa ao bicentenário da Justiça Militar no Brasil. Brasília: STM, 2008.

ROMEIRO, Jorge Alberto. *Curso de direito penal militar* (parte geral). São Paulo: Saraiva, 1994.

ROSA FILHO, Cherubim. *A Justiça Militar da União através dos tempos*. 5. ed. Brasília: STM, 2017.

ROTH, Ronaldo João. Menagem: forma de prisão ou liberdade provisória? In: CORREA, Getúlio (org.). *Direito militar*: história e doutrina. Artigos inéditos. Florianópolis: AMAJME, 2002.

SILVA, Luiz Felipe Carvalho. As perspectivas de aplicação do acordo de não persecução na Justiça Militar da União: uma solução possível e efetiva. In: CUNHA, Rogério Sanches *et al. Acordo de não persecução penal*: Resolução 181/2017 do CNMP. 3. ed. Salvador: JusPodivm, 2020.

VÁZQUEZ SOTELO, José L. De la prisión provisional a la custodia cautelar. 'Corsi e ricorsi' de la prisión provisional en la moderna legislación procesal penal española. *Revista de Derecho Penal y Procesal Penal*, Buenos Aires, abr. 2007.